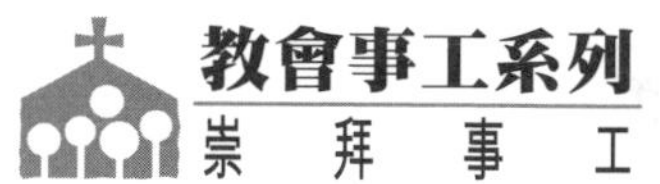

# 崇拜與聖樂

## 理論與實踐全方位透視

陳　康 著

▼

教會事工系列．崇拜事工

# 崇拜與聖樂

## 理論與實踐全方位透視

# Worship and Music

## Theory and Practice

作者
陳康 Philip Hong Chan

責任編輯
蔡錦圖

裝幀設計
李贊海

■

出版 / 發行
基道出版社
香港沙田火炭坳背灣街 26 號富騰工業中心 10 樓 1011 室
LOGOS PUBLISHERS
Unit 1011, 10/F, Fo Tan Ind. Centre, 26 Au Pui Wan St., Shatin, Hong Kong
電話：(852) 2687-0331 傳真：(852) 2687-0281
網址：http://www.logos.com.hk

承印
陽光 (彩美) 印刷有限公司

●



7/2005 初版 12/2005 二版
Cat. No. LP355-2B
ISBN-10: 962-457-289-5
ISBN-13: 978-962-457-289-6





| 刷次 | 14 | 13 | 12 | 11 | 10 | 9 | 8 | 7 | 6 | |
|---|---|---|---|---|---|---|---|---|---|---|
| 年份 | 2029 | 2028 | 2027 | 2026 | 2025 | 2024 | 2023 | 2022 | 2021 | 2020 |

# 唐序

敬拜是教會最基本的功能，但自宗教改革，發展自由教會之傳統，對敬拜禮儀尤為詬病，然而近年大有復興與更新的現象，確為一喜。

陳康教授專攻教會音樂，又著重音樂在敬拜。不但在神學院授課，其對崇拜學的若干論説，並連續在《時代論壇》發表，影響香港教會至鉅。陳博士並研習崇拜學博士之課程，今夏即可榮獲美國崇拜學研究學院（Institute for worship Studies）頒授之崇拜學博士學位（Doctor of Worship Studies）。

本書取自其博士論文之第一部分理論篇，並選取設計範例凡12則為實踐篇，尚有第三部分為資料篇，簡介約二百冊與音樂和崇拜有關，每冊約有50字之介紹，尤其幫助讀者理解一個全面的參考書目。這些資料書，可以在香港浸信會神學院圖書館及其他神學院中能找到之著作，方便香港讀者參考，作者的細心令人欽佩。

這部新書內容新穎豐富，設計周全，理論與實際均為兼顧均衡，實在可喜可賀。懇求榮耀之主施恩，藉著這本著作，敦促教會在敬拜上長進，不僅為香港教會之福，也必造就世界各地華文教會，特此獻上衷心的意願。

唐佑之牧師

美國金門神學院資深教授

# 凌序

本書的第一部分為讀者提供了一個全面而又合乎聖經和神學基礎的聖樂與崇拜的研討。但本書的第二部分實踐篇的內容，最能吸引我這位聖樂事奉實踐者。

第二部分所列舉的範例，其分類及設計，都顯出作者對崇拜學的了解及設計崇拜的心思。每個崇拜對「以神為中心」及「崇拜流程」兩方面的注重尤為鮮明。我覺得這部分為讀者帶來了幾個重要的信息：第一，讓編排設計崇拜的人明白，要設計一個建基於聖經而又內容豐富的崇拜，並不是一件簡單的事情，須付上不少心力。第二，讓帶領崇拜的人體會到在崇拜中要有良好和適當的帶領，須具備一定的技巧、對整個崇拜流程有一透徹的了解及容讓聖靈在當中作工。第三，讓詩班指揮和班員明白，崇拜中詩班的目的，並不是要表演，而是要感染、輔助、和帶領會眾投入敬拜。

我十分欣賞這本著作，我謹向陳康博士的貢獻致意。相信此書將會成為眾教會之福，願神賜福使用。

凌忍揚博士

中華基督教會音樂學院院長

# 劉序

崇拜是向至高的神，獻上我們的崇敬和讚頌。作為牧者，每週的崇拜，是教會一切活動的核心。需要付上許多的精神、時間、心血，來籌劃、安排和預備。不少信徒參加崇拜，主要期待領受神的話語，但整個崇拜是一個朝聖的歷程，使我們親近神，音樂在崇拜中擔任重要的角色。

為了崇拜中的証道，我會花上許多時間來構思講道系列，這篇講章的主要訊息，如何分段，尋找適合的例証，思想如何激勵會眾去實踐，其實，主日崇拜的整個程序設計，也需要如此仔細計劃。採用什麼模式，用那一種方法來讀經，選取那一類型的詩歌，如何在常規中加進創意。每到教會節期，則更需要花心思去設計。使信徒覺得今天的崇拜，非常不一樣，強烈感到神的臨在。

自1996年開始，陳康博士兼任本會聖樂傳道以來，我有極多的機會和他一同合作，設計不同的崇拜。他對崇拜的熱愛，專業的精神，不絕的創意，全人的投入，樂意的付出，帶給教會許多的祝福。我們有許多蒙神祝福的崇拜經歷。今將其深入鑽研所得，加上豐富的實際經驗，寫成此書，誠為可貴。是學習崇拜學必備之作，也是教牧同工，教會領袖，需常翻閱的工具書。書後對崇拜學五大類書籍之全面介紹和評析，甚具參考價值。願父神大大使用此書，也惟願我們的崇拜，常常榮耀父神。

劉少康牧師

香港浸信教會主任牧師

# 作者序

約在十年前，新的敬拜模式和風格開始在香港興起。基督教界泛起了對崇拜學討論的熱潮，教會興起了對崇拜更新課題的探究。作為一個出身自傳統教會，主修古典音樂的我，在內心起了不少的掙扎。我常自問，是否我一向以來所研習的古典音樂，已經不適用於教會？是否組織詩班，頌唱各類的合唱作品的做法，已經不合時宜？以上的反思，興起了我研究崇拜學的興趣。

神的恩典，讓我有機會到美國崇拜學研究學院隨韋柏博士及其他教授們研習崇拜學。所研習的課題和範圍，擴闊了我對崇拜學的視野和見識。在研究學院與同學們在課堂內外的討論和交流，加深了我對不同堂會現況的了解。在研習的過程，讓我體會崇拜學的課題，不單只是音樂；所涵蓋的範圍，也包括聖經、神學、教會歷史、禮儀、藝術、牧養和屬靈生命的塑造等多方面。

我在考慮博士論文的題目時，決定為任教的崇拜與聖樂科目撰寫一本課本，一方面是希望修讀這學科的同學們，有一本「度身定做」的課本。又藉這課本，讓同學們對該課題有一較全面的認識。另一方面，也因為我有感於現時崇拜與聖樂的中文書籍十分缺乏，希望藉此能夠貢獻出我一丁點的力量。

本書的第 部分理論篇，取材自我的博士論文。我希望藉討論的課題，為讀者建構一個崇拜與聖樂的基礎觀念。第二部分實踐篇，我選取了12個崇拜程序範例，是我過往為不同場合所設計的程序，每個範例附有整個程序及整個構思的詳細解釋。我希望藉此讓讀者明白，崇拜學不單是純理性的討論，更需將理論化作實踐。第三部分，我挑選了約二百本和崇拜與聖樂有關的書籍作簡介，我希望對有心研究崇拜與聖樂的讀者有一定的幫助。

本書得以順利出版，實蒙多位前輩及友好的頂力支持和幫助。首先感謝我的兩位多年摯友：葉衛平先生為翻譯大部分博士論文的英文稿，付上了不少時間和心力；羅慶才博士為本書的初稿詳細審閱，並給了不少寶貴的意見和指正。感謝唐佑之牧師、凌忍揚博士、劉少康牧師賜序言。感謝伍中恩教授、陳喜謙牧師、謝林芳蘭博士、簡英材博士、蕭壽華牧師、龐建新牧師撰寫推介。感謝蔡桂球社長出版拙作，並出版社同工的辛勞。此外也要感謝我的學生助理曹啟明先生，在打稿和校對上的幫助。

最後，我要衷心多謝我的妻子幸璣對我一直以來的支持和鼓勵。特別在這幾年，我一面在神學院任教，一面在教會事奉，同時又要修讀崇拜學課程，實在犧牲了不少我們二人休憩和相聚的時間，但她卻對此毫無怨言。作為一位基督徒，她和我一同去反省崇拜學上的問題。作為一位音樂人，她和我一同探索音樂事工的路向。作為一位伴侶，她為我不斷禱告守望。本書得以出版，她居功至偉。

我一向拙於以文字表達，寫作對我來說是「粒粒皆辛苦」。本書得以完稿，除了是神的恩典和祝福，我實想不到有其他原因。「我們有這寶貝放在瓦器裏，要顯明這莫大的能力是出於神，不是出於我們。」(林後四7)願一切榮耀歸於我們的三一真神。

陳康

2005年5月

# 目錄

## 實踐篇



## 資料篇

## 附錄

# 理論篇

崇拜與聖樂

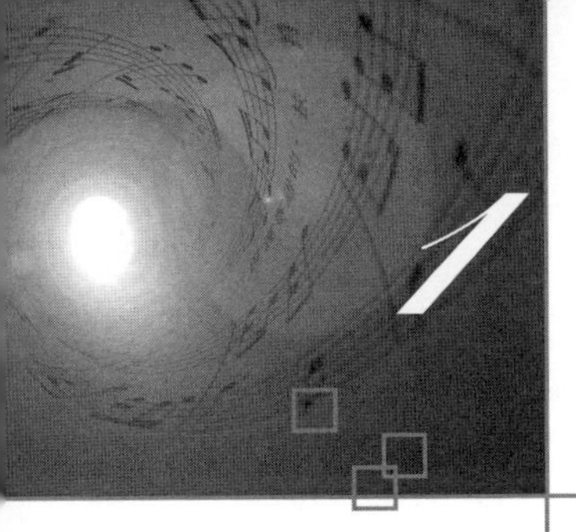

# 崇拜的定義與概念

## 崇拜的本能性

人類有崇拜的本能性。人都有一個傾向：他們會認為某些人或某些事物，比他們自己更「大」，或從價值的角度來說，比他們更高，人因這一認知而甘願向更「大」或更有價值的人下拜。[1]人類學研究指出，人類有自然的宗教觀念；每一個人都擁有自己的崇拜對象。古代人類膜拜他們認為是大而且可畏的人物或自然現象。除了期盼膜拜可以讓他們趨吉避凶之外，更希望從而得到某種超凡的能力。遠古人類的崇拜對象，通常是自然界的事物。

原始膜拜的形式是本於泛神觀念而對自然現象的拜祭。這種膜拜為天地間的山草木石、風雲雷電等安排一位神明，或把前述事物神化。舉例說，古埃及人膜拜太陽神鋭（Ra），尼羅河與地土之神阿西利斯（Osiris）等。人類製造出形形色色的神明，拜祭他們以圖利益。例如，巴力（Baal）被抬舉為五穀之神。人類一直相信，某些超自然的力量不斷地在作善惡之爭，不論無神論者或泛神論者，人類其實一直在尋找一位「未識之神」。[2]

對遠古人類來說，崇拜是對超越自身事物的敬畏，也即一種對未被認知的神秘事物的依賴。[3]現代的異教徒不一定繼續古人對自然事物的崇拜，卻會被其他形式的神所轄制，包括自我、享樂、權力、名聲、物慾等。正如葛培理（Billy Graham）指出：「人心中存在一個有神形象的空間；

不過，許多人要用別的東西去把這空間填塞。」[4]既然每一個人都崇拜某種人或物，那麼崇拜的根本問題，不在於我們是否**願意**崇拜，或**如何**崇拜，而是：我們崇拜的**對象**是甚麼。[5]

## 基督教崇拜的用語

人被創造以敬拜神，並與祂保持親密的關係。一旦這情況被妨害，神會主動地重建這關係。當以色列人在埃及為奴的時候，神讓摩西告訴法老：「容我的百姓去，在曠野向我守節。」(出五1)崇拜乃人類生活中最重要的一環，可以從神所頒下十誡的首四誡中知曉。從不可崇拜假神到恪守安息日，這四誡清楚地吩咐人們應有的崇拜態度(出二十章)。[6]

英語「崇拜」(worship)一詞是源自盎格魯撒克遜語系(Anglo-Saxon)詞彙 *weorthscip*，為"worth"與"ship"兩單字的組合，有對在上者表示效忠、臣服、順從之意(如臣民之於君王)。[7]基督徒的崇拜是對神表示祂理所當然地值得受崇拜。啟示錄五章12至14節這樣描述：

> 〔天使讚美〕說：曾被殺的羔羊是配得權柄、豐富、智慧、能力、尊貴、榮耀、頌讚的。我又聽見在天上、地上、地底下、滄海裏，和天地間一切所有被造之物，都說：但願頌讚、尊貴、榮耀、權勢都歸給坐寶座的和羔羊，直到永永遠遠！四活物就說：「阿們！」眾長老也俯伏敬拜。

神是崇拜的中心。崇拜是致敬、崇仰，崇拜的目標不是為了我們自己，而是我們主動表達敬意的那一位。崇拜的中心目的在於崇仰、讚美神，討神的喜悅，基督教崇拜的中心是神。通過啟示這方法，神將祂自己向人彰顯，人可以從啟示中，因為得見神的榮耀，而肅然起敬地回應。馬丁・路德(Martin Luther)指出：「認識神就是崇拜神。」("To know God is to worship him.")[8]路德的話精闢地概括了上述兩方面。在崇拜中，我們崇仰神信實的管治，在神絕對、終極的權能之前俯伏，並經歷祂的同在。[9]

在希伯來文和希臘文聖經中，有幾個單詞具「崇拜」的意思。對「崇拜」原意單詞的理解，可以幫助我們對崇拜有更廣泛的認識。

第一個希伯來單詞是 *hishtahawah*(הִשְׁתַּחֲוָה，源自 *shahah* 的字根 שָׁחָה，或更可能是源自 *hawah* חָוָה)。這是在舊約中使用最多與崇拜有關的單詞，在希伯來文聖經中出現過173次。[10]這個單詞有俯伏、或身體與臉朝下平躺之意，是在偉大人物之前表示無保留的謙恭，或表示承認神的榮耀與權柄的通常做法。在文學上，這動詞的字根有在帝王(撒下十四22；王上一16)或神之前(出三十四8；撒下十二20；王下十九37)俯伏爬行甚至自卑之意。這個單字描繪了地位崇高者出現在卑微者之前的狀況，是對個人在與神、政權和其他人的關係中自我定位的實在描述。因此，崇拜是從人類在對神大能的歎服和謙卑的態度中產生出來的。[11]正如詩人描寫(詩八3～8)：

> 我觀看你指頭所造的天，並你所陳設的月亮星宿，
> 便說：人算什麼，你竟顧念他？
> 世人算什麼，你竟眷顧他？
> 你叫他比天使微小一點，並賜他榮耀尊貴為冠冕。
> 你派他管理你手所造的，使萬物，
> 就是一切的牛羊、田野的獸、空中的鳥、海裏的魚，
> 凡經行海道的，都服在他的腳下。
> 耶和華我們的主啊，你的名在全地何其美！

在創世記十八章2節中，亞伯拉罕在幔利的橡樹向三位陌生人俯伏，用的字就是 *histahawah*。這個字還用在以賽亞書六十六章23節中：「每逢月朔、安息日，凡有血氣的必來在我面前下拜。這是耶和華說的。」

第二個字是 *'abad*(עבד)。這也是舊約中一個常被用來表示崇拜的希伯來字。它有服侍、做工、或成為奴僕的意思。[12]這個字可以在出埃及記三章12節找到：「你將百姓從埃及領出來之後，你們必在這山上事奉我。」這個字與奴隸、僕人用的是同樣的字根。在希臘文化的概念中，奴隸是被俘虜者無可奈何地降卑為奴，希伯來文化卻不同。以色列人認為，主僕之間是奴隸與仁慈主人的關係。[13]若用在崇拜中，這個字的中心意思是強調對從天而來的誡命之順服。在這上下文的脈絡中，人的服侍是對神聖旨意的順服和對從天來之指示的遵行。[14]

第三個字是希臘單詞 *proskuneō* (προσκυνεω)，與 *histahawah* 同義。這個單詞在新約中出現59次，是新約用於崇拜的一個主要動詞。[15] 在文學上，*proskuneō* 有恭敬地親吻、致敬、鞠躬或表示卑下等意思。例如，在馬太福音二章2節中，東方的博士說：「那生下來作猶太人之王的在那裏？我們在東方看見他的星，特來拜他。」在約翰福音四章20至24節中，耶穌與撒馬利亞婦人論崇拜，*proskuneō*在這段經文中以各種形式反複出現。另外，在啟示錄五章14節中，24位長老俯伏崇拜(*prosekunesan*)神。

第四個字是 *latreia*(λατρεια)或*latreuō*(λατρευω)，意思與 *'abad* 非常相近，同樣有事奉或獻上服務的意思。[16]希伯來書九章14節說：「何況基督藉著永遠的靈，將自己無瑕無疵獻給神，他的血豈不更能洗淨你們的心，除去你們的死行，使你們事奉那永生神嗎？」這個詞有時被譯為「崇拜」，羅馬書十二章1節是這樣應用的：「所以弟兄們，我以神的慈悲勸你們，將身體獻上，當作活祭，是聖潔的，是神所喜悅的；你們如此事奉乃是理所當然的。」當中「事奉」一詞有崇拜的意思。

與 *latreia* 有關的另外一個詞是*leitourgos*(λειτουρος)或 *leitourgia*(λειτουργια)，英文單詞 "liturgy"(禮拜儀式)是由此而來。這一單詞由另兩個希臘字組合而成：*laos*(λαος，指人民)與 *ergon*(εργον，指工作)。"Liturgy"是指人為他人的好處而付出的工作。在教會歷史中，基督徒使用這個詞形容公開的事奉，現在這個詞是專指與崇拜有關的工作。[17]

從上列單詞中，我們可以得到一些對崇拜的概念。首先，我們的心要謙卑、靈要俯伏在神面前。其次，對神的崇拜需要我們全心全意，也需要將我們的生命喜樂地擺上事奉祂。第三，崇拜者應以某些行動來參與崇拜。我們到神的殿中崇拜，不是像到音樂會般，也不應單看領會、講員在台上的表演。相反地，崇拜是以行動去回應神。

崇拜涉及兩方面：態度(驚歎、莊嚴、尊重)和行動(俯伏、讚美、事奉)，這包含了主觀的經驗和客觀的行動。崇拜既不是欠缺表達的感受，也不是空洞的形式。真正的崇拜包含了意念、感情和意志的投入，並在其中取得平衡。崇拜必須是理智的；崇拜能深入內心，並且被愛所驅動；崇拜帶來行為上的順服以榮耀神。[18]

## 崇拜的定義

從上述各例中，我們明白希伯來文與希臘文單詞關於崇拜的豐富含義，因此很難再作「崇拜不過是如此如此」的簡單結論。不過，也真有人這樣嘗試。以下是一些現存關於崇拜的定義。

馬丁・路德說：「在崇拜中，我們聚會以聆聽並討論神的話語，然後讚美神、歌頌和禱告。」[19]在崇拜中，我們聚集一起，聆聽神的話語，尋求神的旨意，然後對此以讚美和祈禱作為完全的回應。

韋柏(Robert E. Webber)說：「崇拜最廣泛的定義就是神與祂子民的相遇。在相遇中，神向祂的子民顯現，祂的子民以讚美和感恩回應。」[20]

如果將崇拜的定義盡量簡化，那就是人與神會面。韋柏還提醒我們，崇拜是一個動詞(verb)，[21]崇拜不單是被動的觀察，更是主動的參與。崇拜是行動，是我們要去做的一些事情，而不是傳道人或音樂家為我們準備妥當的東西。崇拜需要人以行動去回應神尋找我們的這份恩典和慈愛，因為神首先作出行動來尋找我們，在我們懂得尋求祂以先，祂就設法要與我們和好。[22]崇拜是對神的回應，回應祂以前和如今在基督裏為我們成就的事。崇拜者應該得到昇華和鼓舞，但這是副產品，而不應是崇拜的最終目的。[23]

艾芙蓮(Evelyn Underhill)認為：「基督徒的崇拜是人類對在歷史中自我啟示的永生神充滿敬意的回應。」[24]自我啟示是始自神，崇拜者以他們真心誠意的崇敬作為回應。崇拜是個人的和充滿激情的，崇拜者不自覺地向神呈獻，因為神先把祂自己呈獻給我們。

詹懷德(James F. White)講過在基督徒崇拜中發生甚麼事：「從世界中被呼召出來，我們聚集在一起，以對偉大的基督耶穌的讚歎，藉著耶穌基督，我們與神相遇，全心全意地尋找現實的深層意義。」[25]崇拜是一種團體的行為，崇拜者藉著耶穌基督與神相會。

拉夫．馬田(Ralph Martin)說：「崇拜神是把最大的尊貴歸與神，因為只有祂配得。」[26]正是神那無比的尊貴，令我們的崇拜成為可能。正如大衛在詩篇中說(詩九十六4～9)：

> 因耶和華為大，當受極大的讚美；他在萬神之上，當受敬畏。
> 外邦的神都屬虛無；惟獨耶和華創造諸天。
> 有尊榮和威嚴在他面前；有能力與華美在他聖所。
> 民中的萬族啊，你們要將榮耀、能力歸給耶和華，都歸給耶和華！
> 要將耶和華的名所當得的榮耀歸給他，拿供物來進入他的院宇。
> 當以聖潔的妝飾敬拜耶和華；全地要在他面前戰抖！

謝發連(Franklin M. Segler)寫道：「基督徒的崇拜，就是人對神在耶穌基督裏自我彰顯的愛和信心的回應。」[27] 崇拜不單是一種羣體的行為，也是神與人之間的一種個人關係。神賜給我們祂的獨生子以彰顯祂的大愛，我們則以崇拜來回應祂的愛。在崇拜中，憂心忡忡的人並不是在崇拜，正如厭倦了愛的人，並不會去愛一樣。[28]

魏士華(Warren W. Wiersbe)說：「真正的崇拜應可以讓人福杯滿溢，並且重新得力，那是一種可以幫助信徒背負重擔和克服生活中種種難阻的屬靈力量。」[29] 崇拜者其實應該把他們的重擔帶來，因為正是在真正的崇拜中，他們可以得到對待重擔的正確態度。正如亞薩在詩篇七十三篇16至17節中說：

> 我思索怎能明白這事，眼看實係為難，
> 等我進了神的聖所，思想他們的結局。

鍾馬田(D. Martiyn Lloyd-Jones)從這節經文中總結說：「他不是在當時忘記了他的問題，而是他找到了解決問題的方法。」[30]

妣偉渃(Welton Gaddy)說：「神的子民為事奉神而存在，沒有比崇拜神更崇高的事奉了。」[31] 人間的雇傭關係可以被視作為一種責任，或提高人類生活素質的必須手段；而崇拜我們這為神而作的聖工，若非發自我們內心對神的熱愛，便會變成浪費人力物力。[32] 我們並不因為從神那裏得到了甚麼好處而崇拜祂，只因祂配得崇拜。陶恕(A. W. Tozer)寫道：「那些為著個人的欲望和利益去尋找神的人，永遠找不到祂。神是不可被人利用的。」[33]

坎特伯雷大主教湯樸．威廉(William Temple)寫道：「崇拜是把我們自己完全降服給神。這是祂的聖潔對我們良心的呼喚，祂的真理對我們心靈的滋潤，祂的榮美對我們意念的潔淨，以及我們對祂大愛完全的開放，對祂旨意的服從。以上一切聚合成尊崇，產生我們所能達到最無私的感情。這也成為對我們所有罪性的根源——自我中心的徹底改造。是的，以心靈和誠實去崇拜，正是對各種困擾的解決辦法，以及從罪的捆綁中得解放的道路。」[34]

崇拜要求我們全人的投入，就如申命記六章5節所說的：「你要盡心、盡性、盡力，愛耶和華你的神。」

根據潘寧博(Wolfhart Pannenberg)的見解：「崇拜的而且確是成就教會生活的中心。在崇拜中，基督徒個人在崇拜極大的喜樂中被聯合為一個整體，藉著耶穌基督這個整體得到昇華。只有在崇拜中，信徒的團契可以得到實現，這是將來我們在神的國度裏永遠地讚美和榮耀神的景象。敬拜是教會在屬世地上的實踐。」[35]在崇拜中，基督徒不但崇拜神，而且彼此聯合和造就。崇拜對世界見證基督徒是神的子民。

艾倫(Ronald Allen)說：「崇拜是對神之尊榮的主動回應。崇拜不是被動的，而是主動和投入的。崇拜不止是一種情緒，更且是一種回應。崇拜不止是一種感覺，更且是宣告。」[36]

崇拜者宣告神對人類偉大的作為，以此作他們對神之作為的回應。崇拜不但是一種內向的被動感覺，也是外向的主動行為。米淮民(Waymon D. Miller)說：「一般而言，崇拜被認為包括了機械性的歌詠、禱告、奉獻、朗誦神的話語，還有守聖餐，但這些外在的舉動不是崇拜，而是崇拜的外在形式。崇拜是靈魂的態度。崇拜是靈魂崇仰神的一種主觀體會，這體會當然可以用外在的行為表達。」[37]

赫士德(Donald Hustad)說：「主日崇拜是每天崇拜生活的排練。」[38]崇拜不只是每個禮拜天早上那兩小時的活動，崇拜是一種生活方式。真正的崇拜是24小時與神同行。正如陶恕所說：「除非在我裏面已經找不著令神不喜悅的東西，崇拜不會完全得著神的喜悅。為了享有真正的、蒙受祝福的崇拜，我們生活中的某些東西必須被剔除、揚棄。」[39]

夏普爾(Robert N. Schaper)將崇拜定義為：「一種特別關係的表達。即父神在基督裏彰顯祂自己和祂的大愛，在聖靈中施恩典；我們則以信心、感恩、與順服作為回應。」[40]崇拜表達了神與我們之間的關係，是在聖靈引領之下，我們對神的作為和言語堅信不移的回應。

## 對崇拜的誤解

神學院和教會忽略了崇拜的教導，已經有數十年之久。牧師在崇拜方面的訓練甚少，或是完全沒有。教會的音樂事奉人員只有少得可憐的神學訓練，甚至厥如。牧師可能把崇拜的所有內容繫於講道和關懷。音樂事奉人員也許把崇拜單看為藝術，如同一般人眼中的藝術，或只專注教導會眾提高音樂欣賞品味和演奏。這些病態的環境，導致今日的敬拜走了樣子。[41]結果，基督徒對崇拜的觀念普遍是脆弱或錯誤的。以下，我們把討論重點放在對崇拜一些常見的誤解上。

### *崇拜就是音樂*

在崇拜中，特別是現代形式的崇拜，音樂起著重要的作用。對許多基督徒來說，崇拜只不過是音樂的同義詞。他們說：「我們的教會是首先崇拜，然後教導。」對他們來說，「敬拜讚美」的時間是崇拜，然後講道的時間是教導。事實上，崇拜的每一個內容都是崇拜行為：唱詩、禱告、認罪，讀經、聽道，奉獻、浸禮、聖餐、默想，甚至彼此問安。音樂只是崇拜的一個元素，是一個媒介，一種表達方法。我們可以透過音樂來頌讚、禱告或向神認罪。

真正的崇拜發生在人的靈對神作出回應時，而不是對一些音樂。事實上，某種情緒化或過份內向的歌曲，阻礙了崇拜，因為它們可以把對神的專注轉移到人自己的感覺上。[42]

沒有音樂事奉人員會否認，音樂可以帶給崇拜的力度和重要性，但崇拜不止是音樂。崇拜是心靈的事，正如英國作曲家麥利民（Matt Redman）在他的作品〈敬拜的心〉（*Heart of Worship*）所表達的：[43]

我獻給您的多於一首歌，
因為那歌你並沒有要過；
你注目我內心深處，
多過外表縱橫又交錯，
你是注目我心窩。

我們不應被複雜的音樂表演所吸引，而讓主在我們心中被忽略。崇拜不只是在禮拜天早上唱些歌，甚至不只是用了整個禮拜唱歌。崇拜是一種生活方式，涵蓋我們所有説話和舉動，即使是對陌生人最微不足道的善行。[44]除非我們行善、生活彰顯公平，否則我們的所謂頌歌，就是毫無意義的。神對我們如何活出我們的生命，比我們的嘴巴説甚麼更感興趣。

## 崇拜是為我們的好處

如果有人説：「我沒有在今天的禮拜中得著甚麼。」他就是存著錯誤目的參加崇拜。崇拜並非為了誰，而是為神而設的。我們並不為取悦自己而崇拜，而是到神的殿來將榮耀和喜樂呈獻給造物主。

我們之所以崇拜，乃是因為神配得。作為崇拜者，我們不可以從崇拜裏獲得甚麼。如果我們把崇拜只當作可以從神那裏獲得甚麼的手段，而不是由我們向神呈獻，我們就是把神當成僕役而非我們的主了。崇拜的各種安排因而也變質成為劣等的公式，為的是滿足一己的私慾。[45]

到教堂的目的是崇拜，我們卻是去交流我們對崇拜的感覺。我們經常留意自己對崇拜的滿意程度，而不是我們呈獻祭物的質量。

崇拜的更新，已經向時代彎腰作揖；這更新容許它自己陷落到一種消費者的心態去崇拜。我們這時代的個人至上主義，已經在教會中留下了印記，許多基督徒的崇拜觀已經完全失去重心。他們來，為的是沾上一些宗教的情操，而不是獻上敬仰。無疑地，基督徒的崇拜永遠不會來自那些懷著消費者心態、個人至上主義、情緒忽喜忽憂的「時髦一代」。[46]

當我們與神的關係不能超越我們的欲望，或是不能高於崇拜中我們受到的祝福，崇拜就變得以人為中心了。[47]我們為何崇拜神？我們的崇拜是否只為一些好處？還是因為祂是我們那聖潔、永在、權能的創造主？在創世記十五章1節中，神向亞伯拉罕宣稱：「我是你的盾牌，必大大的賞賜你。」

我們隨波漂流到一個宗教場所，這宗教有意無意地注目在人類而非神明。我們必須注意到「你尋找，就必找著我」與「你尋找，就必得著獎品」之間那微妙的分別。崇拜的理由是神，而非祂的賞賜。我們崇拜神，並不為那摸得到的獎賞，無論那是自我的滿足或是發達。神自己就是我們的福祉。[48]

## 崇拜既容易又富有娛樂性

有時，我們可以聽到領會者這樣說：「讓我們輕鬆愉快地享受今天的崇拜。」在這裏，崇拜被看作一回受用不盡和令人鬆弛的經驗，與躺在沙發上享受電視節目沒有兩樣。崇拜變成一個讓我們感覺良好的活動。今天，基督徒在崇拜中最普遍的錯誤，是以尋找某種經驗或感覺來代替尋找神；他們注重感受，如果這種感受產生了，他們就認為自己崇拜過。[49]

時下崇拜流行的傾向是讓崇拜變得容易，既容易欣然進入，又容易拂袖而去，崇拜者可以這樣坐著冷眼旁觀。帶領崇拜者（領詩、司琴、牧師和領會者）為崇拜可以提供的感受負責。他們為「觀（聽）眾」而表演。對參與崇拜的羣體，並沒有甚麼要求。[50]

真正崇拜的體會，比只是感覺良好要豐富得多。韋爾斯（David Wells）説：「我們找尋快樂，而非公義，我們欲想滿足自己，而非被充滿。我們很有興趣於滿意，而非對錯誤的不滿。」[51]

我們的信仰是以神的旨意作為中心，而非感覺。基督徒的愛心也不是一種感覺，而是一種實際的行動。基督徒的愛心是我們做甚麼，而非我們感覺如何。真正的敬拜是甚麼？就是當我們向主獻上身體、靈魂和意願，讓聖靈去使用，以將榮耀歸與神，真正的崇拜從此處開始。[52]

以賽亞書六章是研究崇拜的焦點。[53]那裏的信息記載了以賽亞崇拜的四重體驗：他看見神在榮耀裏，聽見天使的頌讚，感受到罪的實在和神的潔淨大能，回應神的呼召。感受到神的降臨，可能不是一件易事，因為神是大而可畏的。承認我們自己的罪，亦非輕而易舉，因為我們必須謙卑懇求神的赦免。我們還要立志不再犯罪。回應神的呼召也不容易，那可能意味著我們需要改變生活方式，調整緩急輕重，或犧牲個人的意願。

崇拜和服事形影不離。「當拜主你的神，單要事奉他。」（太四10）

危機並不造就一個人；危機卻可以顯示出一個人的品格。不管是男或女，一個屬神者的品格在每天的崇拜與事奉裏成長。這樣，當危機來臨，我們會意識到自己已經在靈性上準備好了，即使是受苦也可以奇妙地變成真正的崇拜。事奉、聚會、受苦是我們崇拜中的某些部分。[53]

經歷與神同在，需要由裏到外的改變。[54]崇拜的基本姿勢不是緊靠椅背坐著，而是向前傾。崇拜既是打擾，又是安慰。在崇拜中，我們與基督一同「死去活來」，真正的崇拜是屬靈的艱辛勞作。[55]

## 崇拜有傳福音的任務

羣體崇拜的惟一目的是敬拜神。崇拜可能帶有差傳的色彩，但崇拜的基本目的並不是向人佈道。

事實上，完美的崇拜不帶有任何實用成分。換句話説，崇拜並不意味著要達成一些甚麼目的，雖然事實上崇拜的確達成了許多特殊目的，崇拜不是到達終極的途徑，崇拜本身就是那終極。[56]

神是教會的首位，而非人、事工、增長、成功。神，只有神，能在教會中佔有絕對並不可超越的地位。[57]雖然差傳是教會工作的中心之一，崇拜卻是鼓動差傳，但不可本末倒置。

崇拜是佈道性的，但這不是崇拜的基本目的，因為崇拜是為神而設，而不是為鄰舍。在聖經裏找不到「崇拜神以吸引不信的人」。相反，在數不清的章節裏，我們被要求、邀請、催促、吸引去崇拜三一神，因為神配得我們的讚美。[58]

當神與崇拜神成了教會生活的首位，教會增長就會接踵而來。差傳不是依附在教會生活上的一項節目，而是有生命力的基督徒羣體中不可分割的部分。[59]

聖經啟示差傳的目的是造就崇拜的人，並不只是拯救失落者於地獄的永火或徵集更多名額。差傳事工的最高目標是榮耀神，而非拯救靈魂。慕道者可以在扣人心弦的羣體崇拜中被神奇妙地觸摸。他們相信，並不因為那信息聽起來不錯，或是想要改換一下環境，而是因為他們在各自的教會中看見神的奇妙作為。[60]

健康的崇拜和健康的信徒羣體相輔相成。有力的崇拜建立強健的信徒羣體。

我們有許多活動，但崇拜卻少得可憐。我們教會的事工龐大，但對神的仰慕卻微不足道。我們滿腦子實用主義，我們最想要知道的是甚麼最有果效。教會裏凡事十分事工性，我們只著眼有果效的方法。我們被預設、灌輸、籌劃，營營役役地忙活，卻把崇拜扔到一邊去！我們有部署、推銷、目的，邁向成功，數目至上，緊抓傳統，甚至忘我地奮鬥。不過，真正滿有神的靈同在的崇拜，卻離我們而去。[61]

## 崇拜經歷是獨一無二的

有人說，他們只能透過某些特定形式，才得以進入崇拜。抱有這種心態的敬拜者，他們期望某些音樂、儀式、講員，甚至個人的心境或感覺。他們甚至要求別人追隨他們自己的經歷。

追求某種崇拜體驗，把人置於神之上，這種做法令本應對神的專注，轉移到我們的內在反應。[62]事實上，神經常消除我們個人的感受，令我們不只憑感受而行事。追求感受，即使是靠近基督的感受，亦不是真正的崇拜。[63]

沒有兩個人是完全相同的，也沒有兩個基督徒會擁有分毫不差的崇拜經歷。羅馬書十二章2節提醒我們：「不要效法這個世界，只要心意更新而變化。」即使是我們個人的崇拜經歷，也會隨著時間而變化。現有的種種崇拜經歷，總會有相同的成分存在，但這些經歷也有它們獨特的地方，未必可以硬套在他人身上。我們今日在崇拜上所犯的錯誤，是要模仿一些**花樣**，而忽略了崇拜的**精粹**。[64]

從研究亞伯拉罕、雅各、約伯等聖經人物中，我們可以學習他們的崇拜，知曉真正的、靈裏的崇拜包含甚麼。如果亞伯拉罕沒有在祭壇和帳篷的門口崇拜神，他就不可能將以撒獻上。亞伯拉罕教導我們，崇拜是每天的經歷，對神誠懇的事奉，就是崇拜的行動。[65]雅各在伯特利遇見神的時候，他正離家出走。顯然，他並不是在尋找神，但神啟示了自己。對雅各來說，崇拜是對神恩典的體會。[66]約伯的崇拜警告我們，正確的神學並不保證與神有正確的關係。神永遠比我們所想像的祂，和教義裏所描寫的祂更偉大。[67]每個人都有差異，因此，可以預期我們之間的崇拜經歷也有差異。如果以此提醒自己，我們大概可以對他人的崇拜經歷和方式有更深的欣賞。

## *崇拜應該只著眼於神的恩典*

最近有一種現象，在崇拜中強調神內住的屬性。有些基督徒更把神這內住的屬性，解釋為帶現代色彩的友善。[68]人們談論神的恩典，多於祂的公義、慈愛、和聖潔。人們把神當作友人，而不是神。

傳統對神聖潔的觀念，正在福音派教會的世界裏漸漸失落，這是明瞭為何罪和恩典變成了兩個空洞無物的詞彙之關鍵。與神的聖潔分道揚鑣後，罪被看作不過是自我倒退的行為或稍欠君子氣質，恩典也只不過是空洞的修辭罷了。狀似虔誠的櫥窗裝點出現代化的技巧，這技巧讓罪人發明自救的方法。離棄了神的聖潔後，我們的崇拜不過是娛樂。[69]

現代的問題是，我們不知神到底是誰，也不知道在祂的聖潔之前，我們是誰。

欠缺對如同烈火的神的聖潔的明瞭，我們無法真正明白甚麼是罪；欠缺對罪的結局的認知，我們無法明白甚麼是恩典；欠缺對恩典的認識，我們不會有正確的崇拜動力，也沒有甚麼是值得慶賀的。[70]

在50多年前，潘霍華(Dietrich Bonhoeffer)警告說：[71]

> 廉價的恩典是教會的死敵，因為廉價恩典腐蝕付出重價的恩典。廉價的恩典是：無須悔改的饒恕，無須教會紀律的浸禮，無須認罪的聖餐。廉價的恩典是沒有門徒心志的恩典，沒有十字架的恩典，沒有耶穌基督的恩典。

缺乏了對付我們那還不清的罪債，以及來自神在基督裏測不透豐盛的真正恩典，我們的信仰便一文不值。恩典推動著崇拜，並且令崇拜成為現實。[72]



## 崇拜永遠應該是鬧哄哄的

某些現代敬拜讚美形式的崇拜，敬拜隊所發出的聲浪往往很大，崇拜者熱愛敲擊樂器產生那煽情又刺激的節奏；他們聲稱，只有透過這種力度和音量才可以經歷神。也許現代人不很習慣安靜：我們邊幹活邊聽音樂，邊購物邊聽音樂，我們甚至在禱告的時候，也要有背景音樂。

以賽亞書四十一章1節說：「眾海島阿，當在我面前靜默，眾民當從新得力！」

在沮喪中，你會製造出這許多的噪音，足以令你聽不見神與你的溝通，即使神變化成人形，用你所熟悉的語言向你發出如雷貫耳的指示。但你應相信，若要聽到神的聲音，並非通過手舞足蹈製造出來的噪音，你所要做的乃是傾聽——往那靜默和安寧裏傾聽。[73]

崇拜中的靜默與聲音同樣重要。「惟耶和華在他的聖殿中；全地的人都當在他面前肅敬靜默。」(哈二20) 在靜默中我們要面對自己，檢視自己的暴躁、猙獰、空虛。不過當中更困難的，是我們要面對神，我們可能與神相會。[74]「你們要休息，要知道我是神！」(詩四十六10) 在崇拜中的靜默是「耐性等候耶和華」(詩四十1)，是向「安寧中平和、微小的聲音」開放自己。[75]

寂靜在基督徒崇拜中是有價值的，因為它有干擾與遏止的特性。在寂靜中我們感到不自在、無助和不能自主。在神面前的靜默，幫助我們在不同的角度透視我們自己的生命。首先，在神學角度上，靜默讓我們與神的溝通更加緊湊，因為靜默製造條件讓我們可以聆聽神的話語；其次，在屬靈的角度上，崇拜過程中的靜默引導基督徒進入到基督裏的成熟裏去，因為在靜默中我們學習對神順服；第三，靜默讓我們以憐憫的心腸去體察社會上的需要，因為我們不再受引誘去「用自己的言語堵塞他人」。靜默的約束還指示崇拜的人們「等候主」。最重要的是，靜默提醒我們，時間是在神，而非我們的手中：「我終身的事在你手中；求你救我脫離仇敵的手和那些逼迫我的人。」(詩三十一15)[76]

潘霍華提醒我們：「要是有誰覺得靜默是在浪費寶貴時間，最終他會沒有時間留給神和弟兄，他只有時間給自己和自己的愚昧。」[77]

## 崇拜是禮拜天早上的活動

在彼得前書二章5至9節中，我們可以看到這樣的主張：教會整體是有君尊的祭司，為獻上讚美、感恩、善行、分享等為祭。

所以，沒有所謂本質上神聖的時間、地點、建築或個人。通過耶穌的受死和復活，猶太人的會堂被取代而成為基督徒真正崇拜的聖所，在那裏，神特別向他的子民顯現。這隱含著一個意義：基督徒生命的全部就是崇拜，也就是說，在基督徒的生命中，不存在一個狹義的、獨立於基督徒生命以外、與基督徒生命分割的崇拜。[78]

從某種意義說，崇拜包括了生命的所有部分。我們傾向於把生活分成世俗的和屬天的兩個部分，這是一個不能成立的二分法。[79]

從這角度看，基督徒必須明白，他們不可以把崇拜降格，或只局限於禮拜天上午11時那點鐘。我們過的是每天24小時、每週七天的崇拜生活。我們的生命，其中所有的言行，將帶給我們熱愛的神或是榮耀，或是羞辱。被世界所稱為「世俗」的每日例行公事，其實都是崇拜，與自覺的、有意識的崇拜相反，它們是不自覺的、無意的崇拜。因此我們不可把崇拜限制在幾項宗教活動。[80]

神不會居住在被罪污染、充滿惡慾與貪婪、傲慢與自私的思想中。神一直在說：「讓你的內心成為我居住的至聖所」。在哥林多前書十章31節中，保羅這樣說：「所以你們或喫或喝，無論作甚麼，都要為榮耀神而行。」心中渴慕崇拜神的人，會極力在生活上有信心、愛心、順服、忠誠的行為。[81]

崇拜不能被隔離和局限在某個地點、時間，或我們生活的一部分。我們不可以言語上讚美神，卻活在自私和血氣裏，那樣的努力只會給崇拜帶來扭曲。真正的崇拜必須是從充滿崇拜的日常生活之中湧流而出。在詩篇四十五篇1節中，詩人說：「我心裏湧出美辭。」[82]

既然無論在教會內外，我們一切作為都是為了神的榮耀，那麼在技術上，「我們正前赴崇拜」這講法就不太乎合聖經教導，因為無論在教會內外，我們所做的一切都為榮耀神。禮拜天的崇拜聚會其實是我們各人每天崇拜生活的匯聚。主日聚會以團體的形式，所有參加崇拜的人一起慶祝在基督裏的得勝和對神的依靠。[83]正如神在阿摩司書五章21至24節中提醒：

> 我厭惡你們的節期，也不喜悅你們的嚴肅會。你們雖然向我獻燔祭和素祭，我卻不悅納，也不顧你們用肥畜獻的平安祭；要使你們歌唱的聲音遠離我，因為我不聽你們彈琴的響聲。惟願公平如大水滾滾，使公義如江河滔滔。

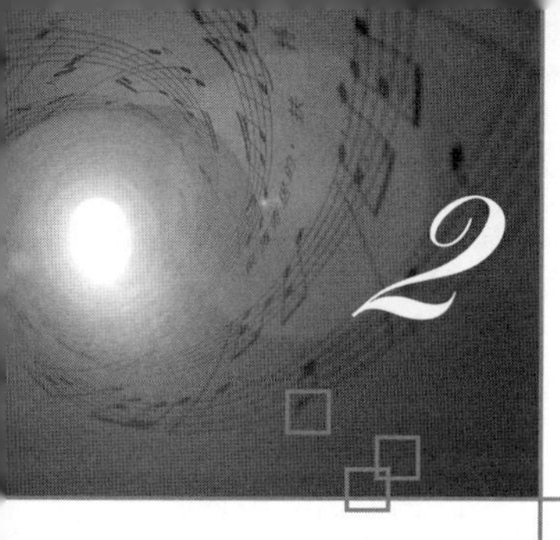


# 崇拜的聖經背景

對於基督徒來說，聖經十分重要，因為聖經是神在人類歷史的作為絕對無誤的記錄。聖經是神的話語，是基督徒信心和實踐的歸依，基督徒神學知識惟一的泉源。[1]聖經是一部見證，見證了神的子民如何去愛神、事奉神，也見證了神如何親自道成肉身教導祂的子民。[2]貫穿在66書卷中的是一部歷史，記述人類背叛創造天地萬物的神，神卻如何以祂的慈愛，引導人類悔改並重獲信仰。[3]

舊約所記述以色列民的生活方式，給猶太教和基督教提供了集體崇拜的楷模。[4]新約的崇拜生於環繞耶穌所發生的事件，耶穌被認為是舊約對以色列人預言的實現。[5]舊約是新約與基督教會的根基。耶穌說：「莫想我來要廢掉律法和先知。我來不是要廢掉，乃是要成全。」（太五17）在舊約中關於神和希伯來宗教的知識，對基督徒崇拜來說十分有價值，因為在基督裏定立的新約是舊約的實現。[6]對新舊約的研究，肯定有助我們更明白基督徒崇拜的基礎和聖經的原則。

## 舊約的崇拜

舊約書卷大約是在從摩西（約公元前1400年）到以斯拉（約公元前400年）期間編輯而成的，而希伯來歷史則回溯更久，直至亞伯拉罕（約公元前2000年）的時代。在數千年希伯來歷史中，神一直不斷向以色列民族自我啟示。在這過程中，神將祂神聖的本質和對人類的救贖計劃，不斷昭示。這一過程通常被稱作「漸進啟示」(progressive revelation)。[7]在舊約中的希伯來崇拜，平衡地與這過程中的神學教導與立約的啟示發展。[8]權能的神與按祂形象被造的人類之間的關係，是所有神學概念的基石。崇拜是人整體的生活方式，是人類與這位創造主的關係。[9]

崇拜的目的是維持和淨化神與以色列人之間的關係，這關係是神在立約中成就的。在舊約中，崇拜是神與以色列人溝通的焦點，是神的啟示、赦免和要求，以及以色列人的認信、祈求與讚美的雙向媒介。[10]

以色列的宗教歷史可以分成四個有代表性的時期：族長時期、摩西時期、大衛與所羅門時期、以及被擄與歸回時期。每一時期的崇拜，都產生重要的新元素。

耶和華在族長時期與希伯來部落的早期首領訂立契約；摩西時期見證了以色列作為一個國家的誕生，崇拜中心、會幕的建立，以及膏立祭司階級去帶領希伯來人崇拜。大衛與所羅門時代目睹永久崇拜中心的建造。被擄與歸回時期重新強調希伯來崇拜中的禮儀和祭司的職分。[11]

## *族長時期*

在創世記的始初，神主動的行動是崇拜最基本的成分。神與祂子民的關係是神主動倡導的：「耶和華神將那人安置在伊甸園，使他修理看守。」(創二15)神是有與人溝通的意願：「耶和華 神呼喚那人，對他說：『你在那裏？』」(創三9)人要做的只是回應神的供給，回應祂神聖的自我啟示。

神與人類正常的關係被人類的犯罪與反叛所破壞(創三6～10)，但神恩慈地啟示了救贖的約：「耶和華神為亞當和他妻子用皮子作衣服，給他們穿 。」(創三21)至於人類，他們以獻祭作為對神的崇拜和回應，獻祭是崇拜裏最先出現的正式元素。[12]「有一日，該隱拿地裏的出產為供物獻給

耶和華；亞伯也將他羊羣中頭生的和羊的脂油獻上。耶和華看中了亞伯和他的供物。」(創四3～4)

雖然這裏沒有關於祭壇式樣的論述，但既然這是獻祭(*minhah*)，裏面就有崇拜的成分。[13]

首個建造祭壇的外在記錄，可以在創世記八章20節中找到：「挪亞為耶和華築了一座壇，拿各類潔淨的牲畜、飛鳥獻在壇上為燔祭。」自此以後，崇拜便與築祭壇，或在壇上獻祭物有著緊密的聯繫。[14]獻祭是人類獻身於神的表示，獻上祭物與建造祭壇被認為是族長時代以色列人崇拜的基本元素。[15]亞伯拉罕在伯特利建祭壇(創十二8)，以撒在別是巴築祭壇(二十六25)，雅各在路斯也做過同樣的事(三十五7)。除了建祭壇，崇拜還與「求告神的名」聯繫在一起(十二8)，這是對賜福的應許充滿感激的讚美和感恩。

神指示亞伯拉罕將以撒獻上為祭的故事，對希伯來崇拜的發展極為重要(創二十二章)。首先，這故事說明：神既試驗，又供應。這一種反合，即如此在主權自由下之全然順服，以及欣然信心的獻呈與供應的吊詭，引發出神子民的信心和回應。[16]第二，舊約中崇拜的目的是榮耀神，而非對任何人信心回應的稱許。聖經記載的重點，是讚美耶和華這位信實的供給者。(耶和華以勒，*Yahweh Yir'eh*，意為神會供給，創二十二14。)[17]

另一與崇拜有關的要素是割禮：這是遵從、順服、立約的記號。「你們都要受割禮，這是我與你們立約的證據。」(創十七11)立約成就了神與祂的子民之間緊密的關係，也詳細列出他們的責任與原則。向立約的神所有的崇拜，都是崇拜者順理成章的反應。[18]

創世記也記述了崇拜的其它幾種表達方式，包括了立石柱(創二十八18)、參見神之前的自潔(三十五2)、代禱(二十7)、還有請求(二十四12)。

總括而言，在關於族長時期的記載中，神的子民恪守下列崇拜要素：最首先和重要的是，崇拜是對神自我啟示的回應，人的回應是主動的而非被動的；崇拜在很大程度上是非正式的和自發的，人被允許運用各式各樣的祭儀以表達對神的敬仰。[19] 崇拜沒有時間、地點的限制，割禮被當作重要的立約儀式，是向神崇拜的一種行動。[20] 無論是多麼原始，在創世記中，以色列人的崇拜是個人行為，或由個人代表一個家庭去作。[21]

## 摩西時期

摩西時期是以色列歷史和崇拜的發展時期。

希伯來宗教意識和崇拜實踐，受出埃及記中那些戲劇性地發生的事件影響因而成形。通過西乃山上的立約儀式，神確立以色列為他的「寶貴財產」(出十九5)。聖約中律法的功用，是賦予並且保守以色列人選民的身分，以及特許以色列為祭司所管治的神權國家(十九6)。出埃及的經歷將以色列凝聚成一個崇拜羣體。西乃山所立的約產生了一部憲法，在此大法之上，創立了以色列這個國家(申四32～40)。[22]

「神聽見他們的哀聲，就記念他與亞伯拉罕、以撒、雅各所立的約。」(出二24～25)神向摩西顯現，並向他發出帶領以色列人離開埃及的命令。神自始至今是同一位自我啟示的神，族長在古時候就崇拜的。

耶和華除了是一位自我啟示的神以外，祂還向希伯來民族彰顯了祂的大能和聖潔。神說：「不要近前來、當把你腳上的鞋脫下來、因為你所站之地是聖地。」(出三5)摩西遇見神時，把鞋脫下來，又把臉蒙上。以色列人準備朝見神的時候，也須自潔(十九10～11)：

> 耶和華又對摩西說：「你往百姓那裏去，叫他們今天明天自潔，又叫他們洗衣服。到第三天要預備好了，因為第三天耶和華要在眾百姓眼前降臨在西乃山上。」

這些來到神面前應有的虔誠敬畏，代表了希伯來崇拜中懼怕主神理念的開始。[23]以色列民學會了準備妥當，以便在崇拜之中與神相會的重要性。

神禁止希伯來民族膜拜其它神明。「除了我以外，你不可有別的神。不可為自己雕刻偶像，也不可作甚麼形象，彷彿上天、下地，和地底下、水中的百物。」(出二十3～4)申命記六章4節是舊約崇拜目的、動機的最佳總結：「耶和華我們神是獨一的主。」[24]這在應用上，成為希伯來民族的一元神論。[25]

神與以色列民在西乃山麓的相聚(出二十四1～8)，包含了集體崇拜最基本的結構和要素：

首先，這聚會由神召開。其次，人們被按著責任的結構排列；人們依從安排，各按其職，投入是崇拜的根本態度。第三，神與以色列民聚會的特點是宣告神的話語。神向祂的子民說話，讓他們知曉他的旨意。這顯示出，如果欠缺聆聽神的話語，則崇拜並沒有完全，依然有所欠缺。第四，人們以贊同之心接受契約的條件，以此標誌他們承諾去聆聽並且遵行神的話語。崇拜中，整個羣體緊守他們與神所立更新之約。最後，聚會以對條約的認可而達到激動人心的高潮。在舊約中，神用血祭作為證明祂與祂子民之間關係的印記。所獻的祭物預表了耶穌基督，祂是獻上一次而成就所有的祭。[26]

耶和華以不同的形象向以色列人啟示自己。祂透過荊棘叢中的火(出三2)、神蹟奇事(八16～19)、主的使者(十四19)、雲柱(十六10)、雷聲、閃電、煙幕、火焰(十九16～19)顯現。神並且告知祂的子民說，祂是記念並且遵守先前所立之約的神(二24)，也是一位聖潔且可畏的神，祂的能力遠強大於列國所膜拜的假神(十五11)，乃是一位自有永有的神(十五1～9)，一位垂聽禱告、接納悔改的恩惠慈愛的神(三十二11～14)。

希伯來人以恪守逾越節來慶祝出埃及。逾越節記載於出埃及記十二章，是紀念神偉大作為的餐筵。神從埃及人的轄制中將以色列人解救出來，以色列人的後代一直以感恩的心來遵守逾越節慶典，記念神在古時的拯救，意識到這是神救贖工作的開始，為祂將來所有救贖大工鋪路。[27] 耶穌基督也在最後的晚餐中守逾越節（太二十六17～29），基督被稱為逾越節的羔羊（林前五7），主餐則成為新約時代的中心儀式。[28]

十誡有每六天後守一天作為安息日的誡命（出二十11）。恪守安息日，是為了記念神在創造之工完滿後的安息（二十11），並以此慶祝臨到在埃及為奴的以色列人的安息（申五15）。無論如何，如同希伯來人其它節期，恪守安息日也是紀念神的大能。[29] 舊約安息日的傳統，對今天的新約教會來說，是安息與崇拜的日子，也是心靈的安息，在神面前那種源自手潔心清的平靜和安穩。[30]

以色列民在摩西的指導下於曠野舉行集體崇拜。神指示摩西建造聖所，這樣，神可以住在祂的子民中間，時常與他們會面（出二十五8～9、26）。聖所也稱作帳幕（二十六36）、聖所（二十五8）、會幕（二十七21）、法櫃（三十八21）或耶和華的帳幕（利十七4）。根據出埃及記四十章1節，會幕在神向摩西顯現後一年內竣工（出十九16）。

會幕不僅是指一處聚會的地方，而且是神與祂子民見面之處。我們再一次看見，是神供給一切，而且為見面指定了時間和條件。[31]

設立會幕的基本目的是為神提供一個居所，這樣祂可以居住在祂的子民中間。而且聖所是古代以色列人的崇拜中心。聖所是一活生生的教材，矗立在以色列營地中，生動地向希伯來民眾描繪出神的本身和特質。[32]

神在摩西時期立約，把希伯來民族用以事奉神的祭司制度法規化。祭司是宗教領袖，是專職行業，正如今天的神職人員。[33]（出二十九1～37）舊約祭司之於崇拜的重要角色，見於如下：

首先，他們安排、組織和帶領以色列人舉行集體崇拜。其次，他們為以色列羣體主持崇拜，特別是那些包含獻祭的崇拜。第三，他們充當神和以色列人之間的中間人。他們也定奪律法條文，保守以色列羣體的聖潔和純正，捍衛與耶和華立約的關係。他們解釋摩西的律法，教導希伯來民眾聖潔和守約。他們並且對民眾發揮顧問和參議的作用，亦在信心、聖潔、守約等方面以身作則。[34]

## *大衛與所羅門時期*

會幕作為以色列民的崇拜中心，維持了一段頗長的日子。會幕類似帳篷，是一種非固定的結構，隨著以色列民的遷徙而流移。隨著大衛王的興起，耶路撒冷演變成崇拜的中心。

神揀選大衛作以色列王（撒上十六12～13）。大衛對發展希伯來崇拜的貢獻包括：為建築聖殿集資（代上二十二2～5），以及為聖殿委派人選去主持崇拜儀式（二十三24），特別是成立為崇拜而設的專職音樂隊伍（二十五章）。對於崇拜的會眾來説，詩篇這部反映了他一生傳奇般深入與神相交的作品，也許是大衛留下給崇拜者最偉大的瑰寶。[35]

所羅門王留下給以色列崇拜的遺產是建立耶和華的聖殿（王上六～七章），聖殿在以色列人崇拜的發展過程中，留下了舉足輕重的影響。聖殿把一切崇拜的羣體吸引到崇拜中心耶路撒冷：錫安山，一處神人相會的地方。[36]聖殿成為了以色列的中心聖所，全境的崇拜中心。

聖殿的永久設立是對神的信實的見證。信實的神遵守立約的應許，在賜予族長亞伯拉罕的土地上，讓祂的子民得享安息。這是神的大能與榮耀一個有形的提示，祂是並不住在人手所造房屋的真神（王上八27～30）。[37]

聖殿也被分別為聖，作為禱告的殿。以色列的神在此垂聽、回答祂子民的禱告和祈求(王上八27～40)。

聖殿以繁多的禮儀著稱，這些禮儀是被作為神與祂子民之間關係的可見和有形的表達。聖殿也以擁有聖職人員為其特點，祭司是神與以色列民之間的中間人。[38]



會幕和聖殿的崇拜都注重崇拜者在與神相會以先的準備(詩十五篇)。舊約非常詳盡和精確地講解崇拜，為的是要指明，希伯來人的崇拜須一絲不苟地遵守神所設定的規範，而非服膺人的愛好。[39]聖殿崇拜的禮儀也顯露了希伯來崇拜投入性的本質。崇拜是崇拜者全人、全意、全情、全體參與的經歷。

希伯來君主制度的產生，導致了與此平行的以色列先知運動。先知的作用是監察和平衡人間王位的固有限制。[40]許多先知強烈地抨擊人們在崇拜中虛假的禮儀和錯誤的動機，呼籲一個更新的崇拜。何西阿代表神預言：「我喜愛良善，不喜愛祭祀，喜愛認識神，勝於燔祭。」(何六6)彌迦傳遞了相同的訓誡(彌六6～8)：

> 我朝見耶和華，在至高神面前跪拜，當獻上甚麼呢？豈可獻一歲的牛犢為燔祭嗎？耶和華豈喜悅千千的公羊，或是萬萬的油河嗎？我豈可為自己的罪過獻我的長子嗎？為心中的罪惡獻我身所生的嗎？世人哪，耶和華已指示你何為善。他向你所要的是甚麼呢？只要你行公義，好憐憫，存謙卑的心，與你的神同行。

阿摩司厭惡以色列人的節期。他疾呼人們回轉，真誠地崇拜耶和華(摩五21～24)：

> 我厭惡你們的節期，也不喜悅你們的嚴肅會。你們雖然向我獻燔祭和素祭，我卻不悅納，也不顧你們用肥畜獻的平安祭；要

使你們歌唱的聲音遠離我，因為我不聽你們彈琴的響聲。惟願公平如大水滾滾，使公義如江河滔滔。

先知無一例外地指責宗教的虛偽與社會的不公，這是與耶和華毀約的根本病徵。[41]

## 被擄與回歸時期

猶大王國滅亡，輝煌的崇拜中心所羅門聖殿被巴比倫人於公元前587年摧毀。猶太人遭驅趕、被擄。

不過，聖殿的失去和以色列民被遷移到巴比倫，都不能使對耶和華的崇拜停止。希伯來崇拜的焦點，只不過是從獻祭方式轉移到非獻祭方式。聖殿時期的集體崇拜，為更著重於認罪、哀傷、禱告和詩歌讚美(詩一三七篇；哀三19～27)的個人崇拜所取代。那日子先知的呼聲，加強了個人形式的崇拜，先知教導個人在神面前所承擔罪與悔改的責任(結十八1～20)。[42]

若想延續聖殿式的獻祭與儀式是不再可能的了。可以做到，而且因此更重要的是對聖經的勤奮學習。[43]會堂成了猶太人鄉村生涯的宗教、教育和社交中心。沒有人確實知道猶太人的會堂是如何開始的，但許多聖經學者同意，會堂的興起大概是在猶太人被擄巴比倫的70年內。任何10名12歲以上的猶太男子就可以組成一個會堂，崇拜是在安息日和一星期中其它日子舉行的。

會堂是一個希臘語單詞，意思是一「匯集物件」之處或「一羣集結的人」。猶太人會堂既是猶太會眾禱告、讀經、教訓、經典教誨的地方，也是會眾聚集之所。[44]通過會堂的崇拜，古代猶太宗教傳統得以保存，代代相傳。[45]

會堂的建築頗為簡單：一個高出地面的講臺，一把為博學講師而設的椅子，以及一個存放經卷的櫃。會堂的職員是由非專職人員擔任的：主席(或總管)一位，由男性會眾中年昭德高者選任，並且有一助手。[46]

會堂崇拜有幾方面與聖殿崇拜不同。一、會堂崇拜比較不嚴肅和正式(formal)，儀式和聖禮較少。二、訓誨、教導在會堂中是最大特色。三、既然會堂不作獻祭，祭司的功能因此並不顯著。四、教師是會堂的中心角色。最後，會堂崇拜有更多非神職人員參與。

會堂崇拜是禱告聚會和讀經。經文可由任何猶太男子誦讀。會堂崇拜通常以讚美開始，這做法是根據猶太法典〈他勒目〉(Talmud)所定的原則：

猶太法典(法利賽智慧和傳統大成)說：「人永遠應首先念誦讚美，然後禱告。」會堂的首領會讓人呼召崇拜者作開始：「讚美你，主，配受讚美的主。」然後，會眾以相應的頌讚回應，大概是尼希米記九章5至37節的模式：「願主，受讚美的主，永永遠遠被讚美。」[47]

然後是讀經，以及所讀經文的詮釋。特別通行的是詩篇十九、三十二、三十四、九十、九十一、一三五篇，還有一三六篇。[48]

下一步是由會眾頌唸猶太信經「示馬」(Shema，希伯來文 *sema*)。「示馬」是古猶太認信(confession)首個字的名稱，見於申命記六章4節，直接讀成：「以色列啊，你要聽！耶和華我們神是獨一的主。」[49]「耶和華是獨一的主」的宣稱，剔除了地方主義的狹隘，同時卻突出耶和華神的超越和獨一、排他性。[50]「示馬」包括了申命記六章4至9節，十一章13至21節和民數記十五章37至41節。「示馬」中的「信稱」(認信)分三個部分：

第一部分(申六4～9)宣告以與神的合一作為中心信仰，指出猶太人基本義務在於「盡心、盡性、盡力、愛耶和華你的神。」(六5)第二部分強調獎勵和處罰的原則(十一13～21)。第三部分強調每個人力求聖潔的責任，因為神的本質有待效法，這樣猶太人能成為一個聖潔的國度（二十八1～11）。[51]

在「示馬」誦讀之後的是一段祈禱，稱為「十八祝禱」（Eighteen Benedictions）或「十八祝福」（Eighteen Blessings）。這一系列的祈禱分成三組，以站立姿勢唸誦。

第一組是一系列的三個禱告，專注在對上帝的讚頌；第二組是13段禱文，是會眾集體的禱告，祈求智慧、悟性、罪孽得赦免、以色列的復興、身體健康、充足的生活等。禱告的內容也特別懇求赦免過犯，求賜智慧學習摩西五經的能力、從迫害、飢荒、疾病等不幸中解脫。第三組的結束禱告強調個人對上帝的感恩，最後以祈求平安的禱告結束。[52]

在默想「示馬」之後，進入會堂崇拜的第三階段，誦讀摩西五經（Torah）。摩西五經通常被譯為「律法」，此乃是由〈七十士譯本〉中的希臘字 *nomos* 和隨後的拉丁文 *lex* 而來的，是神給以色列的指示。[53]

摩西五經是聖經第一至第五卷書：創世記、出埃及記、利未記、民數記和申命記。它整合了散文、詩歌和法律，在一份年表記敍中，覆蓋了數千個春秋。除少數幾個詞彙外，它完全是用希伯來文寫成；它包含了律法的總體，成為猶太教的準繩。[54]

摩西五經的經文通常是用一節接一節的方式誦讀，並且有翻譯，因為多數會眾不懂希伯來語。以下是讀經的過程：

一人誦讀，另一人翻譯，一節接一節。有第三人站在誦讀者和翻譯者之間，幫助誦讀和翻譯，並且在他們讀或譯之前提示。如果誰讀不好，或是害羞，這第三者便能幫助他。但如果他根本不會讀，他便不能被委以讀或譯之責。如果宣讀者讀錯了，譯者不能更正；同樣地，如果翻譯錯了，誦讀者不能更正。只有那第三人才可以更正錯讀或錯譯。[55]

誦讀摩西五經之後是講道，這篇講道是解釋剛讀過的經節，並將內容應用到日常生活，講員的目的是提出道德和神學指引，他們通過教導眾人以為座右銘的信條和律法，給人們提供安慰和盼望。[56]會堂崇拜的禮儀結構比起聖殿崇拜簡單得多，也遠不及後者嚴肅和正式。會堂是被流放的猶太人懷念、回想神在祂子民中間行大事的地方。[57]

因此，崇拜是讓神與其立約之民的記憶流通的方法。這不是紀念一個已死的和遠隔的過去，而是以崇拜神為手段，在此時此地得著祂。當人們回顧往事，往事就成了此刻的現實，在這現實中，神的拯救大能被一次又一次地經歷。通過崇拜，人們能夠再體驗救贖的整個歷史。個人的生活在共同的記憶分享中改變，正如整個家庭一起回顧往日，一起翻閱他們的相片冊，就可以幫助青少年發現他們的身分一樣。藉著在會眾中記憶神在過去如何為祂的子民行奇事，幫助眾人牢記子民的身分以生存，就是會堂崇拜的核心。[58]

會堂崇拜對於早期基督徒崇拜有巨大的影響。最早的基督徒是來自猶太教的，他們的崇拜自然有濃烈的會堂氣息。早期教會的崇拜在許多方面與猶太會堂相似：強調禱告、讀經與解經，也強調反覆講論神在祂子民身上的救贖工作。

崇拜在舊約和新約中包括有形而上和形而下雙方面的意義。當我們在形而下方面發展基督徒崇拜時，我們將看見舊約原則仍然存在於基督徒的崇拜中。根本的區別是，它們充滿耶穌基督的特徵，基督是基督徒信仰的主要內容。[59]

## 新約的崇拜

研究崇拜在新約裏的發展，比較舊約要困難得多。

在新約中沒有關於崇拜的詳細解說。相反地，簡要的描述，由詩歌、聲明、祝福、讚美詩、和字裏行間對崇拜微妙的描寫和提示，散佈在全本新約中。[60]

與舊約崇拜不一樣，在新約中沒有任何特定的樣式、形態或順序。

新約崇拜的形式和內容，不可能從現有的資料中被完全重建。顯然，基督徒崇拜是從會堂和聖殿的猶太儀式中演化而成的。同樣地，早期基督徒崇拜注目在神藉耶穌基督而施行的救贖上。[61]

從新約的角度，我們可以看見，舊約中出現的所有崇拜元素都是指向耶穌基督。[62] 我們藉著基督與神相會：「道成了肉身，住在我們中間，充充滿滿的有恩典有真理。我們也見過他的榮光，正是父獨生子的榮光。」(約一14) 新約崇拜中最重要的事實是，崇拜的對象是耶穌。[63]

## *基督成就了舊約的崇拜*

在與撒旦在曠野決勝的交鋒中，耶穌確定了舊約的教導：神所要求最根本的回應是順服和單單事奉祂(太四8～10；路四5～8)。耶穌以拒絕交出祂對神的忠誠予神的敵人，挑戰那要祂「屈膝下拜」的魔鬼。耶穌引述申命記六章13節，申明「當拜主你的神，單要事奉祂。」這段記敘表明，耶穌的生命是崇拜的完美表現。祂在數不清的誘惑與偶像崇拜之前，向父神獻上不動搖的忠誠和委身。在福音書中，祂被刻畫成一個虔誠的猶太人，參加與聖殿或會堂相關的活動，禱告懇切，始終如一地尋求明瞭父神的旨意，並且行在父神的旨意上。[64]

耶穌尊重並且認同舊約崇拜，祂出現在聖殿中：「在耶路撒冷有修殿節，是冬天的時候。耶穌在殿裏所羅門的廊下行走。」(約十22～23) 耶穌在修殿節時因為看見人們濫用聖殿成為「賊窩」而憤怒，證明祂將聖殿尊奉為崇拜之所。[65]「耶穌進了殿，趕出裏頭作買賣的人，對他們說：『經上說：我的殿、必作禱告的殿。你們倒使他成為賊窩了。』」(路十九45～46) 耶穌也經常到會堂裏去。「耶穌來到拿撒勒，就是他長大的地方，在安息日，照他平常的規矩，進了會堂，站起來要念聖經。」(四16)在最後晚餐之前恪守逾越節，更顯示耶穌是贊同以色列的這一主要節日。(太十六1～30；可十四1～26；路二十二1～23；約十三1～30)

耶穌是為罪而獻上的祭：「正如基督愛我們，為我們捨了自己，當作馨香的供物和祭物，獻與神。」(弗五2)耶穌結束了聖殿每日以羊羔和公牛獻祭的舊約時期，祂將自己在十字架上為世人的罪孽一次獻上，使祂的子民成為聖潔：「凡祭司天天站著事奉神，屢次獻上一樣的祭物，這祭物永不能除罪。但基督獻了一次永遠的贖罪祭，就在神的右邊坐下了，因為他一次獻祭，便叫那得以成聖的人永遠完全。」(來十11～14)

耶穌一生服事他人，滿足他們所需(太二十28)。但祂所有服事的最終目的是獻身，完全順從天父的旨意，作眾人的贖價。雖然這段文字沒有提及崇拜，但耶穌捨生作贖罪祭實在不言而喻。[66]

耶穌成了完美的祭，祂是完美的祭司，也是神人之間完美的中保，「因為只有一位神，在神和人中間，只有一位中保，乃是降世為人的基督耶穌。」(提前二5)希伯來書六章13節至八章13節稱耶穌為麥基洗德等次的祭司。

在創世記的敘述中，麥基洗德來自不知之處，沒有族譜，也沒有關於他與亞伯拉罕會面前後生平的記載。同樣，希伯來書的作者強調，耶穌與利未支派和亞倫後裔無關，祂開了一個完全嶄新的祭司職分。[67]

基督成為祭司，「並不是照屬肉體的條例、乃是照無窮之生命的大能。」(來七16)祂成了永久的祭司，「這位既是永遠常存的，他祭司的職任就長久不更換。凡靠著他進到神面前的人，他都能拯救到底；因為他是長遠活著，替他們祈求。」(來七24～25)

在約翰福音二章19至21節裏，耶穌宣稱他自己就是神的會幕和聖殿。

耶穌回答說：「你們拆毀這殿，我三日內要再建立起來。」猶太人便說：「這殿是四十六年才造成的，你三日內就再建立起來嗎？」但耶穌這話是以他的身體為殿。

耶穌是神在人間的居所。會幕和聖殿裏所有的擺設，無一不在預表基督。

獻燔祭之壇預言祂犧牲自己；水池就如施浸的聖禮，講述了基督作為完全潔淨的祭司純淨無瑕並且潔淨祂的子民；燈臺代表基督作為世界的光；餅和嗎哪就像主餐聖禮，象徵基督餵養祂的子民；祭壇上的香和亞倫的杖代表著：作為祭司，基督為祂子民的禱告永遠上達天聽。在基督的死中，幔子裂成了兩半，至聖所因此向我們開啟；神在以色列中的寶座約櫃，代表著耶穌以馬內利，「神與我們同在」；法版預示基督就是神永恆的道。[68]

在與撒瑪利亞婦人關於崇拜的討論中，耶穌的回答，集中在如何讓神悅納，而不是何處崇拜。「時候將到，如今就是了，那真正拜父的，要用心靈和誠實拜他，因為父要這樣的人拜他。」（約四23）

「用心靈和誠實」這句話指出，耶穌自己就是這新崇拜的起始。兩個關鍵詞「心靈」和「誠實」，在約翰對基督的描繪中被緊密連接。除非藉著聖靈重生，沒有人可以得見神的國和體會神在這末世的祝福（約三1～8）。用稍微不同的詞句說，父神透過聖靈締造了真正的崇拜者。但因著祂的救贖，讓跟隨祂的人接受聖靈的，卻是耶穌（七37～39）。再次說，既然耶穌就是真理（十四6），祂獨特地啟示神及其目的（八45，十八37），只有祂可以將萬人帶到父神的真理中來（十七3），讓他們以信心和順服把榮耀歸給天父。在這信息裏，耶穌不是崇拜的對象，而是藉著崇拜將榮耀歸給神的通道。[69]

## 新約崇拜的諸單元

雖然在新約中並沒有表明崇拜的程序，但下列崇拜中的活動可以在通篇新約中找到。[70]

一、音樂在新約崇拜裏有中心位置。最早的聖詩是馬利亞的《尊主頌》(路一46～55)、《西面頌》(二29～32)和《撒迦利亞頌》(一67～79)，其它聖詩可以在啟示錄(啟五9、12～13，十二10～12)中找到。這些聖詩統稱為頌歌(canticle)，意為「詩篇以外的詩歌」。崇拜者以唱吟詩篇、聖詩、靈歌來向神表達感恩的讚美(弗五18～20；西三16)。

二、讀經肯定是早期基督徒崇拜的單元之一。耶穌在會堂中站起來讀經，舊約經文繼續成為基督徒崇拜的一部分，特別是先知書和詩篇。[71]

三、講道和經文講解也可以在新約崇拜裏看到。在提摩太後書四章2節中，保羅提醒提摩太忠實地傳講神的真道：「務要傳道，無論得時不得時，總要專心；並用百般的忍耐，各樣的教訓，責備人、警戒人、勸勉人。」

四、新約崇拜中可以看見豐富的禱告範例。馬太福音六章9至13節是耶穌為他的門徒所作的禱告，主禱文是禱告的典範，使徒行傳二章42節也有「都恆心遵守使徒的教訓，彼此交接，擘餅，祈禱」等信徒團契的記錄。

五、守主餐和浸禮。耶穌要求跟隨他的人受主餐和受浸。祂要求祂的門徒以守主餐來紀念祂(太二十六26～28)。保羅還長篇地解釋守主餐的意義(林前十一20～34)。浸禮是承認基督是主的行動：「你們受浸歸入基督的，都是披戴基督了。」(加三27)浸禮和主餐是基督徒崇拜中特有的。[72]主餐是所有聚會的根本和目的。[73]雖然不很清楚主餐在早期崇拜中的重要性，但可以肯定這是基督徒崇拜活生生的經歷。[74]保羅沒有特別提議崇拜的做法。不過，他似乎認為公眾崇拜應有一個邏輯的次序：「凡事都要規規矩矩的按著次序行。」(林前十四40)

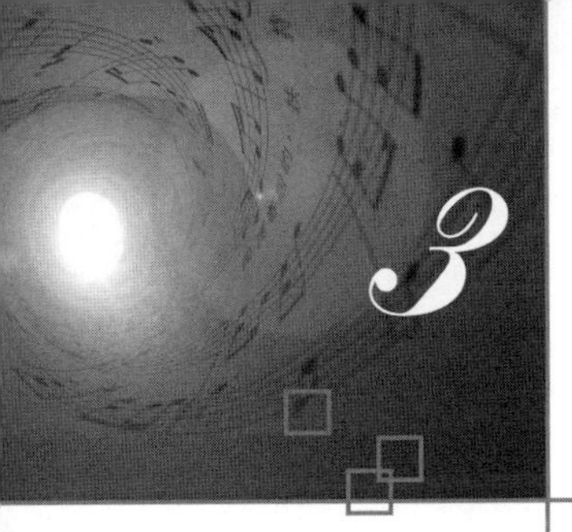


# 崇拜的神學基礎

## 神學的定義

「神學」是我們甚少使用的詞彙。對某些人來説，神學驟聽起來是嚴肅、枯澀、陌生的。認真研究這一詞彙的定義和意思，可讓我們對神學有更全面的了解。

「神學」(*theology*)一詞源自希臘文 *theologia*，由兩個字組合而成：[1] *theos*(神)和 *logos*(話語)。[2]「神學」是指關於神的研究或討論。[3] 它所指的是有關神本身，以及神與世界之間從起初到末了關係的教導，特別是指經過精心安排、有條不紊的教導。[4] 神學可定義為：透過對一種宗教信仰的仔細考察，再將這一信仰的內涵，以最清晰、有條理的方法總結出來的研究。[5] 正如中古最偉大的神學家安瑟倫(Anselm)所説：「信心不斷地尋求理解」(*fides quaerens intellectum*)。這句話既把神學建立在信心的根基上，又把信心推往更深層的神學境界。而且，它也批判了兩種極端的傾向，其一是將神學看作只不過是學術研究，另一是將信心與知識分割。[6] 神學的目的是以「由信心所啟蒙的理性」來研究人的信念，從而對信念有更深刻的認知。[7]

神學的基礎與焦點是神在耶穌基督裏的啟示。它獨特的目的是一絲不苟地去理解信心的內容。這努力是要尋找信徒生命的價值和意義，更深地了解聖經和神的真道。[8]

## 崇拜神學的必要性

我們為崇拜神而被創造，崇拜是我們生活裏首要的。羣體崇拜是基督教會最重要的一項活動。崇拜神學以對神的研究作起點，崇拜的性質，取決於我們的信念中關於神的知識。[9]崇拜的特性永遠取決於崇拜者對神的概念和他與神的關係，不論儀式如何，儀式的背後永遠有一個神學基礎。[10]

缺少神學的崇拜是感性化和虛浮的；缺少崇拜的神學是冰冷和無生氣的。崇拜和神學組合在一起，推動堅強的基督信仰，強化有果效的基督徒生活。崇拜應被教義所管束、定奪，健全的神學對崇拜有糾正的功用，真正的崇拜是神學的動力。司徒佛(Ethelbert Stauffer)說：「神學是讚美，否則一文不值。」我們更可以說，除非崇拜具有堅實的神學根基，否則它不可能成就讚美這終極目的。事實上，崇拜是心靈與神深交的經歷，神學則是敍述這種經歷意義的努力。[11]

彼德遜(David Peterson)也論述了崇拜與健全的神學之間關係的必要性。他說：「崇拜是最崇高而又惟一不可或缺的基督教會活動。即使教會其它眾多事務全都停止，崇拜仍舊恆久長存，就如它所表達對神的愛一樣直達天庭。因此，比起其它次要的教會活動來，崇拜必須在嚴謹的批判和監控下進行。」[12]

神學原則對教會任何事工都是重要的，這些原則也是評估事工的根據。事工須得符合神學和聖經。韋柏指出了我們這摩登時代的崇拜問題：「福音派與崇拜的問題，似乎源於啟蒙時期對理性的強調和19世紀的浪漫色彩之間的衝突。啟蒙時期強調理性，造成了一種頭腦、理性的崇拜，崇拜有濃烈的教室氣味，這氣味也貫穿於講章之中。這種學究型的崇拜受到奮興主義挑戰，奮興主義崇拜遵從更感性和情緒化的安排，與傾向理性化的舊式崇拜產生衝突。這一形式上的衝突一直在延續，20世紀以來，關於傳統和現代崇拜形式之間的爭論從未中斷。傳統崇拜似乎持守正統，而現代崇拜降服於流行文化。爭論雙方各執形式上的一己之見，但爭論似乎都只著眼強調崇拜的風格，而忽略了崇拜的聖經神學。以福音派一向對聖經的重視，這種對崇拜的強調實在令人莫名其妙。在崇拜中，許多福音派人仕的原動力，更多是來自市場導向，而不是聖經。難怪，崇拜神學並不存在於我們中。」[13]

在約翰福音四章24節中，耶穌說「必須用心靈和誠實」去崇拜。真正的崇拜具有主觀和客觀兩方面。在此，「心靈」指主觀方面，「誠實」指客觀方面，我們必須維持這兩方面的平衡，避免各走極端。

極端的作法是尋求能提供人們良好感覺和興奮情緒、幾乎是以對經歷的渴慕為基礎的崇拜，這種崇拜是情緒化而又軟弱無力的，可能完全不是建立在聖經真理之上。另一極端是把對聖經的學習全面轉化為知識企業，這種安排不但了無生氣，更是虛假和有害的。情緒和知識，必須在堅強的信心基礎上、在有果效的基督徒生命中並駕齊驅，並且保持平衡。健全的神學可以糾正崇拜的情緒化傾向，心靈的崇拜也可以保守神學不會流於冰冷的學術遊戲。[14]

基督徒崇拜的基礎不是實用性的，而是神學性的。[15] 真正的神學是「合乎敬虔的道理。」(提前六3)對神學的正確學習，可以讓我們的靈命成長，也讓我們崇拜神。[16] 以最短的途徑，將人引導到更深刻和更豐富的崇拜，就是更清晰的神學，讓崇拜者認識神是誰，祂有多偉大；而且讓崇拜者明瞭，神如何期望崇拜的表達方式。[17]

## 神：配得崇拜，當之無愧

「人生的目的是崇拜神，永遠因祂而喜樂。」[18] 神是崇拜最終極的中心。按照神形象被造的人渴望與神親密無間，我們力求榮耀祂，就如詩人所說：「神啊，我的心切慕你，如鹿切慕溪水。我的心渴想神，就是永生神；我幾時得朝見神呢？」(詩四十二1～2)我們崇拜神，因為祂是配得的。

基督徒的崇拜是以神為中心，神是生命之本。作為全權主宰，神面對人類。神以配得崇拜的地位臨到我們，神審判我們，並對我們有要求。當我們在崇拜中回應神，祂容許我們經歷祂更新的恩惠和慈愛。[19]

我們常聽人談論和描述崇拜的經歷，這樣的做法讓我們覺得崇拜只追求感覺。崇拜觸及情緒是合宜和重要的，但如果崇拜的重心往崇拜者的感覺傾側，而非全然向神呈獻，那樣的崇拜就會產生偏差。[20]

營造煽動情緒的氣氛去逗弄和操控會眾是粗鄙的舞臺行為而不是崇拜，真正的崇拜不為自己嘩眾取寵；相反，它把所有的注意力完全導引往神。崇拜指向一個比即時的經歷更偉大的現實，它指向自己本身以外那位又真又活的神，那才是我們真正崇拜的對象。[21]

## *偉大的神*

在聖經裏，神的子民對神典型的讚美是在於神的創造大工(詩八3～4、9)：

> 我觀看你指頭所造的天，並你所陳設的月亮星宿，
> 便說：人算什麼，你竟顧念他？
> 世人算什麼，你竟眷顧他？……
> 耶和華我們的主啊，你的名在全地何其美！

作為造物主，因著創造奇妙的秩序、多姿多采和完美無瑕，神是配受讚美的。[22] 神不僅是造物主，也是祂所造萬物的權能主宰。神的主權顯出祂對一切受造物的主權，包括天地萬物和人類歷史，無一不是祂權能的成就。「萬物是藉著他造的，凡被造的，沒有一樣不是藉著他造的。」(約一

3)[23] 神是主，所以無論事物如何獨特，神一定是源頭，萬物必須靠神而生。[24] 這提醒我們，神掌管宇宙萬有。除神之外，別無他物應被崇拜，無論是單獨或是與神一起被崇拜。[25] 我們若意識到對神每分每秒的依賴，自然會因為那經歷而為神活出奉獻、委身、感恩和忠誠的生命，也以諸般的虧欠為恥。[26]

神不一定要創造，但祂的創造卻有足夠又優越的理由。祂的創造，目的明確，創造也滿足了神的目的。尤其是，創造彰顯了神的旨意而榮耀神自己。沒有生命的被造物也榮耀祂（詩十九1）；有生命的活物遵從神的計劃和秩序而活。[27]

在崇拜中，我們謹守主與我們所立之約，尊崇主統管萬有的權能；我們向祂那絕對、終極的權力屈膝敬拜，經歷神的同在。真正的崇拜是充滿著對至高神主宰地位的致敬。[28]

如果只享用受造物而忽略了崇拜造物主，我們是在利用萬物去滿足一己的私慾，變成貪得無厭、膜拜偶像，這是今天眾多自然生態問題的根源。若不明白自己被造的位分，我們永遠不會承認自己是迫切需要救主的罪人。[29]

## 超越和內住的神

聖經教導我們，神既內住（immanent）又超越（transcendent）。神既存在且活躍於祂創造的範圍內，卻又超越並獨立於祂所創造的任何事物之外。聖經這些觀念必須被平衡地持守著，任何厚此薄彼的傾向，一定導致對神認知的虛假不全。[30]

神的非凡本質意味著神超越我們之上。我們不會去崇拜與自己等量的東西：「耶和華說：我的意念非同你們的意念；我的道路非同你們的道路。天怎樣高過地，照樣，我的道路高過你們的道路；我的意念高過你們的意念。」(賽五十五8～9)神乃於塵世之先，不為俗世左右，因此我們的神超凡入聖。[31] 人類的理解力永遠不可能完全洞悉神。

超越的意思是，神本身並不與宇宙和人類同等，祂不是一個在萬人中鶴立雞羣者，而是一位我們的理解力所不能限制的創造主。祂的聖潔和完美超越我們的最佳德行，無窮無盡，無邊無際，祂的智慧和大能也是如此。神永遠不可能被人類的概念完全理解，祂也不被我們對祂的認知所限。[32]

如果說，創造是有賴和發生於自身之外，那麼神存在這一現實就是獨立的、自足的、永恆的和自主的。[33] 在崇拜中，我們感到仰賴神的需要，如果欠缺了對神的敬畏和仰慕，崇拜的任何努力只能是空虛和無意義的。[34] 神的超卓性是詩篇中的一貫主題，正如詩篇九十九篇1至3節所說的：

> 耶和華作王；萬民當戰抖！
> 　他坐在二基路伯上，地當動搖。
> 耶和華在錫安為大；
> 　他超乎萬民之上。
> 他們當稱讚他大而可畏的名；
> 　他本為聖！

在我們和神的關係中，尊崇是合宜的態度。有些崇拜的本意是正確表達一個信徒在他與慈愛的天父關係中的喜樂和信心，卻過火地把神想像成像個「老朋友」般無分尊卑，把祂當成是對等的，或更糟的是，把祂當成僕役。沒錯，表達熱情甚或是興高采烈情緒的空間是需要的，但這永遠不應喧賓奪主，叫我們失去對神的崇敬。[35]

神掌管萬物，因為萬物需要依靠著神，時刻不離，藉此萬物可繼續存在，各從其用。形容神巨細無遺地掌管萬有的神學詞彙是“immanent”，意為「內住」萬有之中。[36]「內住」的意思是神臨在且主動干預祂所造的萬物和人類，即使是那些不接受、不服從祂的人，祂的影響也是無遠弗屆的。[37] 神恆常不變地臨在我們的生活中，不斷提供豐盛的恩典和赦免。例如耶利米書二十三章23至24節說，神在宇宙中無處不在：

> 耶和華說：「我豈為近處的神呢？不也為遠處的神嗎？」耶和華說：「人豈能在隱密處藏身，使我看不見他呢？」耶和華說：「我豈不充滿天地嗎？」

使徒行傳十七章27至28節也記載保羅說：「其實他離我們各人不遠。我們生活、動作、存留，都在乎他。」神內住的意義不只是我們不能逃避神，我們甚至找不著任何一個地方可以隔絕神。[38]

聖經對神這兩個屬性維持平衡。以賽亞書六章1至8節敘述了神與人的相遇。當以賽亞看見神坐寶座高高在上，他在神超越的榮耀中迷失了自我。但當他意識到自己是個罪人，內住的神就滿足了他的屬靈需求。在詩篇八篇1節中，詩人描述了一位榮耀高過諸天的神：「耶和華我們的主啊，你的名在全地何其美！你將你的榮耀彰顯於天。」不過這詩篇也展示了同一位屈尊降到凡塵與人相會、指出他們問題和需要內住的神，說：「人算甚麼，你竟顧念他；世人算甚麼，你竟眷顧他？」(詩八4)

神的內住性與祂的超越性之間並不矛盾，相反，祂的超越性包含了祂的內住性。既然神掌管萬有，巨細無遺，祂親自介入受造萬物的運行之中。[39] 神既然無所不能，祂就是超越的，既然神是全在的，祂就能超越時空的限制而無處不在。

過度強調神超越性的教會有這樣的危險，他們把神塑造成一個遙不可及、高不可攀、難以相處、冷峻無情、鐵石心腸、少恩寡義的神。過度著重神內住性的教會有時看不清神的威嚴、聖潔、嫉罪如仇，並因此而產生的對人持守聖潔的期望。[40]

若要成就真正的崇拜，我們必須恆常地在神的超越性和內住性之間維持平衡。

## 耶穌基督：信心的目標

聖經強調，神的臨在和榮耀在耶穌基督身上完美無缺地顯現出來。馬太福音一章22至23節說：「這一切的事成就是要應驗主藉先知所說的話，說：『必有童女懷孕生子；人要稱他的名為以馬內利。』(以馬內利繙出來就是『神與我們同在』。)」在約翰福音二章中，耶穌潔淨聖殿，表示祂為末世的實現採取行動，在那日子中，神要從祂子民完美無瑕的崇拜中得尊榮。[41]

當福音書指出，聖殿已被耶穌自己和祂所作的工取代，彌賽亞的救贖已被祂的死和復活所成就時，其不言而喻的信息是：新約已經被確立了。[42]

新的敬拜中心，不是位於建築物的機構，不在耶路撒冷，也非階級和權力的組織，甚至不是新潮的見解或生活方式。簡而言之，這是指耶穌基督。[43]

崇拜應以基督為中心。基督徒崇拜是耶穌基督裏恩典的體現。耶穌基督是我們信心和崇拜的目標和對象。[44] 耶穌說：「父不審判什麼人，乃將審判的事全交與子，叫人都尊敬子如同尊敬父一樣。不尊敬子的，就是不尊敬差子來的父。」(約五22～23)崇拜應以基督為中心，因為只有藉著祂，我們才可到神那裏去：「從來沒有人看見神，只有在父懷裏的獨生子將他表明出來。」(一18)不過，因為神愛我們，祂選擇透過基督重新建立我們，把祂與我們的關係，恢復到祂旨意所定的狀態中。[45]

我們為父神賜下祂的愛子救贖世界而讚美祂。因為神子所作的一切是向父神一次獻上，我們的崇拜，透過基督向父神獻上讚美和感恩的祭，祂為我們的救贖捨己。[46]

## *創造與道成肉身*

以基督為中心的崇拜，承認基督在創造過程中的作為。在創世記一章26節中，耶穌與神和聖靈同在。神說：「我們要照著我們的形象、按著我們的樣式造人。」當人類犯罪後，耶穌進入祂自己的創造中，道成肉身。這一深不可測的奧秘是基督信仰中，關於神概念可信可取、甚至可言可行的惟一方式。[47]道成肉身成就了神以血肉之軀的形式居住在人類中。「道成了肉身，住在我們中間，充充滿滿的有恩典有真理。我們也見過他的榮光，正是父獨生子的榮光。」(約一14)我們對神的印象是來自耶穌：「人看見了我，就是看見了父。」(十四9)

在崇拜中，基督首要的作為是中保。祂將我們的崇拜呈到神面前，也將救恩以及所有其它恩典從神手上轉贈予崇拜者。[48]耶穌是「新約的中保」(來九15，十二24)，是那重建充滿了神所賜平安新關係的創始者。如此恩典，超越舊約以對付罪為要務的安排，如此恩典，不能自舊約的安排中獲得。(九11～十18)[49]

## *贖罪和挽回*

我們可把贖罪(atonement)定義為：基督以祂生平一切作為和祂的死，為我們贏取救恩。[50]贖罪的意思是神挺身而出，在基督裏滿足我們道德之需。[51]

對贖罪正統的看法，專注在基督的工作，在十架上完成，標誌對所有奴役人類權勢的勝利，和人類自罪中的解放。我們看見，耶穌救贖之工，如同一場與奴役民眾的鬼魔寸土不讓的戰役。基督來到如此一個環境之中，横掃一切鬼魔，祂的十字架帶來壓倒性的勝利，為人類帶來解放和新生。[52]

在福音書中，耶穌基督把自己看成一個贖價、替代、犧牲。保羅説，基督的拯救工作為贖罪，為平息神的烈怒。[53] 為我們而作的犧牲，基督死了（約壹四10），而神在基督裏與我們和好（林後五18～19）。[54]

在十字架上，我們看見基督受苦的愛。十字架的恩典，催促我們在讚美聲中，為基督無條件大愛的感謝下跪。十字架是惟一的實體，釋放出足夠的能力，令我們在渴慕崇拜和祈求赦免的深切盼望中朝見神。[55]

## 大祭司基督

在舊約中，祭司由神所委任，負責獻上祭物。在新約，耶穌成為我們的大祭司，祂把自己獻上作為完美的祭：「但如今在這末世顯現一次，把自己獻為祭，好除掉罪。」（來九26）耶穌現在是「升入高天尊榮的大祭司」（四14），祂「如今為我們顯在神面前」（九24），獻上完美的祭，從而終結一切獻祭的需要。[56]

作為我們的大祭司，祂恆久不斷地帶領我們進到神面前，因此耶路撒冷的聖殿已不必存在，也不必要一個特殊的祭司階層站立在我們與神之間。[57]「我們有這指望，如同靈魂的錨，又堅固又牢靠，且通入幔內。作先鋒的耶穌，既照著麥基洗德的等次成了永遠的大祭司，就為我們進入幔內。」（來六19～20）耶穌已經為我們打開通往神的路徑，讓我們可以毫無畏懼，憑著信心的確據不斷地與神親近。[58]

舊約祭司的另一功能是代表人民禱告。[59] 耶穌也滿足了這一功能：「凡靠著他進到神面前的人，他都能拯救到底，因為他是長遠活著，替他們祈求。」（來七25）

崇拜是與基督有關事件的重演：創造萬有、人類墮落、道成肉身、基督捨己、榮耀復活等，一再宣告講述。

基督徒崇拜有這樣一個前提：人們奉「耶穌的名」聚集一起。崇拜是人類的信心——基督是又真又活——道成肉身，十字架和復活。早期基督徒可以用這樣的字句宣稱他們的信仰：「基督是主」。[60]

禮儀中的憶念（*anamnesis*）和期盼（*prolepsis*），讓我們既不與過去脱節，又可伸手觸及將來，兩者對我們屬天的身分與肩負的使命有重要意義。[61] 希臘字*anamnesis* 的意思是追憶，在慶儀中用來紀念受苦、復活和基督升天等事件，特別是紀念基督對祂門徒的吩咐：「你們也應當如此行，為的是記念我。」（路二十二19）[62] 希臘字 *prolepsis* 的意思是期盼，指對將來之事的期待，特別是對已經發生、預表將來必成之事的真實事件。[63] 崇拜讓奉耶穌之名聚集者一次又一次地重演有關基督的種種事件。[64]

## 聖靈：崇拜的動力

聖靈的工作是對世界宣告神活力四射的臨在，特別是在教會的臨在。[65] 人所有的熱心和屬靈領域的成就，完全是聖靈工作的結果。[66] 聖靈是「神內在地臨到，啟蒙愚拙者，激勵軟弱者；那是人因為意識到神的親近而覺醒，一個來自早已內住在人類中的存有者（being）的覺醒。」[67]

正如腓立比書三章3節說：「因為真受割禮的，乃是我們這以神的靈敬拜、在基督耶穌裏誇口、不靠著肉體的。」聖靈在崇拜中最基本的功能是使我們崇拜。[68]

我們一般的想像是：聖父超然物外，高高在諸天之上；同樣，聖子只是過去歷史的人物，似乎知其然而不知其所以然。但聖靈卻活躍在信眾生命之中，住在我們中間。[69]

基本上，我們是透過聖靈感受神，透過聖靈之工經歷神的同在，透過聖靈過真實和有意義的生活。[70]

## *改變的能力*

聖靈叫我們知罪，「他來了，就要叫世人為罪、為義、為審判，自己責備自己。」(約十六8) 聖靈在神的恩典中改變我們。耶穌對尼哥底母說：「人若不是從水和聖靈生的，就不能進神的國。從肉身生的就是肉身；從靈生的就是靈。」(三5下～6)「叫人活著的乃是靈，肉體是無益的。」(六63) 聖靈改變我們，叫我們更像基督。在兩方面來說，聖靈的活動是根本性和決定性的。[71]

> 主就是那靈；主的靈在那裏，那裏就得以自由。我們眾人既然敞著臉得以看見主的榮光，好像從鏡子裏反照，就變成主的形狀，榮上加榮，如同從主的靈變成的。（林後三 17 ～ 18）

聖靈讓我們可以活出基督：「凡屬基督耶穌的人，是已經把肉體，連肉體的邪情私慾，同釘在十字架上了。」(加五24) 聖靈說話（徒一16，八29，十19，十一12，十三2，二十八25）、教導（約十四26）、見證（十五26）、尋找（林前二11）、決定（十二11）、代求（羅八26～27）、可被欺哄（徒五3）、擔憂（弗四30）；聖靈啟蒙我們（一17～18）、重生我們（約三5～8），領我們進入聖潔（羅八14；加五22～23），給我們保證（羅八16），給我們恩賜讓我們事奉（林前十二4～11）。[72]

## *教會生活*

聖靈感動和引導教會的崇拜和事工，也檢視教會崇拜的任何偏差。「所以我告訴你們，被神的靈感動的，沒有說『耶穌是可咒詛』的；若不是被聖靈感動的，也沒有能說『耶穌是主』的。」(林前十二3)

聖靈在五旬節創造了一個新的羣體，那就是教會。這新羣體的標誌是

牢不可破的團結，就如路加所說（徒二44～47）：[73]

> 信的人都在一處，凡物公用；並且賣了田產，家業，照各人所需用的分給各人。他們天天同心合意恆切的在殿裏，且在家中擘餅，存著歡喜、誠實的心用飯，讚美神，得眾民的喜愛。主將得救的人天天加給他們。

聖靈所賜的團結力量，還可以從猶太人和外邦人之間的和睦相處中觀察到：「因為我們兩下藉著他被一個聖靈所感，得以進到父面前。」（弗二18）在基督裏，教會成為一個「神藉著聖靈居住的所在。」（二22）

保羅關於屬靈恩賜的討論，也重溫了聖靈合一的工這主題：「眼不能對手說：『我用不著你；』頭也不能對腳說：『我用不著你。』」（林前十二21），不同恩賜的能力來自「這位聖靈」。（十二11）

聖靈鼓勵教會事工，感動整個教會羣體去禱告、歌頌、教導和講道（羅八26～27）：

> 況且我們的軟弱有聖靈幫助，我們本不曉得當怎樣禱告，只是聖靈親自用說不出來的歎息替我們禱告。鑒察人心的，曉得聖靈的意思，因為聖靈照著神的旨意替聖徒祈求。

同樣，保羅寫信給以弗所教會說（弗五19～20）：

> 當用詩章、頌詞、靈歌，彼此對說，口唱心和地讚美主。凡事要奉我們主耶穌基督的名常常感謝父神。

還有：

神的道理豈是從你們出來嗎？豈是單臨到你們嗎？（林前十四36）
他們就都被聖靈充滿，放膽講論神的道。（徒四31）

在崇拜中，神被尊奉為父、子、聖靈。父神藉他的創造來顯明他的存在，耶穌基督以救贖的愛來彰顯神的位格，聖靈則讓我們體會神的同在。[74]

## 聖經：永恆真道

《加長的教理問答》（*the Longer Catechism*，「教理問答」是基督教教義的普及讀本，通常以精簡的字句，一問一答的形式，把基督教信仰的要素表述）說：「新、舊約聖經是神的話語，是信心和順服惟一的歸依。」[75] 根據巴特（Karl Barth）的見解，神的話語以三種形式呈現人前：

活生生的真道是耶穌基督自己，祂是基督信仰啟示的源泉；然後是聖經，白紙黑字，是那活潑真道的見證；最後有被宣講的道，那是來自教會的聲音，它的講道與教導詮釋並應用了聖經，也為那活潑的真道作見證。[76]

聖經是啟示賜生命的救恩之記錄，指引我們明白神在我們身上的目的，我們與神的關係，以及我們與他人的關係。在聖經裏可以找到指導崇拜的客觀和理性的內容。根據聖經，我們崇拜又真又活的神，聖經的內容見證又真又活的道。[77] 聖經就好像神親自向我們說話，具有同樣的分量和重要性。[78] 在有關崇拜神的事上，聖經既可信又具權威。[79]

### *屬天的歷史和屬世的記錄*

聖經是神在歷史中的故事，敍述施拯救的神在歷史裏行事，關乎救世主、蒙救贖的人民和拯救的方法。聖經是一個滿載神話語的寶藏。

從某一角度看，聖經是神的子民向他們所愛、所事奉的神的忠實見證；從另一角度看，通過在經卷創作中的匠心獨運，聖經以人間的語言形式出現，是神自己的見證與教導。[80]

真道已多方向人類啟示祂自己。在崇拜中，書寫下來的真道把又真又活的神介紹給我們。聖經是神在我們的生命中不中斷地工作的歷史見證。[81]

聖經與崇拜息息相關，它是天來啟示的歷史記錄，也是人類崇拜神的歷史記錄。[82] 聖經有條不紊地記錄了人對神的回應，激勵人於甘苦涼熱，提醒我們神藉耶穌基督向我們揭示的恩典。

聖經的光輝在於它對聖經人物的秉筆直書，以及它所提供的無比希望，告訴人在基督裏會成為何等的人。聖經宣佈恩典的訊息，告訴人「在基督裏」所能成就的。基督徒崇拜的依靠是聖經，從中得到關於神的救贖和基督徒生命的真諦。離開了聖經對真理的見證，一個人若想虔敬，只會如水中撈月。因此，聖經應該定奪教會崇拜的內容。神的靈居住在基督羣體中，施行作為，並藉聖經的真道，導引羣體的崇拜。[83]

## ***對耶穌基督的見證***

與舊約的歷史背景相反，新約見證了神透過耶穌基督啟示自己。

當舊約的典籍被合上後，基督的降臨在某種意義上把它重新打開，神再一次説話了。既然十字架是在歷史中神救贖大工的中心，新約就變得邏輯性地必要。因此，使徒的教導和他們隨後的書信，被接受為關於基督其人其事的神聖之諭。[84]

希伯來書的作者説(來一1～2)：

神既在古時藉著眾先知多次多方的曉諭列祖，就在這末世藉著他兒子曉諭我們；又早已立他為承受萬有的，也曾藉著他創造諸世界。



聖經是來自基督的救恩見證。神救贖的目的可以從道成肉身、耶穌基督的生、死、復活中被看見。通過聖經，基督可以在歷史中被知曉。

聖經的信息，並非泛泛空談，而是與耶穌基督息息相關的。基督徒崇拜的權柄是來自基督，祂是神活潑的真道；來自聖靈，祂啟示和見證神；來自聖經，這是啟示的文檔，聖靈有功效地光照的器皿。[85]

# 教會：神的子民

教會不單是一羣志同道合的人走在一起：

這是一個羣體，被神的道、基督的愛和救恩的福音呼召來的羣體。首先是神，然後才有教會，這是神在藉基督裏救贖之工的果子。[86]

「教會」的希臘原文 *ecclesia* 意思是組合，在基督裏、透過基督、因著基督而存在。[87] 在定義上，耶穌基督的教會是神所呼召的一羣人，在耶穌基督裏向神獻上蒙悅納的祭，並同時向世界宣告神恩典的奇工。[88]

我們須按教會處境來了解信徒的崇拜。教會作為神的子民，它具有如神的作為一般之普世性。教會在崇拜之中形成，它的動力源自它能否有延續不斷而又真實無偽的崇拜。基督徒的崇拜得以產生，全繫於信徒有否回應神對他們的召喚。[89]

新約認定，所有基督徒一同在本地教會生活中投入，為崇拜而聚會（來十25），接受教會的本分與紀律（太十八15～20），以及彼此分享、見證。[90]

## *基督的肢體*

教會與其他社團不同，它是蒙救贖的一羣人（*koinōnia*），為聖靈締造，團結於救主耶穌基督之下。[91] 教會是基督的身體，因為基督的靈居中。[92]基督是這身體的頭(西一18)，教會會眾是其餘肢體。一切藉基督而成就(一16)。

基督身體的形象，呼召教會的個人互為肢體、親密無間。不可能有離羣獨處這隱士般的基督徒生活方式，[93]肢體是屬所有基督徒團結一致的肢體，從一位聖靈受浸(林前十二12～13)。在哥林多前書十二章中，保羅透過屬靈恩賜的課題，展示了互為肢體的概念。基督的靈將恩賜贈與各人，這樣，他們可以各盡其職，如同人體各部分為共同生存目的而彼此搭配，取長補短。[94]

基督的身體應以誠懇無偽的團契為特點，這不是說我們的肢體生活如果像社交場合一樣就可以了，而是因彼此之間一無隔閡，相親相愛，[95]正如保羅所說：「若一個肢體受苦，所有的肢體就一同受苦；若一個肢體得榮耀，所有的肢體就一同快樂。」(林前十二26)

宗教信仰既有社會性，又有個人性。只有在羣體崇拜中，它才可以發揚光大。在教會崇拜的團契中，個人的信仰得以重新肯定及提升。崇拜始於信徒個人的祭司職分，通過全教會會眾組合的整體祭司職分，達到豐盛完美的境界。[96]

在與神的關係上，教會的目的是崇拜神。崇拜在教會來說不是要預備別的甚麼，而是要實現教會與主有關的使命。[97]保羅指導我們：「口唱心和地讚美主。」(弗五19)

只有不斷地到神面前崇拜，教會方可維持它的生命。教會必須永遠像基督升天後的早期教會一樣——一羣得救的人，聚會禱告，等候聖靈來臨。在所有這些活動中，教會基本上是一個持續崇拜的羣體。[98]

## 聖潔的祭司

新約介紹教會是「聖潔的祭司」。彼得勸告我們來到「活石」耶穌基督前，這樣，我們就如「活石，被建造成為靈宮，作聖潔的祭司，藉著耶穌基督奉獻神所悅納的靈祭。」（彼前二5）與只有一個支派可擔任祭司的猶太教教義相反，基督教不承認少數人的祭司特權。所有憑信來到基督面前的人，都要分擔聖殿中的事奉。[99] 教會沒有委派的祭司、特殊的地點、特殊的建築，福音在任何地方為任何人準備。[100] 希伯來書作者也把我們看作祭司，可以進到至聖所（來十19、22），「常常以頌讚為祭獻給神，這就是那承認主名之人嘴唇的果子」（來十三15），沒有特派中間人的需要。任何人都可藉著救恩到主跟前來，每位信徒都能夠直接明白神的旨意。[101]

由教會「聖潔祭司」觀念所產生信徒皆祭司的教義，暗示基督身體中每人都有獻上靈祭崇拜基督的責任，這教義要求全體會眾的投入。既然所有信眾都是祭司，基督徒有特權和責任，去為自己敬拜神，也在崇拜中，為他人盡祭司之責。[102]

教會崇拜是由個人基於信心——而非以物質為祭——的參與構成，祭物不再是如舊約所記載的祭牲。教會的祭是對神的馴服、對神的讚美、悔改的靈和對有需要的人實在的服侍。[103] 就如使徒保羅所說：「所以弟兄們，我以神的慈悲勸你們，將身體獻上，當作活祭，是聖潔的，是神所喜悅的；你們如此事奉乃是理所當然的。」（羅十二1）

只有崇拜者活潑的信心可以激發相應的行為，這樣的行為變成神恩典的實施。神的恩典可以在我們的崇拜實踐中多方體現。恩典在崇拜中運行的方式，視人的情況、靈魂的狀態而定。從人的觀點看，與神的關係和對神恩典的接受，端賴我們的信心。我們對神恩典的正面反應就是信心。保羅宣告說：「你們得救是本乎恩」（弗二8），神已在恩典中動了工，我們必須在崇拜中以信心回應。[104]

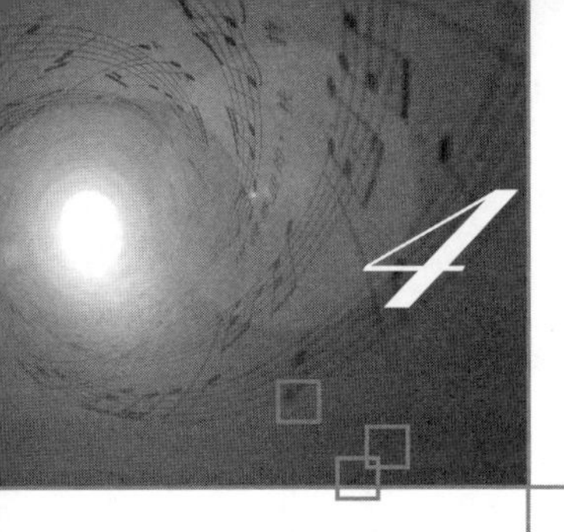

# 4 崇拜發展史(一)

# 初期教會至15世紀的崇拜

## 初期教會的崇拜

關於初期教會崇拜的發展過程，新約沒有詳盡的敍述，也沒有世紀初其它文獻可考。新約沒有明顯易見的教會規程(church order)。[1]

早期基督教與當時在羅馬世界大行其道的各類宗教毫無共通之處。基督教不拜偶像，不設神殿，沒有祭獻(無論牲畜或產品)。基督徒敬拜基本上以語言為主，在這方面倒有點兒像猶太會堂，歷史上，它倆有著深厚的關聯。不過，基督徒在他們的宗教聚會中實行種種不同的儀式。他們聚會時一同吃喝(例如守主餐)，為新信徒施浸，讀聖經，聽神的話語——講道，領受醫治，禱告、向神唱感恩讚美的詩歌。這些活動並不固定在某些地點，而可以幾乎在任何地方舉行。其劃一之處在於其時間性而不是地域性。[2]

早年羅馬主教革利免(Clement)在公元96年致哥林多教會的私人信件中，包括種種有關崇拜安排的勸告，但關於敬拜的詳細指導卻告厥如。信件中，革利免鼓勵人們誦讀和遵守聖經、認罪悔改、在神的威嚴前面謙卑、回應聖靈、承認他們因大祭司耶穌而得的救恩、忠心宣揚神的道、為他們當中事奉的人奉獻。這封信以一個非常適合於崇拜聚會的禱告結束。[3]

## 皮里紐的報告書

公元2世紀的崇拜秘密進行，引起皮里紐（Pliny the Younger）設法調查。[4] 皮里紐是羅馬皇他雅努（Trajan）統治時期（約公元112元）本都斯（Pontus）與庇推尼（Bithynis）地區的總督。不過，他的名聲卻是來自他的信件。他為公開發表的目的，而小心翼翼地書寫和修改這些自己的信函。首九冊包括247封私人信件，第十冊記載了121份他在庇推尼任內的公文。[5] 在他的一封日期為公元112年的信裏，皮里紐向皇帝他雅努討教如何對待他治下省份的基督徒。這些文字是重要的，因為，它提供了一些從一個教外人的角度看早期崇拜的資料。[6]

皮里紐報告說，基督徒經常在某一固定日子（*statio die*）於日出之前聚會，聚會中他們會唱詩歌給基督，他們稱之為神。這大概是他們工作開始前的空餘時間，雖然*statio die* 不一定指禮拜天或一週內任何一天。[7] 然後他們一起唸棄絕邪惡的誓約。雖然不很清楚誓約的內容，一般都相信儀式學者約瑟．翁文（Joseph Jungmann）的見解：「與禮拜天的認罪過程接近，可能是背誦十誡。[8] 他們稍後會再聚會，大概是勞作結束之後一起用飯，皮里紐信中稱為「普通和無可疑的」。[9] 這樣敍述反映了一個事實，皮里紐對他們的食物知道得頗為清楚。這十分可能是愛筵（agape feast），很一般的食物在教會一同享用，但與主餐分開。[10] 信件的部分如下：

> 他們在約定的一天黎明前聚會，輪流向基督唱詩歌，如同唱給一位神；然後他們一同聚攏，起誓不作任何邪惡的事，遠離盜竊、劫掠、姦淫，永不食言，有欠必還。完畢之後他們便分散，直到下次聚會再一起用餐。[11]

## 《十二使徒遺訓》

第二份同時期的文件是《十二使徒遺訓》(*Didache*)。這大概在公元120至150年間寫成，聲稱是「十二使徒的教導」。1873年，在君士坦丁堡發現一份副本。[12]

《十二使徒遺訓》或「十二使徒的教導」是一份用筆名寫成、有關教會規程的文獻，內容旁徵博引，包括一段十分深入、以賢良——惡習的「對比」(Two Ways)模式為格式(《十二使徒遺訓》1～6)的道德訓勉，還有一本與浸禮、禁食、禱告、神的愛、聖禮；先知、主教和執事等角色有關的手冊，最後以描寫末世的情景結束(《十二使徒訓誨》7～16)。有理由假設，該書第七到十章反映了這部著作成書的時間地點中，基督徒敬拜的程序和安排。[13]

《十二使徒遺訓》提供浸禮的指引如下：

> 關於浸禮，以此法施浸：先宣佈奉父、子、聖靈的名施浸，然後於流水之中施浸。若無流水，則以另類水源施浸；若不耐冷水，可以暖水。但若二者皆缺，則奉父、子、聖靈的名，舀水淋頭凡三次。(《十二使徒遺訓》7.1～3)[14]

《十二使徒遺訓》也為主餐及其後的禱詞提供指引，餐後以此致謝：

> 天父，我們感謝你，為你居於我們心間的聖名，也為你藉你僕人耶穌基督啟示我們的信心和不朽。願你聖名永被榮耀。大能的主，你為你的名創造萬有，你賜飲食予人，讓他們安享，也讓他們感恩；更美的是，你藉著你僕人耶穌把屬靈飲食和永生賜給我們。我們為萬事感謝你，主，因為你大能無限。願榮耀永歸於你。主，垂憐你的教會，保守它免受魔鬼侵害，在你的愛中使它完美。在四季中召集它，讓它進入你為它所預備的天

國，因為權柄、榮耀永遠是你的。願恩典臨到，願這世界過去。和撒那歸與大衛的神！聖潔的人，讓他來；污穢的人，讓他悔改。願主快來，阿們。（《十二使徒遺訓》10.1 ～ 7）[15]



## 《第一護教辭》

下一份文件是《第一護教辭》（*Apology*），為殉道者游斯丁（Justin Martyr）在公元140年所作。游斯丁是2世紀最重要的基督教護教學家。現在被分成兩部分的《第一護教辭》是致羅馬皇帝安多尼努・比約（Antoninus Pius）和他兩個認養兒子的。

《第一護教辭》由駁斥反基督教誹謗和敍述基督教道德教導開始，然後長篇幅討論舊約預言在基督身上的實現，並且在討論中作哲學性的註解。它的結尾部分有詳盡關於浸禮和末世的論述，並且引用了殉道者哈德良（Hadrian）反擊告密者的信。第二部分請求皇帝同意游斯丁的請願。[16]

《第一護教辭》被認為是我們今天所掌握最接近、最詳盡反映早期基督徒生活準則與敬拜的記錄之一。[17] 以下是游斯丁在《第一護教辭》第一部分關於基督徒敬拜的描述：

在被稱為主日的那一日，所有住在城市或者鄉村的都前往一個地方聚會，使徒回憶錄（福音書）或先知的經卷被宣讀，只要時間許可，可以宣讀很久。讀畢，主領者會在演講中指導和勸勉，內容縱深廣闊。然後，我們起立禱告，而且如前所說，禱告結束後有餅、酒和水預備，首領盡其所能獻上禱告和感恩，人們回應，稱頌「阿們」。聖餐各物分付眾人恪守，缺席者，由執事送去其當守之分。之後，富餘者隨其意奉獻，獻金由首領保管，主領者負責照拂孤兒、寡婦，以及由於疾病等原因而有需要者、主內的客旅，因為主保守有需求的人。我們全都在主日聚會，因為這是頭一天，這一天神主將黑夜轉白晝，造天地，而且我們的救主耶穌基督在這一天從死裏復活。因為他們在安息日前一天將祂釘死，而在安息日之後一日，祂向他的使徒和門徒顯現，教導他們所有的，我們也已將這些教導告知你們以供思考。[18]

上述的崇拜主要分為兩部分：聖道(Word)和主餐。加上游斯丁其它關於敬拜的論述，我們不難把2世紀中期敬拜的概況重整。[19]

聖道禮儀（The Liturgy of the Word）

誦讀先知經卷和使徒回憶錄

講道和教導

公禱——主要以連禱方式

主餐禮儀（The Service of the Upper Room）

親嘴問安

奉獻禮——收集為窮人而獻之物，齊集諸物

會眾向主領聚會者獻上餅、酒和水

聖餐感恩禱告：

為創造、供應和救贖感恩

紀念耶穌受苦

呈獻

求告文（為聖餐祈禱）

代禱（為不幸或有需要者祈求）

眾頌「阿們」

領受聖餐

散會

文中沒有提及音樂，但沒有理由相信聚會過程不包括詩篇、詩歌，大概也有「靈歌」。的確，我們可以猜測，以吟唱方式進行讀經和禱告的猶太傳統，應該毫無困難地被承襲到基督徒聚會中。[20] 基督徒敬拜的喜樂在歌唱中被反映：「當用詩章、頌詞、靈歌、彼此對說，口唱心和地讚美主。」(弗五19)啟示錄特別樂意著墨於歌唱，以其為天上教會的特徵，我們因此也可以應用這一概念在地上教會。[21]

## 中世紀前的崇拜

基督教在313年成為合法宗教，在380年成為羅馬帝國國教。基督徒的秘密地下結社突然變成了堂而皇之的公眾活動。早期基督教會很快就開始禮儀的發展，與此同時，一整套禮儀程序也被建立。[22]

基督教在一個世紀中，走過從受迫害對象到帝國官方宗教的路，從簡單的一個福音信息到一個異常繁複的神學系統，基督信仰走過一條從默默無聞到凌駕於古典智慧之上的路；簡單的儀式，被精心製作的儀節替代。同樣地，教會架構的轉變也顯而易見。早期那種為服事而設的組織結構，變得向在許多方面模仿帝國階級層次的制式讓路，從了無拘束到公式化儀式轉移的傾向，在世界各地發展。[23]

### *《使徒傳統》*

自3世紀始，關於教會敬拜安排的資料，比先前時期多出許多。主要的文件有羅馬的希坡律陀(Hippolytus of Rome，約170年～約236年，羅馬教會長老，曾撰寫駁斥異教的著作)的一份希臘文著作，稱為《使徒傳統》(*The Apostolic Tradition*)。

這是由反教宗的殉道者希坡律陀在3世紀20年代於羅馬整理而成的。出自聖愛任紐(St. Irenaeus，約130～約200年，早期教父、里昂主教與神學家)的門徒之一筆下的這份文件，聲稱準確和有權威地記錄了教會的禮儀和組織結構，而這種種安排是由2世紀末期的人自使徒門人手中承繼過來。這不是左右歷史的那些文件之一，它公開自陳不過是一份記錄，記錄了在長時間中已成傳統和習慣的禮儀的形式和範例。整理這份文件的目的，是要理直氣壯地向層出不窮的新花樣抗爭。它的內容很容易被歸納為三個主要部分。第一部分專述按立不同銜級的基督教階層，而且附上這些銜級職責的簡述；第二部分專述平信徒入門；第三部分幾乎盡是和「一般信徒的委身生命」有關的內容。[24]

《使徒傳統》詳述了整個從入會禮到聖餐禮的進行過程。這文件的重要特點是一份聖餐禱文，那被看成是一個基督徒敬拜的範例。在記錄中的敬拜大綱如下：[25]

聖道禮儀

經文選讀：律法書、先知書、使徒書信、使徒行傳、福音書、主教書信

經文選讀間由領唱誦唱詩篇

阿利路亞頌

講道（一篇或多篇）

執事連禱（為慕道者及悔罪者代求）

散會（信徒留步，慕道者離去）

聖餐禮儀

執事連禱（為信徒、在生或已死的信眾禱告）

親嘴問安

奉獻：收取捐獻

呈獻酒和餅

準備聖餐，混合酒和水

敬禮文（Salutation）

主禮：願主與你們同在（或願主的平安與你們同在，或神的愛與聖靈的交通與你們同在）

會眾：也與你的靈同在

獻心頌（*Sursum Corda*）

主禮：你們當舉心向上

會眾：我們舉心仰望上主

主禮：讓我們感謝上主

會眾：我們理當如此行

祝聖禱文

序禱：感謝神的創造、聖潔等

聖哉頌：聖哉，聖哉，聖哉，全能大主宰，

天崇地充滿上主榮光，

榮耀歸上主。

禱告感恩（感謝神救贖大恩）

設立主獻禱文

憶念文（記念基督受苦）

求降聖靈文

為存歿兩者代求

主禱文

擘餅

奉舉聖餐

領受聖餐（領餐者以「阿們」回應，聖餐過程領唱誦唱詩篇43和34篇）

餐後感恩禱文

執事連禱、主禮簡短代求

為病患、缺席者保留聖餐的餅

散會

敬禮文是源於古以色列人之間的彼此問安，成為基督徒相會時的彼此問候，故有如此稱謂。基督徒是神家的人，因此主教或主持人在敬拜之始問候會眾是很正常的事。它被採用在3世紀的敬拜儀式中，說明了它也被2世紀教會廣為採納，雖然不可究其起源。它也很快被採用於每個禱告之前，包括了獻心頌。[26] 獻心頌的起源無法準確考究，它被發展出來作為主餐的序禱，以激發會眾感恩的靈，居普良(Cyprian，約200～258年，北非迦太基主教，拉丁教會的教父)是第一個提供有關記錄的人。[27] 崇拜聚會的時間大約三小時，禱告佔用不短的時間，但整體來說，崇拜的特點是啟應和互動。[28]

雖然對這時期的敬拜音樂一無所知，但有許多證據顯示，音樂是在敬拜中使用。

早期基督徒敬拜音樂是以單聲部唱頌，許多當時的作曲家認為，「同聲唱」作為肢體團結合一的見證。愛姬麗(Egeria)多次告訴我們關於詩篇和詩歌在耶路撒冷的敬拜，她說：「每一個類似場合，讚美詩和對應唱和，對時間和地點來說，都是合宜的。」她的整個敘述不離讚美詩、對應唱和與詩篇。[29]

## 《使徒憲章》

公元4世紀首部完整保存至今的禮儀手冊是在《使徒憲章》(*The Apostolic Constitutions*)第二和第八卷內，約為公元380年的產物。[30] 這部分被稱為〈革利免文集〉(*Clementine Liturgy or Literature*)，那是因為這部匿名著作據稱是「奉1世紀末羅馬主教革利免之名」而動工的。[31] 從《使徒憲章》的內容，4世紀的敬拜可以再現如下：[32]

## 聖道禮

經文選讀：先知書、使徒書信、使徒行傳、福音書

經文選讀間由領唱誦唱詩篇

講道（由數位長老負責）

散會（以一連禱及會眾「求主憐憫」回應作結束。信徒留步，慕道者離去。）

## 聖餐禮儀

執事連禱，主教為信眾禱告

敬禮文

親嘴問安

奉獻禮：主教與執事淨手禮

由執事呈奉獻於聖桌

自信眾收取奉獻

由執事長「分隔」聖桌，避免不合資格的人領聖餐

獻心頌

祝聖禱文

序禱：感謝神的創造、聖潔等

聖哉頌：聖哉，聖哉，聖哉，全能大主宰，

天崇地充滿上主榮光，

榮耀歸上主。

禱告感恩（感謝神救贖大恩）

憶念文（記念基督受苦、記念和獻身）

求降聖靈文

大代禱文（十段）

執事連禱和主教禱告

奉舉聖餐：「聖物為聖民」，會眾應《榮耀頌》（路二14）或「神

是主，曾向我等顯現」(太二十一9)

領受聖餐：「基督身體」，「基督寶血：生命之杯」，聖餐進行中唱誦詩篇三十四篇

執事勸勉和領受

主教聖餐完畢禮、祝謝、代求

主教祝福禱告

執事解散會眾

整體上，這儀式乃是根據當時一種活祭的形式，肯定代表了敍利亞教會的敬拜，特別是從公元350至380年的安提阿教會；而且也極有可能是所有東方教會崇拜儀式之母。[33]

## 教會年曆

基督徒的崇拜，重演了神向人類的自我啟示。神在聖經、講道和聖餐(主餐)中彰顯。神在歷史中無以倫比的啟示，同樣在教會年曆(The Liturgical Calendar)中顯露出來。

基督教重視時間，神在歷史中被認知。若沒有時間，基督徒便不知有神，因為神藉著歷史的史實來彰顯自己。神選擇把自己神聖的本質和旨意，彰顯在與人類息息相關的日曆中。基督徒不把救贖當是尋常事，他們深知，救贖是神在特定時間和特定地點所行的大事。

基督教信仰對時間的專注，在基督徒的崇拜中清楚地反映了出來。崇拜，一如其餘的活動，根據年、月、日周而復始的步履而計劃。基督徒的崇拜並不是置於時間之外，它以時間作為基本架構。在敬拜中的「現在」，伸展到神施展祂大能的「過去」和「將來」。救恩，如同我們在崇拜中所經歷的，是一個與時間相關的現實，神在這現實之中駕臨到我們。在時間上妥為安排，可讓我們記念和重新經歷有關救恩的一系列大事。基督徒的敬

拜，建立在時間的基礎上。早期教會的行事曆，展示了一個信奉三位一體的內貌：相信聖父宣告、聖子復活、聖靈居於教會之中。[34]

教會年曆源於舊約和猶太歡年。[35] 年曆發展成為今日的樣式，是一個從簡至繁進化的故事。[36] 新約最早關於一份教會年曆的證據，是在保羅於公元57年寫給哥林多基督徒的第一封信中。[37] 保羅在信中說：「因為我們逾越節的羔羊基督已經被殺獻祭了。所以，我們守這節。」（林前五7～8）。這節經文似乎暗示，早期基督徒在猶太人逾越節的日子中慶祝基督的受死和復活。

公元1世紀基督徒堅信，時間在基督的受死和復活中變成有意義。因此，早期基督徒由逾越節起，把基督徒行事曆往前擴展到五旬節，往後推移到大齋期和聖週。以後在4世紀，將臨節、聖誕節和聖靈降臨節被發展出來，以完成一個週期。[38] 大多數教會禮儀學者同意，教會年曆的基本框架在那期間形成，從而成為從初世紀到中世紀基督徒崇拜活動舉足輕重的部分。年曆規定一年中每個禮拜天為特別慶典日或聖日。根據《公禱書》（*Book of Common Prayer*）：

> 教會年包括了兩個節期和聖日：其中一個視每年變更的復活節主日或復活節而定；另一個是根據固定的12月25日，這是我們主降生的慶典聖誕節。
> 3月21日或以後之月滿日，接著的主日便是復活節。復活節不可能定於3月22日之前或4月25日之後。在教會年曆，所有主日的順序以復活節那一天為基準，但將臨節主日永遠是聖誕日之前的四個星期天，不管那正好是禮拜天或其它日子。復活節那一天也決定了大齋期該由聖灰週三開始，耶穌升天節則定於復活節後40天的一個禮拜四。[39]

以行事曆指引一年中各節慶儀式的最大好處，是可以在崇拜中把恰當的注意力，均衡地引到有關救恩的各樣奧秘上。[40]

**「日」**。以七天作為一週是某些中東文化的傳統。在猶太人中，一週的最後一天叫作**「安息日」**(sabbath)，意思是「第七」。這一天被分別出來，專為敬拜神和追念神的恩典作為。安息日是猶太曆法中最重要的日期之一。舊約律法規定，安息日是休息、聚會和獻祭的日子。它的設立是要記念神創造的工作，以及神拯救以色列人出埃及。安息日是從星期五的日落開始，到星期六的日落為止。[41] 新約認為，一週的第一天是特別為敬拜而設的。教會禮儀行事曆的基礎，在於新約中的**「主日」**(the Lord's Day，啟一10)，即每週第一天。[42] 所有四卷福音書都說，空的墳墓是在第一天的早晨被發現的(太二十八1～6；可十六2～6；路二十四1～3；約二十1～8)。福音書更說，復活的基督在一週的第一天向門徒顯現(太二十八9及下；路二十四13及下；約二十14及下)。

一週的第一天是「主日」，就是說，在那一天基督衝破死權，榮耀復活。這樣，在一週中恪守主日，是宣告神公平和永遠的統管，已經在基督的來臨中開始。在任何一個主日，全心崇拜的教會在轉瞬即逝的現在，同時觸及了過去和將來。教會在追憶主復活及圍繞復活發生的事件而喜慶中觸及過去，在期盼神統管完全實現、主的日子的確據中觸及將來。[43]

「主日」在1世紀末之前已成為一個基督徒熟悉的用語，指一週的第一天。[44] 約在公元115年，安提阿主教伊格那丢(Ignatius)寫信給在馬內夏(Magnesia)的基督徒，提到那些「停止守猶太安息日(猶太第七天)慶祝主日」的人，「在這一天中我們和他們的生命一同發光，感謝主，感謝祂為我們死。」[45] 一週的第一天，很快就取代了猶太人的安息日，成為基督徒主要崇拜之日。

另一個用語是**「星期日」**(Sunday),在2世紀中葉出現。[46] 這本是異教徒用語,指貢獻給太陽神的那個日子,與基督徒慶祝、敬拜復活的基督的一天相同。基督徒很快就承繼了這一異教用語,因為基督是在日出之際從死裏復活的。[47]

當人們記起「公義的日頭出現,其翅膀有醫治之能」(瑪四2),神學上的創見立時掌握當中的意念,並把這段經文與以下兩觀點連起來:一、基督是世上的真光,這光比他所造的日光更為亮麗榮耀。基督的光明不是區區物理上的光線,而是公平。這公平自不間斷地困擾的邪惡和不公的手中拯救了世界。二、升起。對於公義的太陽從死亡之中冉冉升起的理解,是救恩的中心。[48]

即使今天,英語和德語仍然是 "Sunday" 或 "Sonntag" (星期日),而法語、西班牙語、和意大利語則稱之為「主日」。[49]

**「復活節周期」**(The Easter Cycle)。從聖灰週三到五旬節,即是大齋期到復活節,組成我們稱之為「復活節周期」時期。意思是,這是一年中的良好時機,教會和信徒受到激勵走一條從灰燼到烈火的道路。[50]

對於英語 "Easter" (復活節) 的來源有不同的説法,但可能是從一個盎格魯撒克遜(Anglo-Saxon)的春天女神 Eastre 得來的。[51] 這是基督教最古老的節日。復活節原本叫逾越節(Pascha),是一個慶祝基督受死、埋葬、和復活的節日。

公元4世紀早期,教會終於同意新的逾越節(Pascha)與猶太的逾越節(Passover,猶太人最重要的節期,又稱「除酵節」,記念猶太人蒙神拯救,從埃及為奴之地拯救出來)不同,須在主日舉行。這決定清楚地承認了主日的象徵性含義。因此,每主日與每年復活週期慶祝基督的復活,兩者彼此鞏固強化當中的意義。

稍後,由尼西亞會議(Council of Nicaea,公元325年召開的第一次普世教會大公會議，會上決定以天文學的計算方式來定準每年復活節的日期）決定，[52]日子定於3月21日或以後之月滿日，接著的主日便是復活節。羅馬天主教和基督教一直沿用這個方法去決定每一年復活節的確實日子。這就是為何每一年復活節的日子都有差異，可以早到3月22日，也可以遲到4月25日。[53]

完整的復活節前後一共有50天，由復活節禮拜天起，直到五旬節，故此有時叫**「復活節期」**（Easter season），也作**「偉大50天」**（Great Fifty Days）。這是根據猶太人一個前後有50天的大節日，這節日與逾越節之後兩天的收穫季節一起開始，一直伸延到五旬節那一天。[54]50可被理解為一個有神聖意義的數字，我們記得利未記二十五章關於禧年的立法，被定為每50年一逢。[55]復活節期以其為喜樂、慶祝的日子而引人注目，這節日慶賀基督徒從罪惡和死亡的權勢中被解放、聖靈的降臨、和教會的建立。主復活後的這一段日子，形成了一個不是勞苦，而是平安、喜樂的時期。[56]

復活節在年曆上的影響，也向後伸展到**「大齋期」**（Lent）。[57]大齋期或稱**「預苦期」**，是一個盎格魯撒克遜詞，意即「春天」，用來轉譯拉丁文*Quadragestima*一詞（意指「40天」）。[58]大齋期共40天，由聖灰週三開始，棕枝主日（復活節前的一個主日，記念耶穌基督在受難前榮耀進入耶路撒冷，參太二十一8～9）結束。大齋期代表了一個準備慶祝復活節的時期。[59]這40天的時期，代表在聖經中摩西赴任之前40年時間的準備、以色列人遊蕩曠野40年，以及耶穌在曠野禁食40天。[60]

大齋期是一個為個人和團體復興而設的時期，是一段深入學習神話語、默想、禱告、自我省察的時間。大齋期在灰燼中靜靜地開始，然後，當基督受死和復活的日子變得越來越臨近，大齋期也越來越激動人心。[61]

在大齋期間，我們以強調忍耐開始，也承認我們對神的反叛。我們邁向悔改的果子：當我們歸向神，生命發生更絃易幟的改變，在神的恩典中朝著新的目標前進。[62]

大齋期的最後一個禮拜叫做**「聖週」**（Holy Week）、**「寬恕週」**（the Week of Forgiveness）或**「希臘週」**（Greek Week）。聖週的主題是隨著基督生命中的事件，由凱旋進入耶路撒冷、最後晚餐、直到祂在各各他受死及後的埋葬。這一週由歡樂的「和撒那」宣告開始，卻以絕望和死亡、埋葬的孤獨感終止。這也是迫切期盼著慶祝復活主日的一週，但聖週最突出的意義是紀念十字架。[63]古老的**「濯足日」**（Maundy Thursday）、受苦節紀念十字架和禮拜六晚的夜，成為整個教會年曆裏最特別的崇拜時期。[64]

**「聖誕節周期」**（The Christmas Cycle）。聖誕節周期包括「聖誕節」、**「主顯節」**（Epiphany）和**「將臨節」**（Advent season）。沒有人知道我們主誕生的確實日子。最先記載12月25日作為基督誕生的日子在羅馬被慶祝的文獻，是所謂〈354年紀事冊〉（*Chronograph of 354*）。[65]有關聖誕日起始的探討，在學術界有兩種意見：

第一種，也是最廣為同意的觀點，認為在12月25日慶祝基督誕生是特意把一個早期異教節日基督化。公元274年，羅馬皇帝奧理良（Aurelian）訂立這一天為敍利亞太陽神依密沙（Emesa）的慶典日。皇帝把慶祝基督誕生的日子定在與異教太陽神慶典相同，意圖是要藉著慶典把他龐大的帝國團結起來。[66]可以讓基督徒在異教國民面前誇勝，因為基督徒所慶祝的，是那一位真正的太陽，只有這太陽可以為世界帶來真光和救贖。

第二個假設認為，把12月25日定作每年聖誕節乃是根據一系列的計算。早期教會的重要見證人，特別是特土良（Tertullian，約155/160～約225年，初期教會偉大的護教家）和希坡律陀認為，3月25日是基督受死之日。一個不設小數位的象徵數字系統，把3月25日作為聖母受靈孕之日，在恰好完整的九個月之後，也即12月25日，成為基督誕生的日子。這日子在公元336年被確立。[67]

根據傳統，聖誕節由12天組成，到主顯節結束。[68]

「主顯節」的英文 "Epiphany" 一詞意即「顯明」，特別是指神藉基督顯明自己。顯明有多重意義，但都以基督顯明神作起點。這節日慶祝基督降生、耶穌受浸、還有第一個神蹟。關於第一個神蹟，福音書這樣説道：「這是耶穌所行的頭一件神蹟，是在加利利的迦拿行的，顯出他的榮耀來，他的門徒就信他了。」(約二11)[69]雖然不很清楚主顯節的起源，一般認為，埃及基督徒發起以這一節日對抗一個定在1月6日的異教冬季節日。[70]就像西方的聖誕節，這也是一個把一已存在的節日基督化的例子。[71] 主顯節一直在東方被保留下來，慶祝耶穌受浸，在西方則慶祝博士朝聖，代表了神在耶穌基督裏向外邦人顯明自己。[72]

「將臨節」的英文 "Advent" 由一個拉丁字根衍生，意為「來臨」或「到達」。[73]它標誌著基督降生前的時期，人民對彌賽亞的期盼。[74]公元5世紀前，一個為預備主顯節慶典的40天時期已經在高盧(Gaul)實行，這節期與現時的將臨期開始的時間相同，與大齋期相似。羅馬最終承繼了一個從12月25日之前四個禮拜天開始的節日(因此將臨節不一定在主日)。[75] 將臨期不但是一個準備迎接基督到來的日期，同時也著重在基督的再來。我們恪守將臨期，也有未來的意義：「主的統管正在到臨，準備好！」過去的已是過去，「彌賽亞將降生伯利恆，歡欣！」[76]聖誕週期幫助基督徒踏上一個由希望走向喜樂的旅程。[77]

## 東方和西方的禮儀

公元400年以後，羅馬帝國永久地分裂成東西兩個帝國，東西方的教會也由於某些分歧而在9世紀分裂。東方教會有三大類禮儀，分別是亞歷山太式、敍利亞式和拜占庭式。[78]在拜占庭的帝國法庭盡力推動東方諸教會在教義和崇拜儀式上的統一，為的是強化東方帝國在政治上的維繫。[79]拜占庭式的禮拜儀式最終被東正教會（Orthodox Church）承襲。東方教會的禮儀主要取材自記載在《使徒憲章》的禮儀。[80]以後的兩個世紀發生了一些改變，在7世紀之後，所有東方教會的禮儀完全劃一，以後再沒有任何更改。[81]

東方世界觀點的產生，受希臘主義（Hellenistic）美學影響至鉅。所有這些興致，助長了詩意、聯想和藝術表達的發展。東方教會的崇拜受到希臘形式想像力的塑造，可以從其不厭其煩地大量使用禮儀性的符號、象徵中看出。拜占庭的崇拜高度禮儀化，輝煌美觀，同時也極神秘。[82]

東方教會一直受啟示錄四、五兩章敍述天國崇拜的形像影響。象徵描述（symbolism）提供與神接觸的途徑，開展靈修和喜樂的寬廣疆域。在許多人來說，神比語言所能敍述的更真切和深入。[83]

西方教會的儀式是改革派和福音派傳統的根源。這也與東方教會的儀式一樣，發展自早期教會可變的禮儀。[84]到了6世紀，加利亞禮儀（the Gallican）和羅馬禮儀（the Roman）在西方同時出現。羅馬儀式（禮儀）主要是在羅馬採用，而加利亞禮儀則流行於整個歐洲，但其細節因各地習俗不一而差異頗大。[85]

加利亞禮儀的起源甚難考究，但大多數禮儀專家同意，它是從早期教會的禮儀中發展而成的。它比羅馬禮儀更色彩繽紛、精雕細琢、多姿多采。[86]比起羅馬儀式，它也更冗長和有伸縮性。[87]

在6世紀中，加利亞和羅馬兩種禮儀互相影響。跟著，羅馬成為教廷之所在，羅馬天主教崇拜方式開始主宰整個歐洲。羅馬教廷的權勢和管治持續增加，加利亞在比朋（Pepin）和查理曼（Charlemagne）的統治下被壓制。[88]

6世紀之前，羅馬禮儀的起始和發展幾乎無從稽考。[89]直到3世紀，儀式還是採用希臘語，然後在4世紀漸漸轉為拉丁語。[90]教宗格拉修一世（Gelasius, 429～496）的《格拉修聖禮書》（*Gelasian Sacramentary*）和教宗貴格利一世（Gregory the Great, 590～604）的《貴格利儀文書》（*Gregorian Sacramentary*））都提供了這段時期崇拜的資料。從9世紀至15世紀，《羅馬儀式》（*Ordines romani*）詳盡地記載了彌撒禮儀的細則。

羅馬的儀式有兩部分，分為慕道者的聖道禮（Liturgy of the Word）與聖餐禮（Liturgy of the Upper Room）。所有會眾都可以參加聖道禮，但只有受過水禮者才被邀請留下守聖餐，所有未受水禮的人在第二部分開始前被遣散。第二部分叫「信徒禮」（the liturgy of the faithful）。[91]「彌撒」（mass，中文彌撒一詞是來自拉丁語 *missa* 的讀音）一詞是來自聖道禮完結時，主禮所講的一句說話：“*Ite missa est*”。*Missa* 是遣散的意思，全句意即：「請你們回去吧！已散會了。」

羅馬儀式以實用主義稱著。這一精神在他們的崇拜中反映出來：嚴肅與簡單。[92]羅馬彌撒被認為是所有禮儀中最簡單、嚴肅、樸實。以下是羅馬彌撒儀式的概略：[93]

| 聖道禮 |
|---|
| 讚美（垂憐頌 *Kyrie*） |
| 問安 |
| 奉獻 |
| 先知或舊約講論 |
| 讚美詩應答輪唱 |
| 使徒書信 |

彌撒升階聖歌（聖歌由獨唱起始）
阿利路亞
福音，燭光、點香、回應伴隨
解散未受水禮會眾

信徒禮

奉獻儀式：收集餅、杯，陳餅、杯於祭壇，準備餅、杯以守主餐，奉獻禮物，混合（admixture），同時有聖歌吟唱。
致敬和獻心頌
成聖禱告
　　前言
　　合宜前言
　　聖哉
　　領聖體
和平之吻
分聖體
主禱文、首尾程序、及祈願祈禱
守主餐：主持人員先用，然後會眾。同時有聖歌吟唱。
餐後奉獻（感恩）
執事解散會眾

望彌撒有數種不同方式。一、大彌撒（High Mass）以誦唱形式進行，由一位主教在一至數位司職輔助下主持。二、莊嚴彌撒（Missa Solemnis）以誦唱形式進行，由一位司職在執事輔助下主持。莊嚴彌撒要求一個訓練有素的詩班去唱合唱部分。三、小彌撒（the Low Mass）是一種常見的彌撒，由一位司職主持，不用詩班和助手。四、簡單彌撒（Dry Mass或

Missa Sicca）是種儀式從簡的普通彌撒，沒有餅、祝聖禮和聖餐。[94] 羅馬彌撒在天特會議（Council of Trent，羅馬天主教第19次大公會議，於1545至1563年在意大利的天特舉行）後很快就統一化，在1570年完成修改。[95]

音樂在中世紀崇拜中擔負著重要角色。誦唱不但有實際功用，而且還有更深的神學魅力。

這神學趨向的基礎是奧古斯丁（Augustine）的論文《音樂論》（*De Musica*）。在這篇著作中，他把音樂定義為「排列有致的藝術」（"the art of the well-ordered"）。他把音樂與數學相關聯，因為二者之間適當地成比例、和諧，突顯了一種整個宇宙共守的意義。[96]

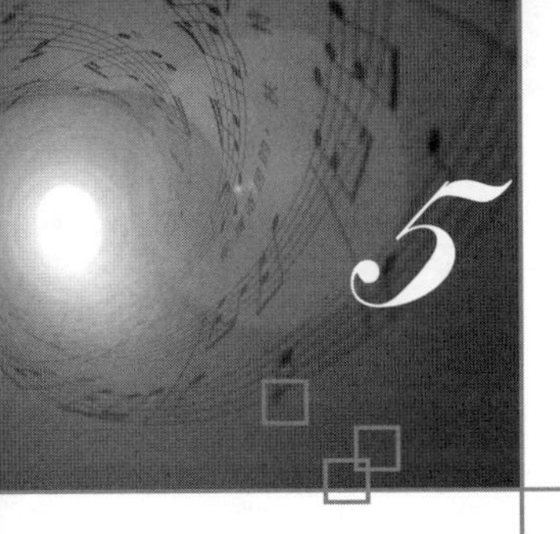


# 崇拜發展史(二)

# 16至20世紀的崇拜

## 宗教改革運動的崇拜

16、17世紀西方基督教會驚天動地的大事，是宗教改革所導致的西方教會分裂。中世紀時期漸漸僵化、墨守成規，結果成規變為首務。這種崇拜方式不能夠滿足信徒的深層次需求，於是改革的渴求，不斷地在教會中興起。[1]

16世紀初，守聖餐在西方教會只變成戲劇性的壯觀場面，當中竭力追求的不是團契，而是所謂神奇的「變質説」(transubstantiation，註：天主教聖餐理論，認為在祝聖後的餅和杯已變成耶穌真正的肉和血)。這種神奇的「變質説」，聖職人員在主持聖餐禮中，以不知名的語言低吟，以及繁瑣的儀節。如果是頌唱彌撒，更加上花巧的音樂陪襯，會眾在整個儀式參與的機會極少，信徒不被鼓勵參加多於一次的聖餐。講道的內容及素質下降，大部分教區的聖職人員更不知講道為何物；本來應是基於真道的教訓，亦往往被有關聖人的生活與傳奇隱秘所取代。本地語言的聖經很難得到，以銀兩交換彌撒和獲取贖罪更成為斂財的捷徑。[2]

雖然16世紀的宗教改革留給今人最深刻的印象，是在神學或教會制度方面的改革，但這運動其實也包括崇拜的改革。神學爭論的焦點是，改革派堅信時下的所謂敬拜，不是神所期望的，在崇拜中神沒有被尊崇和敬拜，人類的救恩也因而面臨危機。[3]

## 改革派對於崇拜的觀點

改革派有共同的關注事項。第一，改革派注重聖經、講道、所有會眾的完全投入事奉，但少強調那精心包裝的外在儀式和避免浮誇與外在的禮儀。他們強調恢復如初期教會崇拜中，由「神的道」主導之地位。[4]他們注重耳朵多於眼目，注重宣講真道和全會眾聽道，而不是用視覺上的儀節作為教育的方法。[5]就如馬丁·路德所說：

> 所作的一切，都須令神的道得以通行無阻。我們可以省卻任何事物，但卻不可刪去神的道。我們所有的好處不在真道以外。因為聖經讓我們看到，真道應當在基督徒中被自由地運行。在路加福音十章，基督親自說「不可少的只有一件」：那就是馬利亞坐在基督的腳前，每天聽祂所講論的真道。[6]

第二，至於神人之間關係的特點，人被判斷定奪的惟一標準是他們的信心，而不是他們所參與的聖禮，也非他們的功德(例如彌撒和朝聖)。[7]救恩不是以行善換取，救恩是堅信神在基督裏是惟一的拯救，崇拜的意義，從為賺取從神而來的好處而做事以討神的歡心，轉移到崇拜是對神的恩典的回應，是表達對神話語的順從。[8]

第三，所有崇拜都應使用會眾能夠明白的語言，而且應該安排讓全會眾積極投入。崇拜應使用人們能聽懂的語言，並且應適應社區的歷史和會眾的文化。崇拜不應繼續成為單為舞臺而設的花巧把戲，它必須容讓會眾的整體參與。[9]為個人欣賞、具有許多層次意義的視覺藝術，必須向語言藝術讓讓路，提供會眾一個整體的焦點。[10]

儘管改革派對上述各項持相同見解，他們之間也有對崇拜的不同看法，最根本的分歧在於是否繼續保留羅馬天主教的傳統。[11]宗教改革運動過程中，崇拜有三種主要形式。最保守的是信義宗和聖公會，基本沿襲傳統崇拜。第二種較為中庸的是長老會，也稱為改革宗。改變至鉅的是來自清教徒傳統的各獨立教會，例如重浸派和貴格會，他們與過去的做法分道揚鑣，發展成浸信會、公理會、及其它自由教會團體崇拜形式的前驅。[12]

## 信義宗和聖公會

馬丁．路德沒有打算脱離羅馬天主教會，但要對教會進行改革。

路德相信，崇拜禮儀的改變取決於牧養羣體的實況。它必須教育在先，而且總有愛心伴隨。最重要的是，只要基督的福音被清楚地傳講，禮儀的特色無關痛癢。[13]

信義宗大體上保留了過往崇拜禮儀和架構：持守復活節和聖誕節周期，記念某些聖人日，在教堂中沿用傳統的經課，頌唱部分禮儀文，司職人員仍然穿著傳統的法衣。以下是信義宗崇拜的特點：

一、基督徒在真道中以真理團契。

二、聖餐是崇拜的核心。路德相信，聖餐應被基督徒羣體每天恪守。

三、路德相信基督臨降到聖餐諸物之中。這一教義被稱為合質論(consubstantiation，這是路德為對抗天主教的變質説而提出的觀點。他相信祝聖後的餅和杯，與基督的身體和血並存)。

四、彌撒不是天主教所稱基督受死的重演，而是基督徒進入到救主的犧牲裏，與基督一道奉獻自己。

五、路德促請用本地語言主持禮拜。[14]

路德為德國人民提供德語聖經和詩集，實行信徒皆祭司的教義，把講道重新放回崇拜的中心位置。他給會眾在崇拜中一個更發揮思維的角色，詩歌應用更多、更廣。[15]這必然帶來一個結果：藉著容易投入的崇拜新方式，人們在崇拜中活躍地參與，履行他們在崇拜的祭司職分。音樂是其中一條通道，所有人都可藉此通道去履行他們祭司的事奉，信義宗的禮拜儀式因此變得甚為音樂化。[16]作為熱情的音樂愛好者，路德認為音樂是「神最偉大的禮物之一」，他本人也對音樂在敬拜中的廣泛使用津津樂道。對路德來說，編輯一本通用詩集，作為崇拜的組成部分之一，實在十分重要。[17]

建立在遍佈英國屬土的英國教會中的聖公會，則嘗試一條中間路程。聖公會保留許多過去的做法。[18]早期英國宗教改革的動力，政治因素大於屬靈因素。[19]在亨利八世治下，英國教會脱離教宗（1534年），但彌撒卻在隨後很長的日子沒有任何變更。[20]直到愛德華六世（1547年），強烈的新教影響方才得以進入彌撒之中。[21]英國聖公會崇拜禮儀是從大主教克藍麥（Thomas Cranmer, 1489～1556）開始，他決心設計一個真正改革的英國禮拜儀式，製作出版了《公禱書》的兩個版本。

《公禱書》第一冊於1549年面世，其名稱正好說明崇拜現在是「會眾的」而不再是神職人員的。在1552年的《公禱書》中，「彌撒」一詞在崇拜中被刪除，司職人員禁止穿著法衣，祭壇被主餐桌取而代之。另外，英國聖公會對教會音樂的貢獻是詩班的頌歌（anthem）。1662年的《公禱書》說明，詩班獻詩成為教會崇拜的常設部分之一。[22]

聖公會的傳統是一部書的傳統：《公禱書》。沒有其它任何的禮儀傳統，像聖公會一樣，在惟一的一份文獻中一絲不苟地詳述，崇拜的禮儀確定於一書之內。[23]

克藍麥恢復每日公禱聚會，他成功了，成為聖公會的主要成果象徵。對大多數人來說，每週一次守聖餐是太極端了些，教規最終設定，每年應至少守聖餐三次。普通的禮拜天崇拜成為晨禱、應答連禱、奉獻聚會和講道。[24]在19世紀，英國曾發生過全方位恢復中世紀後期的禮儀，每週守聖餐，強調浸禮、苦修、復興中世紀建築和禮拜禮儀上的藝術。

## 改革宗和長老會

改革宗的崇拜推行默想方式。[25]慈運理(Huldrych Zwingli, 1484～1531)是宗教改革早期主要人物。他在宗教上的措施較路德更理性化，他尋求更簡化、更強調道德的崇拜。[26]慈運理認為，最重要的是用會眾明白的語言和內容，經常宣講聖經。[27]他也拒絕在崇拜中使用任何符號和象徵，包括語言象徵。他廢除公眾崇拜中所有音樂，轉而採用對應唱和方式誦讀詩篇和頌歌。[28]

現在人們口中所說的「改革宗傳統」，經常被稱為「加爾文派」，乃是從這一宗派最重要的16世紀神學家加爾文(John Calvin, 1509～1564)而來。[29]根據加爾文，改革宗神學是早期基督徒在教義上的信仰，以神的話語為根基，為虔誠信眾所持守。[30]他也與其他新教教派一樣，認為對真理的教導應被重新推廣、維持，使之成為公眾崇拜中不可或缺的一部分。他也簡化了教會年曆，把中心點放在主日。[31]加爾文宣稱，凡聖經裏沒有教導的，不允許出現在崇拜中；而路德則說，凡是聖經沒有明文禁止的，皆可接納。[32]加爾文完全揚棄詩班及其所有樂譜文獻，加爾文主義的觀點也破除傳統，全然把管風琴從教會裏搬走。[33]對加爾文來說，只有聖經的話語是合宜的，他因此贊助翻譯和出版了法語的韻律詩篇(metrical psalms，詩篇配以音樂，音樂的旋律特色是重覆的音，如喃喃自語的誦經)以及一些頌歌，例如《十誡》和《西緬之歌》。第一本詩集在1539年出現，完整的《日內瓦聖詩集》(*Geneva Psalter*)在1562年問世。[34]當中的詩篇由會眾以無伴奏形式同唱。[35]

## 重浸派與清教徒

第三個團體是所謂根本改革派(激進改革派，Radical Reformers)，他們徹底地與傳統分道揚鑣。這個羣體包括了重浸派(Anabaptist)和清教徒。

重浸派崇拜的傳統為我們提供「自由教會」的首個範例。自由教會崇拜有兩個與別不同的特點。第一，這類崇拜須用自由來改變崇拜的模式與傳統，並且擺脫一切人為傳統的強制和規範，崇拜全然以聖經作依歸。第二，崇拜的程序由各崇拜羣體自行決定，講道是所有崇拜的一個主要部分，牧師的首務一直以來似乎是作為神話語的學者，透過講道和教導，把聖經的真理和精義應用在日常生活中。[36]

英國重浸派不但拒絕在崇拜中使用儀式，而且還否定集體崇拜的必要性。他們相信，真正的教會是一羣順服和受苦的人，每天過著與神同行的生活，這做法比任何事情來得重要。[37]英國重浸派在會眾參與的論題上強調，在崇拜中，神職人員和普通會眾實際上應沒有分別。英國浸信宗接受信條(confessions of faith，教會訂明其信仰大綱的文件)，而不是各種信經(creeds，教會具權威性的信仰綱要)。

16世紀自由教會崇拜的起始地點廣布各處，而英國重浸派在歐洲大陸發源，分離派(Separatists)和清教徒都是在英國發展起來。[38]分離派是清教徒中最為激進的一羣，他們打算脱離穩固的英國聖公會。

他們堅拒一切現有的禮儀形式；他們的崇拜內容只有禱告和解經。禱告永遠是自發性的，他們甚至不用主禱文，那被認為只是基督徒即興的「模範」。有證據顯示，早期的分離派沒有音樂，但最終他們還是開始頌唱無伴奏韻律詩篇。[39]

有些歷史學家相信，20世紀教會展示了激進派的崇拜神學和方式，多於任何其它的改革宗派。他們揚棄許多中世紀結構嚴謹的做法，鍾情於一種無拘無束的形式。[40]

## 宗教改革後的崇拜

從17世紀到20世紀，新教崇拜方式的發展只能從各宗派的歷史中去追尋。[41]

## 貴格會崇拜

與中世紀傳統脫離得最為徹底的，是17世紀一個叫公誼會（the Religious Society of Friends）或稱貴格會（Quaker）所產生的崇拜傳統。[42]貴格會崇拜的特點是，他們完全不用按立的神職人員和各種禮儀，而是提倡每個人「佇候聖靈」。[43]貴格會崇拜的中心思想，是相信所有人都可以獲得內在的亮光，崇拜的目的是在安穩和肅靜中等候神。[44]

這羣體尋求在耐心期盼的等候中，獻呈需求、懺悔、感恩的禱求。會眾期盼能夠聽到從神而來的說話，這說話可能是個人內心所能聽到的，又或是藉聖靈的感動，透過任何一個會眾的口說出。貴格會敬拜所強調的，是羣體那種願意開放接受神臨在的簡單卻深層的動機。他們認為聖靈的降臨不需借助任何媒介，神的臨在把隔離化成相通。[45]

貴格會的崇拜堅稱，所有禮儀和方式都已被新約所廢除，基督裏的所有職分，先知、祭司和君王，都可在靜候神降臨的羣體中實現。崇拜是極為內在的一回事，水禮因為聖靈的浸而變成不必，守聖餐的意義是接受耶穌，所以外在的儀式也不需要。[46]

但是，雖然可以沒有講道，不守各種聖禮，有一事是貴格會崇拜放不開的，那就是基督徒團契聚會。所以，貴格會崇拜中最重要的是會眾奉基督的名聚集。貴格會崇拜是一種羣體（corporate）神秘主義，在當中聖靈使用不同個人向羣體講話。[47]

## 循道宗崇拜

循道宗（Methodist）的崇拜傳統在18世紀開始。[48]用啟蒙時期的眼光來看，它在許多方面標誌著一種反文化運動。

啟蒙時期潮流貶低聖禮崇拜，循道宗精神的前驅約翰．衛斯理（John Wesley, 1703～1791）卻堅持頻繁的守餐，最好是每週一次。當人們認為感覺無關重要，循道宗卻強調內心、心靈的敬拜情操，當人們不注重崇拜中的熱忱，循道宗卻被指過度熱誠。會眾頌唱聖詩為循道宗的崇拜引入一股溫情，是在英國教會僵化的崇拜中所缺乏的。循道宗對英國教會來說如同一股第三勢力。[49]

早期循道宗崇拜別具一格的特色是關於救恩的誠懇教導、小組對靈魂的關懷，以及一種混合了即興與既定程序兩種形式的禱告。[50]循道宗對普世教會的最大貢獻是詩歌。引進詩歌頌唱的結果，成就了會眾更廣泛的參與，這樣的做法讓所有人都能夠以最高的音樂天賦去表達他們的敬拜。[51]循道宗也謹慎地恪守公禱書中的節日，例如諸聖日（All Saints's Day，基督教節日，記念歷代聖徒，甚至不為人所知的聖徒。天主教和聖公會的諸聖日是11月1日）。[52]

## 拓荒派崇拜

19世紀出現了一種美國拓荒派（Frontier）的新傳統，成為美國最流行的崇拜形式。這是第一個純粹美國的傳統。[53] 有一個困擾牧師的實際問題是：如何去牧養人口稀少、村落分散、路途遙遠、大多數難以參加固定教會的民眾。新教的拓荒派傳統是因為上述問題而產生的新方法。[54] 美國拓荒派崇拜以下列原則為特點：

一、崇拜沒有固定形式。

二、不常守各種禮儀，因為不常有按立的神職人員主持。

三、拓荒者的羣體對受過正規訓練的傳道人有戒心，因為他們是教會體制的代表。

四、講道是崇拜的主導項目。

五、自發性禱告，由傳道人或普通會眾帶領。

六、在會眾中可見非正式的熱忱，通常的表現是一種情緒化的激情和亢奮。

七、崇拜以多姿多采的歌唱為特點。歌曲主觀性與個人化，不過流暢又樂觀。

八、拓荒派崇拜的另一特點是注重眼前，極少顧及傳統。

九、教會建築樸實無華，並無引進祭儀的打算。[55]

重要的是，崇拜別具心思的設計，引人信主。[56]許多容易上口的音樂，詩班唱的常常是華滋(Isaac Watts)創作、歌詞和旋律都常常重現的詩歌。[57]實用主義勝過聖經教理。對自由的解釋，從自由地跟隨聖經，轉移到自由地作有成效的事。[58]

## 20世紀的崇拜更新運動

對更新、變革教會崇拜禮儀的渴求，在20世紀出現。

在新教的新正統運動中產生的崇拜更新，借用了羅馬天主教，並伸展到幾乎每一個宗派和信心羣體。五旬宗教會的興起，靈恩運動，敬拜讚美，已經世界性地改變了崇拜的形態。今天，崇拜更新的兩股主流——禮儀和靈恩——正揉合成一股，有人形容為與早期基督徒崇拜相類似的崇拜樣式。[59]

### *五旬宗運動*

五旬宗運動(Pentecostal Movement)傳統與20世紀同時面世。「五旬宗教會形式崇拜」一詞，包括四類各有特色的崇拜形式：一、黑人五旬宗教會的崇拜；二、白人五旬宗教會的崇拜；三、靈恩派禱告團體和傳統教會中某些小團體的崇拜；四、非白人草根階層本土教會的崇拜。[60]五旬宗傳統的主要特色是崇拜程序安排極少，人們完全信服聖靈對崇拜內容和程序的即時感動和帶領。[61]這是自啟蒙時期之後，第一個完全不阻止讓人在崇拜中經歷神臨在的教派。崇拜一直以即興和即時的形式為特點，運用大量的音樂去表達個人和羣體敬拜的情操，[62]被聖靈充滿的跡象貫串崇拜始終。[63]

五旬宗崇拜最顯著的特點之一，是它破除社會分野的能力。人們以他們被賦予所能影響崇拜的能量，來衡量每個人之價值，以他能貢獻給崇拜的不同恩賜作評估：説方言、翻方言、説預言、講見證和醫治。這些能力賦予各人，與性別無關。

教牧在崇拜中只作主持，而非支配的角色，即使在講道之中，會眾有突發性經歷聖靈而發出的哭笑聲，也不被認為是騷擾，反而被認為是值得喜樂的恩賜。這樣的領導方式，鼓勵全體會眾最高程度的投入，是其它主要流派中難以看到的。

強烈的羣體意識，帶來五旬宗會眾的虔誠，提醒人們哥林多前書十二章12至13節。恩賜分給各人，為的是全體的益處。五旬宗的崇拜，代表了全會眾的一起參與。它顯示，無神職人員、無固定程序的基督徒崇拜是相當可能和可行的。在五旬宗崇拜中，每一個信徒都被鼓勵在一個羣體敬拜的處境下，盡情表達個人的敬拜。[64]

五旬宗崇拜鼓勵個人自發的表達。本來在概念上被認為是羣體崇拜的，也能被看作是一個同時進行的個人崇拜。[65]近年，五旬宗的崇拜形式和內容大幅修改，特別是詩歌唱頌。大部分傳統詩歌被拒絕，早期的靈歌被認為過時，他們鍾情簡單的短歌(chorus)，為聖經章節譜曲，或創作崇拜短歌，讓會眾表達感受、經驗和讚美。許多五旬宗教會以投影設備，取代日漸少用的詩集。[66]

## 禮儀運動

20世紀的基督教會大規模地恢復和革新崇拜，重新樹立崇拜是生活與工作的中心的概念。這一事件稱為禮儀運動(Liturgical Movement),目的是恢復人們在教會崇拜中的參與。[67]這運動由法國羅馬天主教會在19世紀發起。[68]梵蒂岡第二次會議的崇拜禮儀改革,一直以來是近代羅馬天主教會最為鞏固和有力的改變。梵蒂岡第二次會議在1963年12月4日所頒佈的《聖禮憲章》(*The Constitution on the Sacred Liturgy*)認同禮儀運動的動機,鼓勵人們主動地參與聖禮,立法允許使用本地語言和改革禮儀。最近,教廷考慮讓不同地域文化主導崇拜禮儀。[69]

憲章是關於20世紀崇拜更新最有影響力的文件之一。它為羅馬天主教崇拜帶來巨大改變的同時,也對更新教會的崇拜,特別是那些主流教會帶來十分明顯的衝擊。[70]

禮儀更新運動在普世主流的新教教會引起對崇拜形式的廣泛共識。藉著改革的精神,不但聖經,各種聖禮也被重新安置在崇拜的中心。新教會眾開始懂得欣賞那些能引導和幫助人敬拜的儀式和符號的重要性。[71]這改革還流露出一個禮儀合一運動,這合一囊括了崇拜禮儀幾乎所有的部分,包括教會年曆、經訓、祈禱、聖餐和其它諸如按立、婚禮、喪禮等。[72]有關改革也對東正教會崇拜採取欣賞的立場,甚至推展到西方教會傳統以外,進入亞洲、非洲教會傳統中。正是因為提倡合一,這運動可以擁抱種種不同,確實鼓勵人們以心靈和藝術的恩賜,嶄新而有創意地回應崇拜禮儀。[73]人們在崇拜中積極投入的恢復,保存了宗教改革所堅持的立場:信徒皆祭司。[74]

## 靈恩運動

靈恩運動(Charismatic Movement)也稱為「新五旬宗主義」(Neo-Pentecostalism),是一個組織並不嚴密,基本由非專業神職人員組成的運動。[75]不過,多數歷史學家把靈恩運動開始的時地,定在1960年代早期的美國。[76]這個運動大概是從1956年6月25到29日在美國明尼阿波里斯(Minneapolis)舉行的第四屆全福音商人國際團契(Full Gospel Businessmen's Fellowship International)得其稱謂。在此會議中，數位被邀講員都用以上稱呼來形容他們所參與的運動。[77]這運動強調靈恩(或聖靈的恩賜)、熱情的崇拜、基要神學的觀點和激情的音樂。[78]

我們難以簡單地描述現代靈恩派崇拜，因為靈恩運動擴展到注重禮儀和不注重禮儀的兩種教會裏去。不過，主要地說，令人矚目的是在靈恩派教會崇拜中，全會眾全情和主動的投入。可見的有四方面：身體的服事、自發的行為、讚美和喜樂，以及團契的愛。[79]

在教會歷史發生的眾多運動裏，這是其中一個特別強調神的權能、神蹟奇事及聖靈啟示的作為，尤其是聖靈的恩賜和說預言。[80]在許多方面，它與早期五旬宗運動的現象有相似的地方，因為兩者都具備強調每個平信徒參與事奉的特色。他們聚會的特點是高聲讚美、冗長的禱告和個人的見證分享。[81]

靈恩運動在1960年代開始得到傳統教會接納。在60年代末至70年代初，靈恩運動被觀察家描述為禱告運動。靈恩派禱告聚會的主要目的，被認為是崇拜，其中一個明顯的特徵是其自發性。沒有預先準備的崇拜流程，任何人都可參與。[82]整個聚會的時間大概兩個半小時，充滿了祈禱、靜默、見證、讀經和歌頌。

崇拜中的自由、喜樂的歌頌、聲音和身體兼備的讚美表達、樂器伴奏的歌頌、不同類型和風格音樂的寬容接納，是更新的所有特點。在靈恩派崇拜中，為獻上誠懇的讚美和感恩而歌頌、叫嚷、拍掌、俯伏，甚至在神面前跳舞，並不罕見。靈恩派崇拜的其它特色，包括舉手、手挽手、全人自由的參與、特別是在說預言和醫治方面。[83]

## *敬拜讚美運動*

在過去數十年，一種新形式的崇拜流行於北美和世界其它地區。雖然這種形式的稱謂繁多，最廣為接受的是「敬拜讚美」的運動(Praise and Worship Movement)。敬拜讚美是一個跨宗派的基督教更新運動，在1980年代開始備受注意，其採用的崇拜形式，特別是音樂，甚具現代文化色彩。[84]這是一種注重現代短歌的崇拜方式(有些人認為，短歌是源自福音聖詩的副歌，特色是簡短，通常只有八小節，配上重複易記的一兩句歌詞)，通常把歌曲串連成一列崇拜流程。敬拜讚美的形式受靈恩派的崇拜影響，經常在崇拜中出現舉手稱頌、按手服事，以及友善和輕鬆、不拘謹的氣氛。[85]

它刻意修改傳統的崇拜形式，更妥善地與現代人溝通。這些非傳統形式的崇拜展示一個共同的形式：現代的語言和音樂、不拘謹的氣氛、強調喜氣洋洋的慶祝、較少涉及對罪的痛悔。[86]

敬拜讚美從60年代至70年代初的數個流派中脱穎而出。這些流派認為，傳統崇拜的模式已死，他們更關注的是與聖靈的溝通和親近，而且認定音樂和不拘謹、自由自在的氣氛必須與後基督教文化中的人們連繫起來。[87]這種流派最早的典型來自蓋德(Bill Gaither，美國著名基督教音樂樂手，著名的詩歌有《因祂活著》)在60年代早期創作的歌曲。稍後，在60年代末期美國西岸的「耶穌運動」(Jesus Movement)強調頌唱讚美短歌。從那時開始，敬拜讚美發展成普世性的新崇拜形式。

可以總結：邁進後啟蒙時期以外的崇拜形式。受啟蒙時期影響的崇拜主流，是理性的和發人深省的。相反，敬拜讚美激發人們的感性，是「大腦右半球」的活動，觸動人性的感覺和情緒。其次，敬拜讚美的另一特點是，它嘗試重拾已經失落的舊約和新約中讚美的情景。[88]

一般而言，讚美敬拜有一個崇拜的程序，靈感是來自舊約會幕和聖殿的實踐，即自外院而內院，然後進到至聖所中。這一模式是根據詩篇一百篇4節，促使仔細分辨感恩、讚美和敬拜。

在外院表達對神為祂子民成就的事而獻上感恩，數算祂在過去所行的大事。在此處，感恩引起動作，例如拍掌、奏樂、歌唱、歡呼和在神面前舞蹈。

在內院，讚美把人們帶領往前。焦點放在思想神在他們生命中的意義。讚美的行動透過大量的詩歌來表達。[89]

崇拜的程序是由帶領敬拜者（通常是敬拜隊的主音歌手）透過詩歌的串連而成的。在典型的崇拜中，帶領敬拜者以一首讚美短歌開始，歌詞通常取材自聖經經文。如果有詩班或敬拜隊，他們會毫不猶豫地一起唱，鼓勵會眾跟隨。會眾憑記憶去唱，有時也會從投影設備獲得輔助。在歌頌之間，許多人會舉手作為一種投入、亢奮的表現。主持人一首接一首地歌唱下去，有時似乎無休止地重複，以獲得促進情緒高潮的功效。[90]

帶領敬拜者用有關個人經歷或見證的短歌去開始崇拜，這些歌曲聚焦於讚美，節奏輕快，內容與信徒的個人經歷關聯。由歌唱開始，為隨之而來的下一步做好準備：音樂的氣氛和內容轉移到從大門進入外院和內院。在這過程中，帶領敬拜者帶領會眾，轉而唱出從讚美進入敬拜的歌曲。這些是與感恩有關的歌曲。第三部分是進入至聖所。這一步帶領會眾放棄自我，全神貫注於單單敬拜真神。會眾不再回想神已成就的事，而專注在神對他們自己來説是怎樣的一位神，在這個崇拜的時段裏，情緒化的拍掌，極可能被較內心的個人禱求所取代，當中敬拜者以仰臉、舉手、垂淚甚或聲線的輕微改變等外觀行動表達。

崇拜的其它內容，包括教導、互相代禱和服事。教導頗為直接，可能以簡短的回應或討論結束。互相代禱也可以是非正式的。傳統的牧禱，可被小組禱告取代。禱告以後，許多教會進入服事時間，人們分散到不同的房間，具有不同事奉恩賜的人會在各房間為有需要者按手，就如來自天上的聖手一樣，為受傷害的和破碎的生命禱告。[91]

既然歌唱是敬拜讚美的核心，帶領敬拜者就變得非常重要。人之所以被稱為「領敬拜」者，是因為他們負責選擇和領唱歌曲、領禱、引用聖經、還有帶領崇拜的流程。

讚美歌頌一般是表達喜樂，這種形式經常是利用有動感和高音量的歌唱表達自己，根據的是詩篇六十六篇1至2節：「全地都當向神歡呼！歌頌他名的榮耀！用讚美的言語將他的榮耀發明！」讚美的歌聲必須「使人得聽」(詩六十六8)。

讚美敬拜提倡以全身動作表達。根據舊約的範例，讚美歌頌常常伴隨著下拜和屈膝(詩九十五6)、拍掌和呼喊(四十七1)、舉手(一三四2)和跳舞(一五〇篇)。

## 揉合崇拜運動

揉合崇拜運動(The Convergence Movement，有人稱這類崇拜為英文的 convergence worship，也有稱為 blended worship，但兩者皆可譯「揉合崇拜」)被視為由兩股潮流匯聚而成的新潮流。靈恩運動可被視為現代崇拜的新流，而禮儀運動則源自更新傳統的舊流。兩者匯聚形成了揉合崇拜運動。因此，靈恩運動及禮儀運動和揉合運動可以說是息息相關。

1960年在主流教會興起靈恩運動後，教會的崇拜出現了一個特別現象。某些希望更新或不想只守傳統的教會，把靈恩運動和五旬節運動所強調的元素，例如醫治、說預言或即興式的崇拜模式，揉合於傳統教會的崇拜模式、禮儀或內容中。此外，教會對禮儀運動也產生興趣，特別是希望重尋初期教會崇拜的精要和實踐方式。[92]對禮儀運動有興趣的人，不一定想變成禮儀派，他們只是嚮往禮儀派的傳統及秩序。對靈恩運動有興趣的人，則對它的自由及羣體觀念趨之若鶩。這讓不同宗派能互相學習，彼此借鏡。[93]揉合的理念不屬任何宗派，推動揉合崇拜的教會有共通的信念，就是希望基督的身體(教會)的合一，而非著眼於堅守自己宗派的傳統。宗派間傳統的分野，因此漸變模糊。

揉合崇拜運動直至1985年才被廣泛地確認。這方面的先驅首推當時於美國著名學府惠敦學院(Wheaton College)教授神學的韋柏博士。他是崇拜學大師，有關崇拜學的著作超過20多本，其中最重要的是由他主編合共八冊約3,300多頁的崇拜學辭典 *The Complete Library of Christian Worship*。此外，他也創辦了北美首間提供崇拜學博士課程的研究學院(The Institute for Worship Studies)。除他以外，還有學園傳道會(Campus Crusade for Christ)的領袖吉爾奎斯特(Peter Gillquist)，奧拉爾羅伯特大學(Oral Roberts University)前任校牧斯坦普斯(Robert Stamps)博士，坎特伯雷大主教凱理(George Carey)，以及多位來自不同宗派背景的教會領袖。[94]

揉合崇拜運動所強調的內容和特色，可以歸納為以下數點：[95]

一、重尋禮儀在崇拜中的重要性。對於一些現代教會，主餐禮和浸禮已日漸失去它們原先的意義。揉合運動喚起教會對這兩個禮儀的重視，重拾它們對塑造信徒信仰的重要性。同時，探究主餐禮和浸禮作為聖禮(sacrament)或禮儀(ordinance)的意義和異同。

二、增強對早期教會的認識與學習。對於很多基督徒，新約教會及早期信徒的崇拜模式與內容都是陌生的課題。對這方面的認識，有助了解新約聖經所展示的崇拜原則，從而為今日的崇拜尋根，並建構更符合聖經原則的崇拜。

三、對教會合一的渴求。過往因著種種的傳統發展，以至產生了不同的崇拜神學和禮儀傳統。揉合崇拜運動的期望是如約翰福音十七章般，耶穌基督在禱告中所講的合而為一。這種對合一的訴求，不是要任何宗派揚棄自己的傳統，而是培養更寬廣的胸懷，去欣賞和擁抱別人的傳統特色。

四、揉合其他傳統的特色。教會嘗試在崇拜中，加入其他宗派傳統的特色。這不是說，教會要放棄一貫之傳統，完全採納新的傳統，而是在固有傳統的根基上加入一些新元素。由於每個宗派的傳統和個別堂會的文化不會完全相同，因此大家以不同的角度和空間來演繹和揉合新的事物，結果，崇拜越來越多樣化。

五、組織性（structure）與自發性（spontaneity）的整合。過往在禮儀傳統的教會，每個崇拜都有既定的程序和儀節。自由傳統的教會則強調即興、自發和隨聖靈感動而行事。揉合運動鼓勵兩者揉合。因此，禮儀、《公禱書》傳統的教會可能加入「敬拜讚美」的頌唱模式，自由傳統的教會也會遵循教會年曆的節期。

六、增加象徵符號的運用。向來被自由傳統所忽略的象徵符號，再次重新被採用。司職人員的法衣、幡旗、十字架、燭台和蠟燭、各類型的藝術表達方式，在自由傳統的教會崇拜中屢見不鮮。

美國《今日基督教》雜誌（*Christianity Today*）對教會音樂的一項調查顯示，1993年美國有超過50%的教會採用傳統音樂，但到2001年，採用傳統音樂的只有24%，另外有22%採用當代音樂，其餘的43%則採用兼容傳統與當代的揉合式音樂。[96]揉合的觀念不單是指崇拜中某一項目或內容，其理念可擴展至整個崇拜，以及崇拜的每一項元素。綜合上述的六個內容和特色，可得出以下供考慮的九個範疇和方向：[97]

一、揉合歷史與當代（historical and contemporary）

基督教的崇拜建基於聖殿、會堂及初期教會的敬拜傳統。今日的崇拜不可完全摒棄傳統，反而應以這些歷史傳統為基礎，但同時必須配合當代的文化與需要。

二、揉合秩序與自由(order and freedom)

舊約聖經的聖殿敬拜、獻祭禮儀是十分嚴謹的，完全按照神的指示而行(利八14～九22)。在哥林多前書十四章，保羅也提醒信徒「凡事都要規規矩矩的按著次序行」。可見崇拜的秩序十分重要。但聖經也有不少例子讓我們看到，神是不可預知的，例如神在荊棘裏的火燄向摩西顯現，以賽亞則在煙雲中遇見神。今日的敬拜應在秩序與自由之間求取平衡。

三、揉合語言與象徵(verbal and symbolic)

西方教會的崇拜以文本為依歸，以語言作為傳遞神道的主要方式。東正教會卻顯示了象徵、圖象等表達方式的可貴及重要性。其實西方教會不應對象徵感到陌生，因為主餐禮和浸禮正是很好的例子。今日的崇拜應嘗試兼容和整合語言與象徵。

四、揉合理性與奧秘(rational and mystical)

敬拜需要運用理性，好叫我們能「察驗何為神的善良、純全可喜悅的旨意」(羅十二2)。但敬拜不能單靠理性，因為「耶和華説，我的意念非同你們的意念，我的道路非同你們的道路」(賽五十五8)。真正的敬拜要同時具備理性與非理性的情操。

五、揉合外在與內在敬虔(inward and outward piety)

信徒不單要有內在的敬虔，例如禱告、禁食、自省等操練，也要把內心的敬虔實踐出來，表達對別人的關懷、愛顧和憐憫。敬拜應同時在這兩方面向信徒作出挑戰。

六、揉合呈獻與領受(giving and receiving)

舊約的敬拜讓我們明白呈獻的重要性，但敬拜也可理解為神人之間的對話。在崇拜中，人透過話語的宣講和宣讀更多明白及領會神的心意。因此，呈獻與領受兩方面應有所平衡。

七、揉合安慰與衝擊（comforting and disturbing）

在崇拜中，信徒可得到從神而來的安慰，神對人的赦免也帶來莫大的釋放。但真正的敬拜也帶來神的呼召：「我可以差遣誰呢？誰肯為我去呢？」我們要向神回應：「我在此，請差遣我！」這需要很大的勇氣，在生活上作多方面的調校。真正的敬拜不單能賜給人安慰，也能帶給人衝擊與挑戰。

八、揉合現在與將來（present and future）

有人形容，今日在地上的崇拜是未來天家崇拜的綵排。真正的敬拜不單著眼於此時此刻，更應展現將來那永恆的屬天盼望。正如使徒約翰在啟示錄五章13節所描述的景象：「我又聽見在天上、地上、地底下、滄海裏，和天地間一切所有被造之物，都說：但願頌讚、尊貴、榮耀、權勢都歸給坐寶座的和羔羊，直到永永遠遠！」

九、揉合個人與羣體（individual and corporate）

在高舉個人主義的文化下，崇拜的羣體性往往受到忽略。真正的敬拜，既是個人性的——個人與神的關係無可取代，也是羣體性的——集體見證我們是被召的一羣。在崇拜中，個人與羣體的觀念必須兩者兼備。

總括而言，以上九個方向期望達至一個非兩極化的平衡。今日，揉合崇拜運動要推動的是如何避免分化、對立、排斥，學習彼此融會、接納、欣賞，務使崇拜成為榮耀神和造就人的經驗。

## 敏於尋道者聚會

嚴格來說，敏於尋道者聚會（seeker sensitive service，或稱「尋道者聚會」〔seeker service〕）不是崇拜的一類，但由於這些聚會的特色被不少教會運用在崇拜中，所以在此略述這類聚會的起源及特色。

美國伊利諾州芝加哥西北的柳溪社區教會（Willow Creek Community Church）被視為是在這十多年間，不只對北美，甚至是全世界都具有相當影響力。從1988年開始，由柳溪教會所舉辦的基督徒領袖訓練和講座，吸引了成千上萬來自世界各地的信徒和教會領袖參加。柳溪教會對教會的影響之一，就是它的「敏於尋道者」運動。[98]

甚麼是「敏於尋道者」？根據柳溪教會創辦人凱柏斯（Bill Hybels）形容：「簡言之，期望透過這運動，提高眾教會的警覺性，令它們意識到今日的教會已失去傳福音的果效多年，它們必須正視和設法改善。」[99]認同「敏於尋道者」運動的教會認為，今日的教會生存在一個自我封閉的情況，信徒和屬世的非信徒生活在兩個截然不同的文化中。基督徒羣體有自己的一套語言、文化、英雄、書籍、音樂，是非信徒難以理解和進入的。因此，基督徒若要接觸這些未聞福音的羣體，教會必須改變固有的文化。[100]這些教會嘗試了解非信徒日常生活的模式，例如探討他們的音樂喜好、生活困難、人生觀點、對婚姻和性的立場等。為了清楚掌握資料，教會要運用市場調查的方法，例如家訪、問卷調查、電話調查等，了解教會附近居民的情況。然後，按他們的需要設計聚會的內容。為了減少參加聚會者對教會的抗拒，聚會時間多數在非週日的傳統崇拜時間。聚會的場地盡量佈置成看來不像一般教會的模樣，減輕從沒有踏足教會者對教會建築物的恐懼感和陌生感。聚會的模式通常是以唱詩歌開始。為了讓參加者容易投入，盡量採用流行音樂風格的音樂。傳統崇拜的講道以清談（talk show）和問題解答形式代替。講員衣著簡單隨便，許多時是牛仔褲襯衣。講話時手拿麥克風，坐在酒吧用的高椅（high chair）上。為了讓參加者更投入，除上述項目外，常加上話劇和多媒體的方式，例如短片或電影片段。聚會的氣氛盡量保持輕鬆，務求參加者感覺輕鬆自在，沒有任何壓力。

以上所述是敏於尋道者的聚會，這些是「聚會」而不是崇拜。凱柏斯本人也同意，聚會不是要取代崇拜。即使如此，今日有很多教會的崇拜都受「敏於尋道者」的觀念所影響。不少教會基於種種原因，雖然不會完全模仿柳溪教會的做法，加設敏於尋道者的聚會，但這些教會卻認同柳溪對傳福音的理念，並嚮往柳溪教會聚會人數的增長。因此，它們採納了柳溪的某些做法，例如在崇拜中選用更多流行曲風格的音樂、講道的主題和內容更生活化、崇拜氣氛盡量輕鬆和不拘謹。另有教會為求了解會眾的意見，以問卷的方式調查會眾對崇拜的意見和期望，設計一些迎合會眾的崇拜模式和內容。為的是崇拜時間不只讓信眾敬拜神，也可藉崇拜提供傳福音和外展的機會，使崇拜能收一石二鳥的功效。

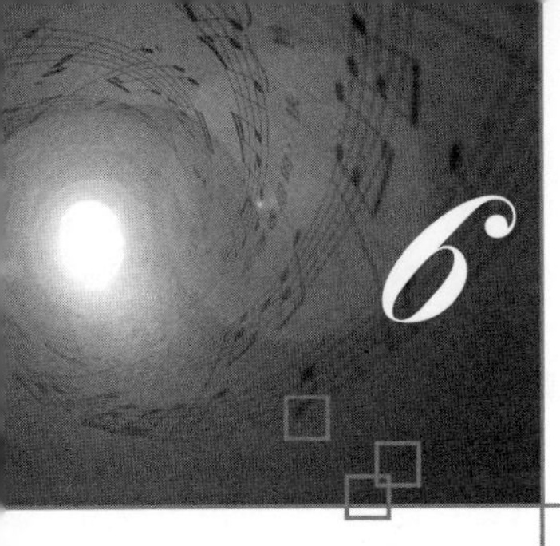

# 6 聖經中的音樂

從創世以來，音樂一直都扮演重要的角色，「我立大地根基的時候，你在那裏呢？你若有聰明，只管説吧！……那時，晨星一同歌唱；神的眾子也都歡呼。」(伯三十八4、7) 在這段經文中，音樂是有慶典的形象。[1] 音樂在猶太人的歷史中源遠流長，可以説是和他們的生活息息相關；不論是日常生活、出生、死亡，都會用音樂。聖經有關音樂的記載，我們都應以這樣的角度去了解。[2] 歡迎或送行的儀式(創三十一27)、婚嫁或殮葬的儀式(耶七34)、上戰場前或戰勝歸來的歡迎會上，都會用音樂(士三十34；賽三十32)。三千多年悠悠希伯來的歷史裏，音樂是日常生活和崇拜的一種表達方式，而聖經有不少早期崇拜的音樂之描述。

音樂常讓人聯想到神臨在的感覺。[3] 在所羅門獻聖殿的記載中，神喜悦人感謝和讚美的聲音，因此祂的榮光臨在(代下五12～14)：

> 他們出聖所的時候，歌唱的利未人亞薩、希幔、耶杜頓，和他們的眾子眾弟兄都穿細麻布衣服，站在壇的東邊，敲鈸、鼓瑟、彈琴，同著他們有一百二十個祭司吹號。吹號的、歌唱的都一齊發聲，聲合為一，讚美感謝耶和華。吹號、敲鈸，用各種樂器，揚聲讚美耶和華説：耶和華本為善，他的慈愛永遠長存！那時，耶和華的殿有雲充滿，甚至祭司不能站立供職，因為耶和華的榮光充滿了神的殿。

古代以色列人的音樂可以說是實用性的藝術，聖經記載的第一位樂師猶八是音樂的祖師，也是銅匠鐵匠的祖師。[4]「亞大生雅八；雅八就是住帳棚、牧養牲畜之人的祖師。雅八的兄弟名叫猶八；他是一切彈琴吹簫之人的祖師。」(創四20～21)形容音樂是功能性和實用性，並不是把音樂貶為只有實用的價值而沒有任何美感。這個形容只是指出，音樂與人類的緊密關係。我們祈禱或跳舞用音樂，我們哭泣、唱口哨、低哼、唱催眠曲都和音樂扯上不可分割的關係。音樂在日常生活中，就是如此自然，沒有半點表演的成分或心態。[5]在人類大部分的歷史中，宗教的文本(text)都透過唱誦，而不是文字記述的。各類不同宗教的傳統和表現，音樂在其中都佔有重要的地位。[6]在各重要的場合，音樂成為一種表達的方式。由於猶太人生活的每一部分都和宗教有關，因此所有猶太人的音樂都可稱得上是「聖樂」。[7]在早期的猶太傳統中，音樂傳統都有自發性和歡笑作樂的特質，但隨著利未支派專職負責音樂的事奉，音樂就變得嚴謹和公式化。[8]聖經中的詩篇是來自不同時期的猶太歷史文化，加上在出埃及被囚得釋放中所作的頌歌。會堂的音樂是由領唱者帶領，包括會眾的參與一同頌唱。新約的路加福音記載了多篇與基督降生有關的頌歌。根據保羅的教導，教會的羣體可以用詩章、頌詞和靈歌等多類型的音樂來一同頌唱。[9]

# 舊約的音樂

## *在不同場合中的音樂*

有關音樂和跳舞的記載，在舊約中比比皆是。在聖經的早期歷史中，音樂大都與社交的吃喝玩樂、戰爭、魔術咒語和崇拜有關。[10]第一個和音樂有關的記載是關乎家族的聚會：「你為甚麼暗暗地逃跑，偷著走，並不告訴我，叫我可以歡樂、唱歌、擊鼓、彈琴送你回去？」(創三十一27)這段經文讓我們明白，由樂器伴奏的歌唱形式是送行儀式的一部分。

另一個有關音樂的記載是與感恩讚美有關的。當以色列人成功脱離埃及軍兵的追趕，從法老的管轄中被釋放後，摩西和姊姊米利暗便帶領羣眾唱出讚美感恩的勝利之歌：「那時，摩西和以色列人向耶和華唱歌説：我要向耶和華歌唱，因他大大戰勝，將馬和騎馬的投在海中。……亞倫的姊姊，女先知米利暗，手裏拿著鼓；眾婦女也跟他出去拿鼓跳舞。米利暗應聲説：你們要歌頌耶和華，因他大大戰勝，將馬和騎馬的投在海中。」(出十五1、20～21)

這次的音樂活動有男有女，有歌唱和樂器，還有舞蹈。當中所誦唱的詩歌是舊約中，特別是詩篇裏常出現的對耶和華神的讚美。[11] 神的拯救所帶來的歡欣快樂，引發人民禁不住要向神發出讚美與感恩的歌聲。這些讚美的歌聲，代表了敬拜者在數算神的奇妙作為時，向神所發出的感恩之聲。[12]

音樂也可在工作、收割、挖井、宴樂和玩樂等場合中出現：

> 從肥美的田中奪去了歡喜快樂；在葡萄園裏必無歌唱，也無歡呼的聲音。踹酒的在酒醡中不得踹出酒來；我使他歡呼的聲音止息。（賽十六10）
>
> 當時，以色列人唱歌説：井啊，湧上水來！你們要向這井歌唱。這井是首領和民中的尊貴人用圭用杖所挖所掘的。（民二十一17～18上）
>
> 他們在筵席上彈琴，鼓瑟，擊鼓，吹笛，飲酒，卻不顧念耶和華的作為，也不留心他手所做的。（賽五12）

以賽亞書二十七章2節和耶利米書四十八章33節也同樣記述在收割時，人們一起歡呼歌唱。耶利米書七章34節也談到音樂在婚宴中出現：「那時，我必使猶大城邑中和耶路撒冷街上，歡喜和快樂的聲音，新郎和

新婦的聲音，都止息了，因為地必成為荒場。」(耶七34)

舊約讓我們看到音樂也用於慶祝戰爭凱旋歸來的場合：

> 七個祭司要拿七個羊角走在約櫃前。到第七日，你們要繞城七次，祭司也要吹角。他們吹的角聲拖長，你們聽見角聲，眾百姓要大聲呼喊，城牆就必塌陷，各人都要往前直上。(書六4～5)
> 大衛打死了那非利士人，同眾人回來的時候，婦女們從以色列各城裏出來，歡歡喜喜，打鼓擊磬，歌唱跳舞，迎接掃羅王。眾婦女舞蹈唱和，說：「掃羅殺死千千，大衛殺死萬萬。」(撒上十八6～7)

在膏立帝王的重要日子，音樂也擔負重要角色：

> 祭司撒督就從帳幕中取了盛膏油的角來，用膏膏所羅門。人就吹角，眾民都說：「願所羅門王萬歲！」眾民跟隨他上來，且吹笛，大大歡呼，聲音震地。(王上一39～40)

音樂也用作消除疲勞和醫治精神困擾。根據聖經的記載，掃羅被惡魔纏身，但藉著大衛的琴聲，掃羅便感到暢快，這可以說是音樂治療的一個早期記載：「從神那裏來的惡魔臨到掃羅身上的時候，大衛就拿琴，用手而彈，掃羅便舒暢爽快，惡魔離了他。」(撒上十六23)

由於很多詩篇都是以啟應的格式撰寫，因此對應唱和的形式，可能是舊約中唱歌的規範。[13]詩篇都是以對應唱和(antiphonal)的形式誦唱或背誦：領會者(祭師或利未支派)先行唱出經節的前半部，會眾跟著重覆所唱的部分或誦唱經節的下半部分。[14]例如詩篇十五、二十四和一三六篇：

> 耶和華啊，誰能寄居你的帳幕？誰能住在你的聖山？就是行為正直、做事公義、心裏說實話的人。（詩十五1～2）
> 誰能登耶和華的山？誰能站在他的聖所？就是手潔心清、不向虛妄、起誓不懷詭詐的人。（詩二十四3～4）
> 你們要稱謝耶和華，因他本為善；他的慈愛永遠長存。你們要稱謝萬神之神，因他的慈愛永遠長存。你們要稱謝萬主之主，因他的慈愛永遠長存。（詩一三六1～3）

不過，當然也會用不同形式的誦唱，例如獨唱（撒下二十三1）、合唱（出三十二18～19；代下二十21）或有樂器伴奏的誦唱（出十五20～21；詩一四九1～3）。

舊約的音樂傳統可分為兩類，一是自發和歡笑作樂的，另一是嚴肅和專業的。[15]第一類音樂可以從上述例子看到，第二類較嚴肅和專業的音樂是專為聖殿的崇拜而設的，這類音樂由大衛創立，他是一個音樂家和聖詩作家。

## 聖殿裏的音樂

根據歷代志上的記載，約在公元前1040年，大衛指派利未支派承擔音樂和禮儀的職務：「大衛吩咐利未人的族長，派他們歌唱的弟兄用琴瑟和鈸作樂，歡歡喜喜地大聲歌頌。」（代上十五16）歷代志上二十五章詳細羅列了編制和人數，這些聖殿的聖樂人員是專職祭司，都有嚴格的音樂訓練，按恩賜各司其職（十五22）。這些專職音樂事奉者都要謹守、自潔。大衛對他們說：「你們是利未人的族長，你們和你們的弟兄應當自潔，好將耶和華以色列神的約櫃抬到我所預備的地方。」（十五12）猶太人的詩班由最少三位指揮和作曲家所領導，他們分別是亞薩、希幔和耶杜頓，[16]詩班的唱誦有樂器作伴奏：

> 他們出聖所的時候，歌唱的利未人亞薩、希幔、耶杜頓，和他們的眾子眾弟兄都穿細麻布衣服，站在壇的東邊，敲鈸、鼓瑟、彈琴，同著他們有一百二十個祭司吹號。吹號的、歌唱的都一齊發聲，聲合為一，讚美感謝耶和華。吹號、敲鈸，用各種樂器，揚聲讚美耶和華說：耶和華本為善，他的慈愛永遠長存！那時，耶和華的殿有雲充滿。（代下五 12 ～ 13）

在三百多年後希西家統治的時代，利未人仍按照當年大衛的指示，在聖殿中專職負責音樂的服事：

> 王又派利未人在耶和華殿中敲鈸，鼓瑟，彈琴，乃照大衛和他先見迦得，並先知拿單所吩咐的，就是耶和華藉先知所吩咐的。利未人拿大衛的樂器，祭司拿號，一同站立。（代下二十九 25 ～ 26）

即使是再過三百年，以色列人經歷被擄和聖殿重建後，利未支派又再恢復他們在聖殿的供職。從大衛時代已有的音樂供職傳統，一直流傳至公元70年聖殿被毀之時期。[17]「耶路撒冷城牆告成的時候，眾民就把各處的利未人招到耶路撒冷，要稱謝、歌唱、敲鈸、鼓瑟、彈琴，歡歡喜喜地行告成之禮。」（尼十二27）

大部分聖經的學者都同意，聖殿的音樂是由祭司專職負責，[18]猶太人信眾主要只是作旁觀者，但有時他們也會加入，以「阿們」和「哈利路亞」作回應，或加上像詩篇一三六篇的「因他的慈愛永遠長存」形式的應對唱和。在掃羅政權建立以前，音樂的演奏主要是由婦女負責，這情況普遍存在於大多數的文化族羣。帶領音樂的人物，例如米利暗、底波拉、耶弗他的女兒，以及歡呼迎接大衛戰勝歸來的婦女（撒上十八6～7），都是典型的例子。不過，隨著聖殿及皇宮專職負責音樂的供職設立後，女性在音樂上的地位日漸息微。[19]

## 會堂裏的音樂

無人知道會堂崇拜的起源，有些聖經學者同意，會堂的崇拜源於以色列人被擄至巴比倫的時期，但也有學者推測，當耶路撒冷舉行聖殿的敬拜與獻祭的同時，在巴勒斯坦的偏遠地區，一般民眾已舉行會堂式的崇拜。[20]聖殿與會堂的相互關係，就好像今日的總教堂(cathedral)與地區教堂(parish church)的關係一樣。簡言之，聖殿的崇拜隆重又禮儀化，會堂的崇拜則較簡單。大部分猶太人只能每年前赴聖殿敬拜三次，其餘時間則由會堂肩負崇拜與教導的責任。[21]

會堂的敬拜主要集中於神的話語上：先是誦讀，然後是討論。雖然沒有肯定的證據和結論指出會堂的崇拜有沒有運用音樂，但一般聖經學者都相信，會堂的崇拜也有音樂的成分。猶太人能夠把詩篇銘記心中，因此自然成為會堂崇拜的屬靈棟樑。會堂的音樂主要是視乎不同地區的情況而定。[22]會堂崇拜的歌唱可能是由那些被擄至巴比倫，但仍然沒有停止歌唱操練的利未人所引進的。[23]

## 詩篇

詩篇可説是「聖詩」集，可以作頌唱，並有禮儀的特色。[24]希伯來文稱詩篇為 *Tehillim*，意思是「讚美的詩歌」(Hymns of Praise)。「詩篇」一詞源自希臘文 *psalmos*，意即「詩篇」、「讚美的詩歌」，因此詩篇也稱為以色列人的詩歌集(hymnal)。[25]詩篇不但是舊約的詩歌集和以色列人之歌，它也是「教會之歌」。[26]從所謂「第二聖殿詩歌集」(Hymnal of the Second Temple)中，詩篇讓我們了解古代以色列人在與神同在和離棄神的光景中，如何回應神。[27]

猶太人不論在聖殿和會堂的崇拜中，以及私下的靈修生活上，也會用詩篇。詩篇的內容是有關生命，詩人向讀者揭示人類生存的崇高目的，說：「願我的性命存活，得以讚美你。」(詩一一九175)[28] 人生的主要目的和意義是讚美神，詩篇和音樂讓我們明白人生的優先次序。[29]

詩篇150篇的寫作年期差不多橫跨10個世紀。當中包括詩篇九十篇的摩西之歌，約寫於公元前2000年的中或後葉。還有在被擄後約公元前539年期間所寫的詩篇一四六篇。[30] 詩篇是由多位作者的作品集合而成的文集，就像妥拉(Torah，即摩西五經)一樣，詩篇也可分為五大部分：一至四十一篇、四十二至七十二篇、七十三至八十九篇、九十至一〇六篇、一〇七至一五〇篇；每一部分由一首讚美歌作結(詩四十一13，七十二19，八十九52，一〇六48，一五〇篇)。[31]

詩人在人生不同的處境下有感而發，寫下這些詩篇，有些是歷史性的(詩 三篇)、有些是禮儀性的(一二一篇)、有些描繪個人在屬靈歷程中的人生反省(五十一篇)。[32] 不過，它們都傳遞一個清楚的信念，就是神親近和眷顧祂的子民。詩篇表達作者對這位既是超乎萬物的創造主，又是君王和慈愛的天父之神的確實之愛。詩篇的言詞親切，簡單直接，令人鼓舞，觸動人心，能引發讀者情感上的共鳴。它們生動而有力地表達詩人對以色列的神，他們的拯救者堅定不移的信心和盼望。當面臨意志消沉和失望的光景時，詩人不但不會因此絕望，反而更確信神的拯救永不落空。[33]

詩篇主要提供了三種敬拜的表達：讚美、哀悼和感恩。[34] 讚美的詩篇是頌讚神在歷史和自然界的偉大作為和奇工，例如詩篇八、九十五至一百篇。哀悼的詩篇，不論是個人或羣體的，都表達當神離棄祂的子民時，人們所體會到的悲傷與痛苦，詩人坦率表達對神的懷疑，並懇切祈求神在絕望的處境中施下恩典與慈愛，例如詩篇三至七、七十九和八十篇都是這類詩篇。[35]至於感恩的詩篇，大都是感謝神在某事上特別的恩典與拯救，可以是個人或羣體的，例如詩篇十八、一〇七和一〇八篇等。從詩篇的寫作格式，我們可以推論頌唱詩篇的形式。詩篇主要是以分節或平行對應的形式撰寫，加上反複句(refrain)和「哈利路亞」歡呼語句，顯而易見，詩篇大都是以啟應(responsorial)或對應唱和的形式頌唱。[36]

詩篇可以至少用四種不同的方式表達。[37]第一類是簡單的單人獨唱，例如詩篇四十六篇。第二類是啟應的詩篇，由獨唱啟，詩班應，例如詩篇六十七篇1至2節。第三類是對應唱和的詩篇，詩詞的段落由同一句作開始或結束，由兩個詩班交替輪唱，例如詩篇一〇三篇1至2節。第四類是連禱(litany，一種對唱方式的禱文，先由領禱者説出短句，然後會眾不斷以相同的字句回應，例如「求主垂聽」，詩篇一一八篇的「他的慈愛永遠長存」是一例子)，由反複句作結束，例如詩篇八篇1至3節。

部分詩篇附有標題，而這些標題都與音樂有關，提示詩篇的性質、目的和彈奏方式。其中一些詩篇稱為詩歌，乃是翻譯自希伯來文的*mizmor*，例如詩篇七十八和八十七篇，指一些有樂器伴唱的歌。至於詩篇三十二篇的*maskil*和詩篇五十六篇的*miktam*意思不詳。某些提示和音樂的彈奏方式有關，例如詩篇四篇的*neginoth*，意即用絲絃的樂器伴奏，而詩篇五篇的*nehiloth*是指用吹奏的樂器。詩篇五十四和八十八篇的*mahalath*可能是指一種舞蹈的節奏。此外，在這些標題中也可找到一些通行的舊歌名稱和起首的歌詞，例如詩篇二十二篇的「調用朝鹿」或詩篇四十五篇的「調用百合花」，是要求唱者以這些旋律來頌唱這篇詩篇，這是舊曲新詞的做法。「細拉」(*selah*)這個經常在詩篇中段或結尾出現的字，也極可能是彈奏的提示。雖然這個字的意義不詳，但根據〈七十士譯本〉，這個字可推測是唱歌中的稍停頓點，以敲響銅鈸作提示。[38]

以後猶太和基督教的崇拜都採用了詩篇作頌唱的材料，而詩篇也成了日後聖詩創作的一個寶庫。詩篇可以說是以色列民對這位自我啟示的神的回應，但對現代的敬拜者來說，它是真摯對神的崇拜。詩篇帶領人經歷和體會人生絕望的低谷，也與人遨翔人生的高峯，與追求真道者一同景仰神的偉大。簡單說來，透過這些偉大的作品，我們學懂如何禱告。[39]

## 樂器

聖經大部分有關樂器的資料都是來自其他文學作品：經文及其早期譯本、拉比的描述和意見、早期的教父和古典文學的作者。其餘的資料則來自考古學的發現。[40]迄今約有七百多件有關樂器的圖畫和真正樂器的殘骸，已被發掘出土。對於這些出土民物的詳細研究和數字統計，我們可推斷古代的以色列和巴勒斯坦已有樂器存在。[41]就像其他遠古文化，希伯來人的樂器主要分為三類：絲絃樂器、吹奏樂器和敲擊樂器。

## 絲絃樂器

絲絃樂器普遍在那些較高文化水平和較定居的族羣中找到。以色列人從埃及人那裏學懂使用絲絃樂器的可能性，較他們自己發明的可能性為高。[42]

希臘古豎琴(kinnor)是抱琴(lyre)的一種，是近東文本中常提及的一種樂器。[43]它是早期專業音樂活動的象徵(創四21)，見於不同場合，由讚美神(詩一五〇3)、先知的活動(撒上十5)、悲痛的時刻(伯三十31)以至一般的慶典活動(創三十一27)。[44]這也是年輕的大衛用來幫助掃羅除去心魔所彈奏的樂器(撒上十六23)。希臘古豎琴由檀香木製造(王上十11～12)，有7至10條幼絃線，用一個撥子彈奏(撒上十六16)。[45]它被視為是希伯來人的「國家樂器」，因為它是希伯來人最偉大的君王和英雄大衛最心愛的樂器。[46]

大型的豎琴(Nebels)最初由樅木做成，後來則改用檀香木製造。[47] 這件樂器常和抱琴相提並論。它有兩種不同的形狀：一種是有一個垂直共鳴箱，尖角形狀的豎琴。另一種是和抱琴相似的，卻有一個皮製的共鳴箱。[48] 這樂器由利未人在崇拜(代上十三8，十五16，二十五1；詩一五〇3)、戰勝慶典(代下二十28)或興奮狂歡的場合(撒上十5；賽五12)中彈奏。[49] 但以理書三章5節提及還有兩類絲絃的樂器，分別是斯百琴(sabeca)和基搭拉琴(kithara)，相信是巴比倫的樂器。[50]

## 吹奏樂器

肅法(shophar)或羊角號可說是在經文中常提及的樂器，也是惟一仍在會堂使用的古老樂器。這是一件簡單的樂器，只能奏出數個音符，通常用作信號，特別是在戰爭(士三27；尼四18～20)或國慶中使用(王上一34；王下九13)。[51]

小號(Khatsotsrah)由銀或銅打做而成(民十2)，主要由祭司吹奏，在聖殿的聚會(王下十二13)、加冕典禮(代下二十三13)、建築聖殿(拉四10)或與神起誓(代下十四14)等場合使用。[52]

笛(Khalil)是單簧或雙簧的樂器，猶如今日的單簧管或雙簧管，主要在興奮狂歡(撒上十5；王上一40)或哀傷的時候使用(耶四十八36)。[53] 簫(ugab)是一種直笛，用於讚美(詩一五〇4)、歡慶(伯二十一12)或悲傷的時候(三十31)。[54]

## 敲擊樂器

沒有叮噹小鈴的小形搖鼓(toph)，[55] 主要用作伴奏唱歌和跳舞(詩一四九3)或狂歡作樂(撒上十5)。其他的鼓則在宴會(詩八十一2)、禮儀行列(撒下六5)或慶典(創三十一27)中使用，但明顯這樂器沒有在聖殿敬拜中使用。鼓一般是由女性打奏，可作獨奏的樂器，也可為舞蹈作伴奏。[56] 搖鼓(metsiltayim，代上十三8)、響板(sistra，撒下六5)、三角(shalishim，撒上十八6)、小鈴(pa'amonay，出二十八33～35)等樂器都在舊約中被提及。

## 新約的音樂

新約有關音樂的經文明顯較舊約少。新約的經卷主要描述初期教會的活動，在歷史的進程中，這只是約70年的時光。在福音書和使徒書信裏，對於聖殿禮儀和崇拜的描寫著墨不多。有證據顯示，早期教會沿用會堂崇拜中音樂的傳統做法。[57]雖然新約對於有關崇拜音樂的記載不多，但肯定的是，早期教會承襲了猶太教頌唱詩篇的傳統。[58]

我們必須明白，早期的基督徒是猶太人，如果他們住在耶路撒冷，就會仍然如使徒行傳二章46節所記載，每天前往聖殿，這情況一直維持到公元70年聖殿被毀。在這段期間，當中有一大班的利未樂師帶領音樂，他們可能採用詩篇和詩篇類的歌曲，例如底波拉之歌(士五章)或摩西之歌(出十五1～18)。與會者可能憑記憶背唱這些歌。在聖經以外的記載裏，也有提及早期基督徒的歌唱活動。[59]

除了傳統聖殿和會堂的音樂，新約也提到音樂是巴勒斯坦人和希臘人日常生活中不可或缺的部分。[60]隨著時間的改變，利未樂師已逐漸解散，會堂又禁止使用樂器，於是唱頌邁向一個新的發展。我們假設崇拜中有唱歌，例如經課和祈禱，都是由人頌唱的。會堂的唱頌與聖殿的最大分別，就是只准許使用羻法這樂器，但也只是用作信號。[61]基督教崇拜禮儀的起點，不是在經卷或猶太人的聖殿，而是會堂。早期基督徒羣體借用了會堂的一些音樂內容和慣例，同時也用了一些猶太聖殿的音樂格式，例如頌歌、回應和反複句。[62]新約也有講述在不同場合的歌唱活動。耶穌和祂的門徒在前往橄欖山前，一起唱詩（可十四14）、每日守主餐時信徒也會唱詩（徒二46～47）、保羅和西拉在獄中唱詩（十六25），以弗所書五章19節和歌羅西書三章16節都鼓勵信徒向神感恩和讚美。毫無疑問，早期的基督徒繼承了前人向這位行奇事的神獻上感恩頌聲的歌聲。舊約的詩篇和詩歌，從基督徒的口中演繹過來。雖然我們無法知道保羅和西拉在獄中所唱的是哪類詩歌，但憑常理推論，我們絕對有理由相信，當人面對極大的困難與痛苦時，口中所唱的必定是他耳熟能詳的詩歌，因此，當時充滿整個監獄的詩歌必然是舊約的詩篇。[63]

## 頌歌

因應耶穌基督的臨世，教會歌唱頌歌。「頌歌」一詞形容聖經裏用來唱頌的經文，[64]它們是一些與詩篇相類，卻不是出自詩篇的經文（因此，頌歌不只可在新約找到，也可在舊約找到，例如出埃及記十五章1至18節，約拿書二章）。[65]就像詩篇一樣，頌歌的內容也集中於歌頌神的大能奇事和得勝事蹟。上述特色在新約時期信徒羣體所唱的頌歌尤其顯著，但這時所唱頌歌的內容是集中在基督的身上。[66]其中六首頌歌尤其重要，有四首稱為「嬰孩頌歌」（infancy canticles），分別記載在路加福音：尊主頌（*Magnificat*）、祝福頌（*Benedictus*）、榮耀頌（*Gloria in Excelsis Deo*）和西面頌（*Nunc dimittis*）。[67]路加福音這些頌歌都以詩篇的格式寫成，名稱是來自它們拉丁文歌詞的首字。[68]

「尊主頌」（路一46～55）表達了個人的喜樂和感恩，同時也象徵以色列民對神的感恩，感謝神救贖的應許藉耶穌基督道成肉身得以實現。[69]這頌歌以撒母耳記上一章2節和二章1至10節中哈拿之歌作模範。[70]馬利亞在探望親戚伊利莎白時唱出這首喜樂之歌，她讚美神，因神在她身上施行奇事，感謝神顧念她的卑微，也記念神成就了在遠古時對亞伯拉罕許下的應許。

「祝福頌」(路一68～79)又稱為「撒迦利亞頌」。祭司撒迦利亞因為不相信在年老時會得約翰為兒子，神使他突然不能説話。在約翰出生後，撒迦利亞恢復説話的能力，便唱出這頌歌。這首詩歌唱述神在歷史中對人施予的拯救：始於對亞伯拉罕的誓約，延至大衛之家，以至透過施浸約翰為主基督預備道路。[71] 這首詩歌所表達救贖的觀念，與尊主頌相約。[72]

「榮耀頌」(路二14)是天兵和天使宣告耶穌基督降生這大喜信息的頌歌。在這刻，神在人類歷史的救拯聚焦在基督的身上。一如慣常用的希伯來格式，頌歌先是向神敬拜，然後向神感恩。[73]

「西面頌」(路二29～32)是公義又虔誠的西面於離世前在聖殿中遇到初生的耶穌時所唱的詩歌。西面代表眾教會説：「釋放僕人安然去世，因為我的眼睛已經看見你的救恩。」這救恩不單是為以色列民，更是「為萬民而預備」。[74]

教會以後在崇拜和頌唱這些頌歌，是十分合宜及能夠為信徒帶來屬靈的益處，因為詩歌內容提醒我們，神那不變和永不落空的應許，藉著基督得以實現。這正是我們信仰的根基，也是這些頌歌強烈表達的信息。[75]

## 詩章、頌詞、靈歌

當我們閱讀早期教會崇拜的記載時，可以觀察到這些崇拜已有別於聖殿和會堂的敬拜。其中最引人注目的是保羅分別寫給以弗所和歌羅西教會的兩封信：

> 當用詩章、頌詞、靈歌、彼此對説，口唱心和的讚美主。凡事要奉我們主耶穌基督的名常常感謝父神。(弗五19～20)
> 當用各樣的智慧，把基督的道理豐豐富富的存在心裏，用詩章、頌詞、靈歌，彼此教導，互相勸戒，心被恩感，歌頌神。(西三16)

從這兩段經文中，我們可以了解，崇拜不再是祭司和專職音樂師的專有職事，而是屬於敬拜羣體中的每一位。敬拜者不單著眼在神的身上，也要顧念身邊一同敬拜的會眾，而每一敬拜者也要參與。[76]保羅的信不單是給個人的，也是給基督信徒的敬拜羣體，保羅向我們肯定了早期教會是「歌唱的教會」這論調。[77]歌唱可說是歌羅西教會一種教導的方法，基督豐豐富富的道理，藉唱歌傳遞。神藉詩歌教導會眾，會眾也藉詩歌彼此勸戒。人有份參與推展神國度的福音。[78]

歌羅西書的詩章、頌詞、靈歌所指的是甚麼？這三個詞彙有不同的翻譯。若要區分這三者的異同頗為困難，現代聖經學者大都同意，它們代表不同類別的樂曲。詩章可能是依照舊約詩篇格律寫作的詩歌。頌詞可能是一些篇幅較長的作品，這些作品可能是新約中的一些經文。至於靈歌，可能是指在哥林多前書十四章15節提及的那些即興的，與說方言和靈禱有關的詩歌。[79]

不少研究指出，要清楚界定這三類樂曲十分困難。學者指新約、〈七十士譯本〉、亞歷山太的猶太作家斐羅（Philo）和猶太歷史家約瑟夫（Josephus）都不同意要在實用性的範疇上把三者區分。相反地，三者可以互換。由於區分之不可行，學者反而傾向接納詩章、頌詞和靈歌事實上是代表一些多元化的素材。這解釋其實也十分合理，要不然，保羅就不需用三個不同詞彙來形容當時的音樂活動。再者，當時歌羅西是一個多元文化的教會，當中混雜了猶太和非猶太背景的信徒，教會採用多元的音樂素材，也是合情合理。[80]

因此，詩章是泛指猶太教的崇拜、聖殿、會堂所常用的那些舊約詩篇和頌歌。頌詞是指一些新創作的詩歌，含有基督內容的新歌。靈歌可能是一些獨唱的詩歌，這些詩歌有即興的特色，在亢奮（ecstatic）的崇拜出現的所謂靈歌（singing in tongues）。[81]

保羅關注早期信徒可以在信仰羣體裏，彼此藉詩歌教導和勸戒，並藉詩歌表達感恩之情。從他所提及這三類不同的音樂，我們可以得出一個原則，就是任何類型的音樂，只要有果效和價值，都可以在教會中使用。[82]

在保羅書信中，有一些是以古希臘詩的格律寫成，順理成章，這些內容很快便被那些閱讀使徒書信的教會用作詩歌。[83]其中一首是一個簡單的信經或認信：

> 大哉，敬虔的奧秘！無人不以為然：就是神在肉身顯現，被聖靈稱義，被天使看見，被傳於外邦，被世人信服，被接在榮耀裏。（提前三 16）

另一段經文的例子可能是對應唱和的形式。

> 有可信的話說：我們若與基督同死，也必與他同活；我們若能忍耐，也必和他一同作王；我們若不認他，他也必不認我們；我們縱然失信，他仍是可信的，因為他不能背乎自己。（提後二 11 ～ 13）

如果我們把三一頌定義為以第三身向神發出的讚美，內容強調神的偉大無限，那麼1世紀的教會開發了很多自發和個人性的三一頌。[84]例子有：「因為萬有都是本於他，倚靠他，歸於他。願榮耀歸給他，直到永遠。阿們！」（羅十一36）；「那永遠可稱頌之主耶穌的父神」（林後十一31）；「願榮耀歸給我們的父神，直到永永遠遠。阿們！」（腓四20）和「但願尊貴、榮耀歸與那不能朽壞、不能看見、永世的君王、獨一的神，直到永永遠遠。阿們！」（提前 一17）。這些經文都是按照希伯來詩歌集的格律寫作而成。[85]

## 啟示錄的音樂

啟示錄有很了不起的崇拜概略。[86]啟示錄與其他新約經卷最大的分別，是它對禮儀和崇拜情景的幾個描繪。[87]就像是出色的小説家，啟示錄不只直述，更繪影繪聲地在觀眾眼前展現禱告和崇拜的方法。[88]當中末世的景象包含了不少令人興奮的音樂意象。[89]約翰用得最多的崇拜內容和形式的資料，主要是來自以色列的讚美：詩篇。尤其是約翰把詩篇九十五至一百篇的主題重新編寫，這些詩篇是歌曲集，慶賀從天而來的聖戰士，打敗地上諸神並登上王位。對於猶太人來説最震驚的是，啟示錄所描繪的天上崇拜，神是被宰殺的羔羊，卻被讚美、感恩和尊崇。[90]在啟示錄大部分的崇拜中，神或基督都被讚美，因為其所作的一切奇事，值得我們尊崇與讚美。[91]「哈利路亞！救恩、榮耀、權能都屬乎我們的神！」(啟十九1)是對神的歡呼與讚美。「哈利路亞」在新約裏只在這節經文中出現，它是英文的譯音，原文常在詩篇中出現，意即「讚美神」。「救恩都屬乎我們的神」是一個歡呼，因為神已戰勝並審判世上妄自尊大的王，祂將要掌權並作王。[92]

啟示錄的音樂和崇拜的最大特色，是欠缺對敬拜者的描寫與敬拜者的反省，崇拜的描述只集中在神的特性和祂所作的一切。[93]在對七災戲劇性高潮的描寫中，得勝者齊聲唱道：「唱神僕人摩西的歌，和羔羊的歌，説：主神全能者啊，你的作為大哉！奇哉！萬世之王啊，你的道途義哉！誠哉！主啊，誰敢不敬畏你，不將榮耀歸與你的名呢？因為獨有你是聖的。萬民都要來在你面前敬拜，因你公義的作為已經顯出來了。」(啟十五3～4)在舊約裏的摩西之歌(申三十二章)是一個咒詛，祈求神制裁與不忠之民所立的約。同樣地，在啟示錄中這「摩西與羔羊之歌」是對背叛的淫婦、迫害先知和聖徒的「巴比倫」(啟十八24)的前奏。最後，當巴比倫傾倒後，歡呼讚美之聲再起：「哈利路亞！因為主我們的神、全能者作王了。」(十九6下)[94]

在啟示錄中，聲樂和樂器的音樂以不同的組合出現，其中約可找到四種不同的組合：四活物的四重唱（啟四6～10）、二十四長老的詩班（四10～11，十一16～18）、千千萬萬天使的詩班（五11～12，十四2～3）和一個包括天地間一切被造物的詩班（五13）。樂器組也在啟示錄中出現：豎琴隊（五8）、小號隊（十八22）和長笛隊（十八22）。

在啟示錄中，詩歌和禮儀的慶典在宣告末日的事情以先，帶來了神的臨在與審判。同樣地，在早期教會歡慶神與基督的崇拜中，詩歌也讓神臨在敬拜羣體。歌頌是一個雙向的行動：人向神行動，神也向人行動。首先，人向神獻上讚美，然後神臨在人當中。當人以詩歌回應神，詩歌加上歌詞所產生的力量，喚醒了人的心靈，他們便經驗與體會神的真確與大能。詩歌在啟示錄中的功能，與在早期教會的功能相同。[95]

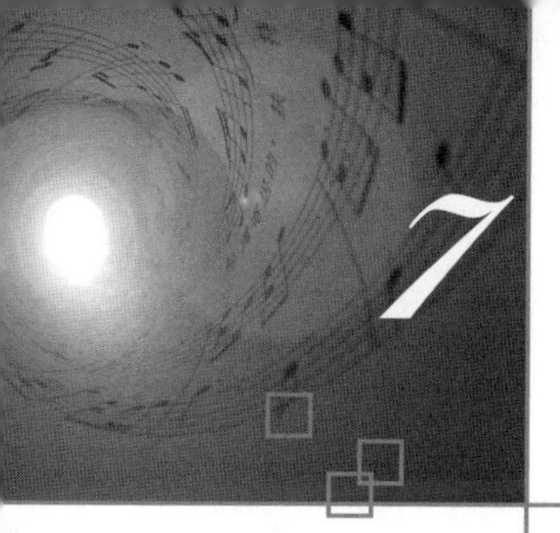

# 7 音樂的組成元素

有人說，人類有一與生俱來對藝術的渴求和需要。音樂是眾多藝術中最抽象的，需要透過演奏來傳遞。「音樂」(music)一詞源自希臘文的 μοῦσα，或更明確地說是來自 μουσικός，意指繆司女神(Muses)的藝術和技巧。繆司是古希臘神話中掌管學問和藝術的九位女神，本來這字是泛指和九位女神所掌管的一切和學問及藝術有關的事物，但後來演變成單指與掌管聖歌的神波莉希尼兒(Polyhymnia)有關之事物。[1]

音樂是聲音的一種，音樂是一門揉合技巧、情感和理性，把人聲或樂器的聲音轉變成有明確結構和關連的樂曲之藝術和學問。[2]音樂是組織有意義又有高低之聲音，在一規定的時間空間裏呈現。[3]透過旋律、和聲、節奏和音色的考慮，把有特定音高的聲音，建構成一個時空間的聲音之藝術形式。[4]從觀察人類的歌唱、低哼、吹口哨、點頭、輕拍和跳舞等行動，我們得悉對音樂的反應是人類最自然不過的行動，而音樂也順理成章滲透我們生活的每一角落。音樂可被定義為「聽覺的藝術」，藉潛移默化傳遞意義。[5]透過有組織的聲音，表達多樣的情感，為的是要感動人心。[6]由簡單的民謠至複雜的電子音樂都是音樂，由人手創作，與聽覺和概念有關，這些是古今不同時期和風格的音樂中存在的因素。不論東方或西方的音樂，都是多變化的藝術，可與文字結合，成為歌曲，也可與動作結合，形成舞蹈。[7]

有幾個音樂源起的理論，一說音樂源自人類因興奮而提升音韻之言談，另一說音樂源自求偶、雀鳥的鳴叫和自然界的聲音。有人說音樂來自集體勞動的節奏，也有人說音樂源自抒發內心情感的需要。正如亞里斯多德說：「決定音樂的特性殊不容易，但為何我們必需要知道？」[8] 無論如何，不容置疑的是在我們每個人體內都有可歌唱的聲帶，有可隨節奏擺動的身體，有聆聽能力和對樂音有想像力的腦袋。[9] 所有音樂都是神給人的恩賜。每個人都能唱、奏、跳或自由低哼他們心中的喜樂、盼望或讚美。[10]

音樂展現神創造裏的秩序與格式。作曲家佛漢威廉士(Vaughan Williams)說：「靠賴有秩序的聲音，音樂延伸至現實的極限。」[11] 音樂源自一個聲源：作曲者或演奏者利用任何器具所發出的響聲。[12] 欣賞和了解音樂由聆聽開始，如果無法聽到音樂，我們便無法了解音樂是甚麼模樣。我們也要緊記，音樂是美的經驗，讓聆聽者去享受和明白當中的意義。[13]

由於音樂在時空之間不斷移動和改變，因此較難讓聆聽者即時下一個客觀的分析。所以，音樂必須經重複聆聽，才能讓聆聽者明白及全然享受箇中的樂趣。雖然如此，藉著一些音樂的觀念和素材，我們仍然可以為音樂作客觀的分析。了解和明白音樂的第一步，就是認識這些音樂的觀念與素材，組成音樂的元素。現在，就讓我們討論這些元素。

## 旋律：音樂的線條

**旋律**(melody)是一線性的模式，以人聲或樂器，表達音樂的意念。[14] 它在組成音樂的元素中，能首先和直接吸引並感染人。海頓(Joseph Haydn)在二百多年前曾表示：「旋律是音樂的魅力，但也是最難創作的。一個優美的旋律是神來之筆。」[15] 我們能夠牢記、頌唱、吹哨子或低哼旋律，它是帶領我們穿梭於樂曲中的音樂線。雖然我們無法解釋箇中原因，但當我們聽到一個好的旋律時，都不期然會被其獨特的力量所感動。旋律就是情節，是一首樂曲的主題，牽引著整個故事的發展，正如作曲家柯普蘭（Aaron Copland）貼切的形容：「旋律是樂曲的一切（的全部）。」[16]

旋律是音樂裏動作的化身。透過旋律，聆聽者能單憑直接的洞察力，容易、清晰及準確地欣賞每首樂曲裏動作的特色。每個旋律的特色，取決於它的音區、音域、音符的分佈、旋律線的高低起伏和樂句的結構，以及上述各項與重複、對比、變奏和發展等範疇相互間之關係。[17]

旋律由一連串高低的樂音所組成，樂音的高低，以音響學上的頻率計算，頻率是聲音每秒振動的次數。[18]旋律可以簡單和直接，但也可以複雜和有大量的裝飾。旋律的樂音可以是順著音階級進，形成一個流暢而抒情的調子，既可以由跳進形式的樂音所組成，也可以兩者兼備。旋律可以是慢的，也可以是快的，可以是輕，也可以是重。一個慢而輕的旋律，給人一個寧靜和詳和的感覺，而一個響的旋律，能夠營造熱鬧歡樂的氣氛。我們不會以單一的音符去了解音符，必須從整條旋律線去了解一個音符，等於我們要從整句句子去了解一個字在其中的意義一樣。從這角度來了解，旋律是有方向和意義的。[19]

旋律組成樂句，樂句就如語言中的句子，[20]代表一組的意義。每樂句都有一停頓的地方，稱為**終止式**（cadence），就像句子的標點符號，點畫著音樂的流動。終止式常尾隨著簡短的寂靜，稱為**休止符**。旋律的造形，加上和聲及節奏，三者互相配合，才能產生終止式。[21]就以大家熟悉的調子〈快樂頌〉為例，第一句完結於一個上揚的樂句，帶有一個發問的語氣，跟著的一句停留於一個完整的終止式上，就像是給問題奉上完美的結論。兩樂句結合，產生了一個問與答的排列：第二句是源自第一句，並完成整句的意義。在這例子，我們看到有機組織的單位(organic unit)，這是藝術重要的概念。[22]

旋律有情緒的意義和心理上的暗示(implication)。一個旋律可以被形容為放鬆或緊張、沒精打采或充滿活力、愉快或憂鬱，旋律靠起伏來製造張力。從一個「旋律是幾何設計」的因素考慮，旋律有上升和下降，就像物理現象的物體移動與控制移動之力度的關係。從這觀念引發了一個音樂引力(musical gravity)的概念，讓我們明白一個自然的旋律動向是向下降，而一個向上升的旋律是意味著需要張力和能量。[23]

一個旋律的高點，也就是張力的頂峯，通常能帶給聆聽者強烈深刻的印象。旋律的高點也稱為音樂的高潮，為旋律線帶來目的與方向，營造了危機得以解決的效果。[24] 正如作曲家亨德密特(Paul Hindemith)説：「旋律清晰呈現作曲家個人性格和特色的元素。它是音樂傳遞上不可或缺的單位：是把作曲家的意念傳遞給聆聽者的直接攜帶者。」[25]

## 和聲：音樂的空間

兩個或以上的樂音同時發聲，就產生**和聲**(harmony)。[26] 和聲可以由垂直的和絃所產生，或由多條旋律線編織而成，也可以由上述兩種情況產生。旋律構成音樂水平橫向的狀態，和聲則構成垂直的狀態。和聲在旋律的活動上加上深度這空間。和聲與音樂的關係，就像透視(perspective)和繪畫的關係，能產生三度空間的印象，也就是音樂空間的印象。[27]

人們對於和聲的了解與運用，較旋律來得遲，直到16世紀中葉，和聲才成為建構音樂的主要元素。當一個人由結他伴唱時，我們便察覺到和聲的支援角色。當彈奏者在結他上彈錯和聲時，又讓我們明白旋律與和聲彼此統一、和諧的關係。旋律或和聲不會單獨個別運作，而是互相影響的。

音程與和絃的活動及兩者之間的關係，與和聲息息相關。音程是指兩個音之間的距離和關係。當兩個音分別發聲時，稱為**旋律音程**；當兩個音同時發聲時，稱為**和聲音程**。當我們談論和聲時，大都聚焦在和聲音程。三個或以上的樂音同時發聲，稱為**和絃**，最常見的是三和絃。三和絃有一特定的組合，當中包含一個根音、一個三音和一個五音。三和絃是建構音樂的基本組合，有一個音樂權威認為：「在音樂的世界裏，三和絃就像地心吸力，扮演了指引點、準繩和目標。」[28]

和聲一詞，其名稱和觀念來自古希臘的音樂，意思是把兩樣不同或對比的元素並列，這兩樣元素就是高音和低音，[29]這個詞彙不只用來形容樂音及和絃的組合，更代表一套操控它們結構和組合的原則。因此，和絃必須與其他和絃結合或產生關係，才變得有意義，意思是說，和絃必須有進行，一個接一個。因此，和聲意味著活動和進程。廣義來說，和聲代表一個樂曲裏整體樂音的結構和組合，目的是要使樂曲實現秩序和統一。世紀以來，音樂家致力使和絃進行變得有意義，為的是要達致上述目的。[30]

和絃可分為協和及不協和。不協和的和絃產生不安的效果，協和的和絃產生放鬆的效果；不協和營造活躍，協和營造安定、完成。不協和的和絃製造緊張，協和的和絃解決張力。和聲的進行就是由這種從活躍至安定的傾向動力所推動的。不協和為音樂引進張力，沒有不協和，音樂就變得枯燥和沉悶。音樂的不協和就像戲劇的懸疑與衝突，若沒有它帶來的緊張，鬆弛便失去意義。[31]

一切歷史上偉大的作曲家都會同意，以上對協和與不協和的概念。皮斯頓(Walter Piston)說：「不協和的重要素質是它帶來的活動。」史塔溫斯基(Igor Stravinsky)也有相似的論點：「不協和的音程或和絃，就像過度的元素，必須解決至一協和的音響上，才能滿足聽眾。」[32]和聲的結構不斷演變，多年來西方音樂的和聲系統不斷前進，普遍來說，音樂變得越來越不協和。這現象也不難了解，不協和的和絃初次聽來十分刺耳，但當人逐漸習慣時，便沒有那麼難聽。因此，每一代的作曲家都要不斷發掘更多不協和的音響，以達前人所能產生的效果。

## 節奏：音樂的時間

**節奏**（rhythm）的希臘文意思是流動，指音樂中受操控的時間活動。節奏是每個樂音所佔時值之規律。[33]樂音的時值、出現的頻率、規律與不規律的發音情況等因素，都影響每一樂段的節奏。[34]強、弱的規律，規劃了音樂上時間的週期，這是一個時間的藝術。[35]法國作家韋倫（Eugene Veron）説：「古代語言最重要的特色是節奏。音調和相似的終止式，若能規律地重現，能為兒童和野蠻人構成愉快的音樂形態。愈是強調節奏，他們就更喜歡，不單喜歡那種聲響，更喜歡那種動感。即使是最有文化的人，也無法擺脱節奏的操縱。」[36]

因為音樂是時間的藝術，所以樂曲的整體統一，以至每一微細部分都由節奏操控，節奏之重要，經常被作曲家所表揚。美國作曲家羅格賽興士（Roger Session）説：「對節奏充分的闡釋，已是為音樂下定義。」白遼士（Hector Berlioz）表示：「節奏是音樂的生命血脈。」德國指揮家畢羅（Hans von Bulow）引用像聖經首句的話説：「起初是節奏。」美國作曲家柯普蘭稱：「節奏是音樂中最原始的元素。」[37]

從廣義來説，節奏有強烈的「規律與分別」含義。我們很易在日常生活中找到節奏的例子：四季、潮汐、晝夜、生死及星際的運行。確實，整個人類的生活環境就由節奏的原則所操作。整個宇宙就是藝術，由節奏的原則來控制。建築的對稱比例、繪畫和雕塑的平衡組合、舞蹈的規律、詩詞的韻律等，都清楚展示人類對節奏的切實需要。但惟有在音樂上，節奏得到全面豐富地發揮。[38]

節奏與人類的機能和身體活動息息相關。我們的呼吸、步行、心跳都與時間和規律有關。我們聆聽接收音樂節奏的方式，與視覺上看見閃燈的方式相同，[39]這種規律性的跳動，稱為**節拍**(beat)，乃是節奏最基本的成分。節拍是我們跟著拍手或輕踏腳尖的事物。

雖然音樂的節拍平均分佈，但其中有一些較受強調。就像鐘錶的滴答聲，雖然應該是平均的，但我們的腦袋會傾向加上一兩個一組的規律。[40]這個傾向讓我們進一步了解人類的語言，自然把説話的每一音節和字詞組合，有些會被強調加重。在音樂裏，有些節拍較重，聲量較大，稱為**重拍**。重拍有規律地間歇重現：每隔一拍、三拍或四拍。聽起來是每兩拍、三拍或四拍一組，這種組合的規律稱為**拍子**(meter)，在樂譜上以拍號顯示。拍子是重輕節拍規律的組合。在這個規律框架下，節奏自由地流動。[41]

拍子告訴我們節拍的規律組合，但沒有提示節拍的快慢速度。**速度**(tempo)是指節拍的速度，音樂的流動牽涉拍子與速度。速度又有情緒的含意。[42]當我們興奮時，説話會加快，相反地，當我們失望時，説話會減慢。我們對音樂的速度，也會有生理和心理的反應。

音樂是時間的藝術，節奏是音樂活動藝術性的組合與結構。節奏將旋律與和聲結連：樂段之內有樂句，樂句之內有小節，小節之內有樂音。透過節奏，作曲家能實現時間的空間，猶如繪畫家、雕塑家和建築師所營造的空間。時間是音樂上關鍵性的空間，而它首要的法則是節奏。[43]

## 音色：音樂的色彩

**音色**(timbre 或 tone color)是不同的樂器或人聲所產生出來的聲音特質。[44]音色的差異讓我們能分辨小號和長號、女高音與男高音。每一種樂器或人聲都有獨特的音色，但一種樂器也能奏出不同的音色，以單簧管為例，高音尖銳通透，低音卻深沉濃郁。不同的樂器齊奏，又能產生不一樣的音色組合。音樂情感表達的意圖，與音色息息相關，兩件截然不同的樂器，例如長笛和長號，如果吹奏同一旋律，所產生的效果也會完全不同：可能一個甜美另一個輝煌。不同的音色來自不同的聲源，因此，就像畫家調校手上調色板的色彩，音樂家也可選擇和組合不同音色的聲源，以多樣化的音色，表達抽象的樂思。旋律與和聲可説是抽象的意念，但當與特定的音色結合，就能更有效地傳遞音樂的意義。[45]

人聲是最自然和最有表達力的聲源。人聲的音色，取決於音域和個別的聲音，可以分為女高音、女低音、男高音和男低音。**音域**(range)是唱歌者最高音和最低音的界限。女高音是女聲中最高的聲音，女低音是女聲中最低的聲音，男高音是男聲中最高的聲音，男低音是男聲中最低的音。每一個聲音都有獨特的音色，就像指紋一樣，沒有兩把相同的聲音。

正如人聲一樣，每樣樂器都有特定的音域和音色。因應發聲的方式，樂器可以分為五類：**絲絃類**(chordophone)、**空氣類**(aerophone)、**皮膜類**(membranophone)、**個別特性類**(idiophone)和**電子類**(electrophone)。[46]

絲絃類樂器依靠振動絃線來發聲。絲絃類樂器包括小提琴家族、魯特琴(lute)族、結他和豎琴。絲絃的振動通過以下三類中任何一種方式：一、利用弓，像小提琴；二、彈撥絃線，像豎琴；三、用鎚子敲打，像鋼琴。

空氣類的樂器利用振動的氣柱發聲，因應其發聲的方式，可分為銅管和木管。銅管樂器是由吹奏者用嘴唇振動一個杯形吹口發聲。木管樂器是由吹奏者通過吹奏吹口或吹奏吹口內之簧片發聲，簧片分為單簧和雙簧。

皮膜類的樂器是以皮鼓家族為主，利用手或棒子敲打張開的皮膜發聲。定音鼓、小鼓、鈴鼓、大鼓等屬於這分類。個別特性類的樂器是靠摩擦、搖晃、敲打等方式發聲。這分類的樂器包括木魚、各類的鑼、鐃鈸及各類搖晃發聲的樂器。皮膜類和個別特性類的樂器，再分為有特定音高，例如木片琴，或沒有特別音高，例如木魚。至於電子類樂器是透過改變和擴大電子的聲源發聲，包括電結他、電子合成器等。

## 音量：音樂的聲量

音量(dynamic)是演奏音樂時產生之聲量的程度，[47]包括聲音的力度和響度，[48]可以說是音樂元素中最易明白的一項。我們的聲音音量水平能直接顯示情緒的狀況：由在球場中高聲吶喊，至牀邊向小孩細語睡前故事。音量的張力與當時處境的緊張程度有關，在音樂中，可以透過合宜的音量表達相應的情緒，音量的對比是情緒張力的有效指標，音量能令音色更鮮明，提升興奮的程度，以及塑造音樂在表達上的造形。[49]

音量的對比，就如畫中的光線與陰影，而音量的變化是音樂最常見和有效的表達手法。演奏者可以利用演奏樂器的技巧，控制力度。管樂吹奏者可以透過改變吹氣的速度來改變音量，絃樂演奏者可以藉著改變弓的力度來改變音量，而敲擊樂手可以改變擊打樂器的力度來改變音量，作曲家則可以樂器的組合來控制音量，這技巧稱為**配器法**(orchestration)，藉此方法，作曲家以樂器數量的增減來決定音量。

憑藉聽覺來理解音量，很多時都會偏差，因為耳朵常將音量與音高混淆。例如，高音聽來較大聲。或是，我們常將音量與音色混淆，尖銳的聲音聽來比低沉的聲音音量較大。這可以說明，組成音樂的不同元素相互的關係。因此，作為演奏者或聆聽者都要明白，音樂的效果不只是由音量、音色、音高所做成，乃是包含一切元素所達致的全盤效果。[50]

音樂表示音量的方法十分簡單，以兩個意大利字作基礎：*f*(*forte*)表示強音，*p*(*piano*)表示弱音。越多 *f* 表示越強音，例如極強音 *ff*(*fortissimo*)，相反的，越多 *p* 表示越弱音，例如極弱音 *pp*(*pianissimo*)。這兩個字加上 *m*(*moderate*)這前置詞，就有較中庸的意思，例如中強 *mf*(*mezzo forte*)，或中弱 *mp*(*mezzo piano*)。音量的逐漸變化以 *crescendo* 及 *decrescendo* 表示，前者表示逐漸加強，後者表示逐漸變弱。通過逐漸增減音量，能為音樂帶來一個距離的錯覺，[51] 就像聲源由遠至近或由近至遠。

## 曲式：音樂的結構與設計

形式和結構是藝術的重要元素，指的是整體的外形、輪廓或所有組件建構成某一特定外貌的方式。[52] 古代「多元但統一」的原則強調，有價值的藝術作品一定包含不少不同的元素，問題是怎樣把這些多元的元素串連貫通，使鑑賞者看來是一個個體。[53] 音樂不是由旋律、和聲、節奏和音色隨意變化而成的，相反地，這些元素需經組織、安排和結合，使聆聽者聽來覺得有價值和意義。[54] 這些設計、組織、結合和掌管整體結構的原則，我們稱之為**曲式**(form)。

曲式是決定一首樂曲裏音樂元素的相互關係的藍圖。所有組成音樂的元素都是曲式的形態，但曲式所涵蓋的是一個更大的觀念：它是結合、統一和建構所有音樂元素的整體意念。曲式是重複、對比、變化結構等的框架，藉著這個框架，樂音得以成為統一而有意義的作品。[55]

作曲家荀白克(Arnold Schoenberg)說：「音樂的結構幫助聆聽者聚焦和明白樂曲的意念，並追尋當中音樂的發展、增長、裝飾和終局。」[56] 人生就是充滿單調與對比、重複的經驗與新鮮的經驗。音樂正好反映這個二元的情況。音樂結構的基本定律是重複與對比、統一與多元。統一能帶來穩定和安全的感覺，而多元則營造了變化和冒險。音樂之所以能夠引起我們情緒上的注意力，是因為它能先製造緊張，然後加以緩和。音樂挑起了人們期待的感覺，然後給予心滿意足的解決。通常達到心滿意足的解決之前，都經歷充分的拖延、驚喜或不協和的效果，務求能夠一直保持人們的專注力。[57]

音樂的曲式，取決於統一與多元的平衡，而統一與多元則是由三個基本進路所控制：重複、對比和變化。重複能製造聚焦點，產生穩定的感覺，但太多的重複就變成沉悶和厭煩。對比能帶來動力和戲劇性，可持續興趣，但太多的對比只會令樂曲變得沒有焦點和規律。變化結合了重複所產生的連貫性及對比所帶來的多元化。[58]

音樂曲式的建立，是重複與新穎、對比與變化相互作用的結果。一首巧手精製的樂曲能創造一個世界，在這世界裏期待能得到滿意的解決，而在每一個轉換點上，又能興起新的期待。[59]

音樂基本的曲式是**二段曲式**（binary form），當中一個樂思緊接一個對比的樂思，可以理解為「問」與「答」的排列。另一類基本曲式是**三段曲式**（ternary form），當中一個樂思由一個對比的樂思跟隨，然後第一個樂思再次重現。這類曲式體現了「陳述、差異、回轉」的原則，重複的樂段提供統一，中間的樂段則給予變化。這兩類曲式顯示了統一和多元的原則，是其他較大型和複雜的曲式之基石。

正如雖然面容上有眼、口、鼻，但這些特徵的組合不同，每張臉看來也完全不一樣，曲式也不是一個模子，讓作曲家注人素材。每首樂曲都有自己的生命，因為當中音樂的素材是按個別作品的要求剪裁的。每首樂曲都是一個創新、獨特的個體，以曲式所提供的連貫性和邏輯為依據做成。[60]

# 含義

## *音樂：聖或俗？*

雖然某些音樂素材的關係是眾所週知的，但音樂並不是世界的共通語言。[61] 唱歌是世界性的，但音樂不是。以我們所知，所有文化的族羣都唱歌，但音樂仍不能稱為世界的共通語言，因為音樂依附文化，又受文化所限。[62] 因此，較正確的說法是「音樂是世界性的表達方式」，世界上有很多不同的音樂語言，每樣音樂語言最為所屬文化的人了解和明白。[63] 不同的文化創造了不同的音樂語言，就像創造不同的語言一樣。某一類文化的音樂語言，可能對該文化的人意義重大，但對其他人來說，就完全沒有意義。[64]

同一樣的聲音，在不同的文化可能有不同的意義和期望。因此，音樂的語言和方言有很多，在不同的文化中，音樂語言會有分別。不同的年代，同一文化的音樂語言也有分別。即使是同一年代和文化，當中的音樂語言亦可能不盡相同。[65]

音樂有何意義？音樂有否承載真理？一首樂曲可否被評為合乎道德？音樂是否如油畫般有信息和意義？是否可以把某類型風格的音樂，等同於某類道德觀念？又可否以美學的判斷，充當道德的標準？沒有歌詞的純音樂，在本質上是沒有能力傳遞真理的。音樂是中立的，所以沒法準確地表達信念、教義、道德、倫理或世界觀。不論藝術家如何深信，並希望藉著他們的作品熱忱地展示心中的想像和信念，但始終作品都只是保持沉默，未能表達藝術家的意欲。[66]

每個詞彙都有某一相對特定的意義。例如「桌子」就算用作隱喻，其意義也限在某一範圍裏。音符沒有由字典界定的意義，例如，一個降 E 的音符，可以其頻率、音色等形容，卻不能形容它為愉快、悲傷或輝煌。在某一處境裏，這一個音符可能是整個樂句，但在另一處境中，它可能只是樂句中的一個音符。在很多西歐的語言體系，語言的排列次序是不可以改變的，當改變了字詞次序，就會改變了句子的意義。但音樂的旋律則不同，就算以不同的速度和音調彈奏，我們還是能夠辨認出原來的旋律。[67]

音樂不像真理的不變及絕對性，會隨著時間和地域而改變。[68]無疑，音樂能夠在感性上觸動人心，但我們必須明白，在情緒上被音樂感動，與在道德上被音樂改變是有分別的。例如，當我們聽到軍隊的進行曲，就可能會被感動，跟著節奏輕踏腳尖，但若要我們參軍為和平而戰，就需要我們作出道德上的抉擇。保羅說：「當用各樣的智慧、把基督的道理、豐豐富富的存在心裏、用詩章、頌詞、靈歌、彼此教導、互相勸戒、心被恩感、歌頌神。」(西三16) 神的道是真理，音樂或歌唱只是傳遞真理的媒介。假如那些和我們現時的音樂有極大差異的希伯來音樂在當時也被神悅納，那麼我們就要小心，不要只奉某類風格的音樂為「聖樂」，因為沒有一種「內在聖樂」的風格。任何風格可能都合宜，取決於所使用的羣體、特定的地方和時間。[69]

因此，我們著眼的不是哪類才是「聖樂」，只要是乎合聖經教導和神學理念的歌詞，加上編寫合宜的音樂，互相配合，都能夠豐富和深化歌詞，有效地傳遞信息。不過，讀者須留意，以下所說的「聯想」也是我們選擇音樂的另一重要因素。

## 聯想

旋律被腦袋以一連串樂音的形態接收和記憶。當聽到一個旋律後，雖然它以不同的樂器演奏，或以唱頌、低哼、吹哨子、變奏等方式重奏，但這旋律仍然是同一旋律，可供辨認。[70]許多人都喜愛不同類型的音樂，但除了那些真正懂得欣賞純音樂的人，對一般人而言，除非在聆聽中能令他聯想起一些能領悟的事物，否則聆聽音樂只是聽覺的一次活動。

聯想的關係可能是由作曲家本身、歌詞或聆聽者過往經驗所提議和暗示的。但無論如何，音樂已不再是純音樂，因為聆聽者要靠上述聯想，才能達到享受音樂的目的。[71]

旋律也可以藉著處境被確認。以電影配樂為例，如果莫札特的鋼琴協奏曲片段被用作電影配樂，下次當我們聽到同樣的樂段時，不期然就會聯想到電影相關的情節。這段音樂引起我們對電影情節的回憶，而我們的腦袋則把聽覺世界與視覺世界相連起來。莫札特的音樂原本只是一個純音樂的片段，沒有承載任何特定的意義，但那電影卻增添或改變了音樂的意義。同一道理，當我們聽到一首耳熟能詳的聖詩變奏曲時，不期然就會想到這首詩歌的歌詞，跟著樂音唱或反省當中的歌詞。這種運作的模式，與音樂本身的氣氛或美感無關，而是與聯想有關：熟悉的音樂讓我們聯想到相關的歌詞。因此，對這類音樂的反應，也不純粹停留在優美的層面，因為它能引發聆聽者聯想到其他意念。[72]

從這角度看，當音樂令人聯想起某處境，它就不是中性的了。當音樂與歌詞連結，它的特性和目的無可置疑，在這情況下，音樂的「聖」或「俗」便取決於歌詞，而非音樂本身。

作曲家可以為樂曲加上標題，藉此提供聯想。電台或講座的樂評人、唱片封套和音樂會場刊上的樂曲簡介等，都是給一般聽眾提示，引導他們如何聆聽、感受或想像純音樂的作品。[73]

音樂也可以喚起我們過往的經驗。音樂不單能表達眼前的情緒，更能令人聯想及激起過去的情緒經驗。這類聯想引申至我們日常生活的活動中。例如，我們在球賽中唱歌，這行動能夠增添活動的意義，音樂與特殊的活動互相關連，令唱歌者能一同分享其中的意義。[74]在人生某一重要場合所唱或聽的音樂，對這人意義重大，讓他珍惜，並為他帶來不少難忘的回憶。換言之，如果有兩個人分別在相反的處境下聽到同一首音樂，他們以後對這首樂曲的反應也會不一樣。音樂所傳遞的意義，與非音樂世界裏的概念、活動和情緒息息相關。因此，無論以任何角度來了解音樂，音樂都有處境化的特殊意義。

因此，當我們把新詞放到舊歌時，就要加倍小心。我們要慎防舊歌是否有特別的意思或聯想。若然的話，就會大大扭曲歌詞的意義，因為聆聽者的專注，都會集中在曲調多於歌詞。再者，一首耳熟能詳的歌曲，讓人減少了自由想像的空間，因為他的思想會被聯想所操縱。

## 重複與對比

重複與對比是音樂重要的理念。重複帶來統一，但過量會令音樂沉悶。對比帶來變化，但過多會令音樂鬆散。重複與對比須互相配合和平衡，使樂曲有足夠的變化，卻不失連貫和一致性。

重複是讓人領悟曲式的基本概念。最簡單的音樂設計，就是不斷的重複。重複可透過不同的音樂技巧，包括：**頑固低音**(ostinato)、**基礎低音**(ground bass)和**反覆歌**(strophic form)等。重複提供熟悉感，讓聆聽者有所把持。

無可否認，單一的意念容易令樂曲達致統一，但若只有重複，則局限了樂曲的範圍，窒息了樂曲的發展。為了讓音樂有增長和發展，必須加入對比的元素。其實對比的概念遍滿音樂之中：速度的快慢、音量的強弱、音符的高低、音色的明暗。對比令音樂加添變化和新鮮感。

重複帶來熟悉和回憶，而對比則帶來新鮮和期望。重複與對比的交織，讓音樂不斷流動。當我們聆聽音樂時，腦海時而回憶，時而期望。在聆聽的過程中，大腦不停在尋找熟悉常見的模式和詞句。音樂包含期望、預料、驚喜、懸疑：甚麼事會發生？往哪裏去？如何發展？結局如何。同時包含重複：重複製造了一個對變化的期待。[75]

重複和對比的例子，在音樂中比比皆是，舉交響樂作品作例子：一、通常一首交響樂作品包括幾個對比的樂章；二、樂段之間有不同的速度、音量、音色、氣氛；三、交響樂團有四組樂器組，包括絃樂組、木管樂組、銅管樂組和敲擊樂組，能夠創造出無限的音色變化和音響效果；四、四個樂器組不會同時彈奏整首樂曲，不同的樂器組合會按樂曲的需要而分別彈奏。

以上四點原則，也可用於日常選擇崇拜的音樂上：一、選擇不同風格和形式的音樂；二、所選用的樂曲須有不同的速度、氣氛和配器；三、重複的音樂須加以變化。我們可以按照上述原則選擇合適的音樂，配合崇拜的內容、氣氛、流程。那麼，音樂不只是崇拜的附屬品，而是在崇拜中產生相輔相成，相得益彰的效果。

# 崇拜音樂的神學基礎

一般地説，音樂家根據兩個出發點去選擇音樂：美感與實用。[1]美感注重的是技法上的特點和樂曲的藝術價值，而實用所取的是素材的功用和效果。不過，如果崇拜音樂(指崇拜採用的一切音樂)的基礎也只基於上述兩個出發點，那麼就可能產生潛在的危機。首先，美學的審定對音樂質量的評估是不可少的，但因循地安排教會音樂，卻很可能導致失卻其意義。如果希望教會音樂欣欣向榮，我們需要一個超越律法主義的指導思想。[2]第二個危機是藝術感覺上的推崇，人可能錯誤地只沉醉在音樂的美。在這情況下，藝術就成為了它本身的目的。[3]第三，實用主義的危險在於功能至上，音樂變成了操控會眾的工具，如此，判斷音樂的惟一根據在原定目的是否達到。[4]這可以令人離棄客觀標準，音樂好或壞的根據，是它們所能帶來的效果。[5]

聖經的真理可應用在所有情況中。音樂在敬拜中的運用是根據教會的特點：對真理的依附，就如聖經所啟示的。[6]神學原則所歸納的聖經真理是在教會中討論音樂問題的依歸，[7]所有音樂事奉者都需要有一個建基在神學基礎上的價值系統。

由創造到摩西之歌，至天使所宣揚關於彌賽亞的降生，到時間的末了，從創世記到啟示錄都可以找到關於音樂的證據。因此，可以説「音樂緊隨著神學，神學也緊隨著音樂」。神學與音樂的關係是互存的，當二者分家時，音樂在敬拜中就變成：一、娛樂，二、建立情緒，或三、幫助敬拜由一部分轉移到下一部分的「聽覺潤滑劑」。欠缺了音樂，神學會因此失色而變得乾澀、無靈氣、冷漠。神學性的音樂由這認知開始，那就是，敬拜是人內在的態度。此外，包括音樂在內，全是這樣在態度的外在表現。所以，音樂把表達與經歷提供予敬拜。[8]

## 崇拜音樂作為啟示

啟示意味著某種揭示，即某些本來向我們隱藏的東西，現在顯露了出來。在神學上，「啟示」一詞是指神向人類展露神性。[9]啟示包括了啟示者與接受者雙方。藉著神的啟示，我們知道神將祂自己置身在人類的認知範圍內。[10]我們如何曉得有神？首先，所有人心內都有神的意念；其次，我們相信聖經和宇宙萬物的證據。[11]世界上有著數之不盡的證據，指向神的存在。詩人說：

> 諸天述說神的榮耀；穹蒼傳揚他的手段。
> 這日到那日發出言語；這夜到那夜傳出知識。
> 無言無語，也無聲音可聽。
> 他的量帶通遍天下，他的言語傳到地極。
> 神在其間為太陽安設帳幕。（詩十九 1～4）

神的自我啟示不但透過宇宙，而且也透過構成視覺藝術的物質，例如建築設計，透過構成音樂創作的媒介，例如聲響。音樂在時間和聲響的藝術角度上，展示了神的奧秘。藉著聖靈的啟示，我們可以透過音樂，接觸到神的超然拔萃、不可名狀和無以倫比的屬性。任何時候，神都可能突破任何障礙，駕臨到我們當中：

> 吹號的、歌唱的都一齊發聲，聲合為一，讚美感謝耶和華。吹號、敲鈸，用各種樂器，揚聲讚美耶和華說：耶和華本為善，他的慈愛永遠長存！那時，耶和華的殿有雲充滿，甚至祭司不能站立供職，因為耶和華的榮光充滿了神的殿。（代下五 13 ～ 14）

聲響有宣告臨在的能力。即使聲響的來源是個謎，臨在的訊息也會被揭示。[12] 奇怪、甚至神秘地，音樂是神的印證。[13]

卜大衛稱宇宙結構的真相為「暗示的秩序」(the implicate order)。在我們感覺中不斷迴響的音樂，讓我們有一個不間斷的感覺，音樂的感覺就像一個暗示的秩序。對畢達哥拉斯(Pythagoras of Samos，註：公元前6世紀的音樂理論家，也是在數學理論上大家所熟識者。由於當時希臘把音樂視作數學的一門學問，所以不少人身兼數學家和音樂家。)來說，音樂是被造萬物的基本元素，但神不單創造了聲音，並以祂的聲音創造了世界(註：在創世記中，神說：「要有光」，就有了光。)，祂還創造了人類，這僅有的被造物曉得有智慧地處理聲音，讓他們自己不但能聽到神的話，還以聲音向神的話回應。[14]

美麗而和諧的被造物，在愛的促成下成為音樂，來讚美造物主宰。在神裏面，音樂把世界帶領進入神的終極。人可以從音樂中聽到秩序和理性的存在。[15] 早在公元前6世紀希臘哲學家與宗教領袖畢達哥拉斯便已發現數字比率與主音程之間的關係。

音樂可以被理解為以聲響去表達固有的數學秩序，比率的數量與人類的起源無關。一個不言而喻的信念是，比率和音程是來自神，正如「道」(*logos*)一般，是傳遞創造奇功的工具和媒介。[16]

以數字、分佈或比例對音樂進行定義的背後，是有一理解，即音高或音色之間的關係，其實是數字的關係。數字有形而上或超自然的重要意義，[17]數字讓我們體會和嚐到屬靈層面的秩序和萬物的終極意義，最重要的本質是要表達對神的讚美和仰慕。[18]音樂的功用不只是傳遞關於神的訊息，在最高的形態上，音樂把聽眾引領到那眼不可見、手不可及的神同在中。[19]音樂提供有限與無限的交界點，在這點上，人類與萬物的根源相會。[20]這是一個敬拜羣體尋找一位樂意被找到的神的重要通道，因此有著神學上的重要性。[21]

音樂在信仰上的方位作用是在其感染力，而不是知識性，它把人的感覺和情緒引導進入與理智和精神協調的地步。最美妙的是，它本身就是來自神的啟示：不局限在特殊的基督徒認知，而在於普世性對美的啟示。[22]

我們可以從世上的圖案、比例與和諧，發見神聖的價值，這包括音樂在內：「世間的美麗展示了神的美善。」[23]沒有語言能像音樂般述說真理的奧祕。[24]

音樂作為諸多禮儀行動的語言之一，可以催喚出一種有關神、基督或聖靈的臨在感，也可以導引出「敬畏神」和「神聖」的親切感情。音樂應是「被感受到而非被聽到」，即是說，會眾在敬拜中領受神的作為環繞著他們的身體和靈魂，意志和心靈，實在的整體投入。因此，他們可以在音樂語言中認同並珍惜關於如何認識神，這神就是生命、動力、行為、動作和情感的源頭。[25]

## 崇拜音樂作為創造

聖經以這簡單而深邃的宣言開始：「起初神創造天地。」（創一1）創造是指神不需任何現成物料而成就祂的作為。[26]三一神沒有在永恆中隱藏自己，反倒從祂的三一本位中伸延，創造了一個祂自己以外的宇宙世界。而且，祂進入到祂所造之物，與其建立關係。[27]整個創造旨在彰顯神的榮耀：

> 自從造天地以來，神的永能和神性是明明可知的，雖是眼不能見，但藉著所造之物就可以曉得，叫人無可推諉。（羅一20）

創造的教義是神學與藝術範疇的基準。在神所造的萬物中，惟有人是按照神的形象被造的。事實上，人按照神的形象，意味著人類既像神又代表神。[28]神在我們身上的形象，表諸人類在音樂、藝術、文學、科學和技術發明等各領域的創造性。聖經不斷地出現「神是一位藝術家」這主題，世界是神創造性的具體表現。《所羅門智訓》（*The Wisdom of Solomon*）描述神是「巧匠」（artisan, 13:1）和「美的創始者」（author of beauty, 13:3）。以賽亞將神與陶匠比喻：「耶和華啊，現在你仍是我們的父！我們是泥，你是窯匠；我們都是你手的工作。」（賽六十四8）

如果有人能夠藉著藝術技巧和創造力，嘗試調協智力和想像力或各種辯解方法，那麼，掌握、明白、理解神以耶穌基督為中心那獨一無二的創造、自我昭顯和救贖等基督教神學的精義，基本上就可以一覽無遺。[29]

與所有其它被造物不同，人類有一個奇異的特點，就是有能力創造新事物。這一特點，解釋了為何人對任何的創作有自發的喜悅。具有藝術、音樂或文學技巧的人，樂於創造、看見、聽見或玩味他們的作品。神把我們塑造成喜歡以創造性的方式去模仿祂創造的工作。[30]藝術屬於人類的生活。藝術有感染和影響力，它是人類環境的基本元素。[31]作為創造者，神將創新的恩賜賦予人類：包括滿佈世界供創作的原材料，還有自由創作的動力。人的創造力完全來自神，離了祂，任何創作都會終止。[32]

從最真實的意義上說，藝術家不是在「創造」，他們不過是陳述、象徵或轉達所被交托的。他們最多可以把材料，例如顏料、石塊、字句或音樂符號，重組成有感染力的方式，表達他們的意見。[33]

創造的真理指出了人類的天賜局限——我們永遠不可能與神相等。無論人類製造甚麼，原材料早已存在，包括顏色、聲響、布料、石塊等。以神所賜的創造力，藝術家只可以重組神賜的各種單元，成為一些有意義的現實。藝術家與其他人一樣被喚回到現實，他們的勞作部分反映了神意念中的輝煌和含蓄。[34]當藝術家成功地捕捉到「神行大事」、「神作為」中的某些形跡時，我們就會以一種前所未有的驚喜去觀看世界，甚至看到神在其中的顯現。[35]

人手之所以能製造是依賴現成物質，不過，在成就過程中的心思卻表現了人的獨創力。人類必須既靠神又靠自己，他們是既依靠又獨立的。[36]

神所造的每一個人都被交付責任，去回應神的呼召，成為創造助手。我們應有創造性，就如神是創造者一樣。創造性、創造和創造力，意味著以想像力和誠實的態度勇於突破。「有創造性」意即是以優秀的藝術性作為起點。我們不能如神創造一樣創造，但我們可以神的創造為榜樣和方向，人也應有目的、有意義、有想像力地創作。受造物之美向我們暗示，讓我們曉得人類的創作方向是甚麼。音樂創作的基本要素，是賦新意予合宜的形式，這兩者都是來自想像。神從造化和萬有中，也從人手所作之工中被榮耀。人已被吩咐去作創作，停止了創作，他就會變得了無生氣，虧缺了神原本對他的心意。[37]

這概念應用於每一時代的基督徒羣體，要務之一是鼓勵基督徒作曲家繼續為敬拜創作新的歌曲和音樂。事實上，每一次頌唱和彈奏音樂作品，我們都在重新創作一部人間的藝術作品。我們把主觀體會注入樂曲中，然後據此詮釋。這一見解可以在啟示錄中找到清楚的支持。神的聖徒唱新歌，除了聖靈所啟導的，無人可以學習或認識。[38]憑著信心使用神的恩賜，就可以在創作中游刃有餘，我們的創造力也可以愈來愈使用在討神喜悅的地方。存著感恩，我們盡情享受有創造性的音樂活動，因為神讓我們在創造性方面模仿祂。[39]

為何凡事如此藝術化？
只為藝術美妙又昇華，
我要講述真善美，
藝術讓我開口能說話。[40]

## 崇拜音樂作為聖靈的工作

**聖靈論**(Pneumatology)是關於聖靈的神學理論。聖靈的工作是宣告神在世界中主動臨在，特別是臨在於教會。自耶穌被接昇天之後，聖靈一直是代表三一神與我們同在的首要位格。在三一神中，聖靈在我們當中最為顯著的，[41]祂是三一神與人之間個人化關係的接觸點。[42]

聖靈所擔任諸多的角色之一，是賜能力。耶穌告訴祂的門徒要等候聖靈來臨(徒一4～5)。祂解釋説，聖靈會賜給門徒祂所應許的能力，做祂所預見的事情(徒一8)。在基督徒的生命中，重要的是依靠聖靈的力量，認清楚無論作何工：「不是依靠勢力，不是依靠才能，乃是依靠我的靈，方能成事。」(亞四6)保羅提醒羅馬信徒，要照聖靈的指引而行(羅八12～16)，定意隨從聖靈(八4～6)。

敬拜是屬靈的活動，因此必須有聖靈運行在我們身上的能力。我們必須祈求聖靈喚起我們正確地敬拜。每一個禱告都是：「來，聖善的靈！」[43]聖靈也會保守基督徒的敬拜，行在正途上。耶穌教導説，真正的敬拜是發生在靈的範疇：「時候將到，如今就是了，那真正拜父的，要用心靈和誠實拜他，因為父要這樣的人拜他。神是個靈，所以拜他的必須用心靈和誠實拜他。」(約四23～24)

早期教會藉著聖靈的澆灌，曉得神的臨在，並且知道聖靈所賜下諸般的恩賜。靠著聖靈的能力，他們歌唱、禱告、講道、説預言和方言(林前十二8～11)。新約證實，使徒時代基督徒的敬拜是在聖靈裏的敬拜。在保羅的教導中，被聖靈充滿(弗五18)的具體依據，就是奉耶穌的名歌唱、感恩、讚美主(五19～20)。啟示錄一章10節和四章2節在論敬拜有關的內容中，也提及聖靈。

現代禮儀派神學家認為，敬拜與聖靈有緊密關係。[44]他們認為，禮儀是從聖靈的能力和工作中獲得的。[45]而且，聖靈使教會的敬拜充滿生氣。[46]聖靈幫助敬拜者在崇拜中各盡其職，[47]並引導會眾朝向神。[48]若缺少來自聖靈的活力和祭司、先知式的大能力，就不可能有真正的感恩和讚美。[49]聖靈必須釋放出對讚美和禱告的欲望，在我們當中製造出神的感知。

歌手聲稱神使用他們通過歌唱去感動和觸摸人，敬拜者描述音樂是感受聖靈賦予生命之鑰。當聖靈和神的道居於人的心中，歌唱就能表達。對基督救贖的認知，接受神的恩典，對聖靈的領受以為得救的第一階——這些引起了歌唱。[50]音樂被認為是「喚醒聖靈」，降服於神，並讓聖靈「醫治人的重擔」。

非裔美國教會的傳統，是在敬拜中突出聖靈。這些教會的會眾唱詩，歌曲中有相當部分是特意安排的，讓演唱或演奏者自行決定演繹的方式——副歌／句節重複的次數，領詩員所運用特定的聲音／語言裝飾音，重複樂句即興伴奏的長度；例如詩歌節數和副歌重複的次數，即興的變奏或裝飾奏的長度等——這些部分都能讓演唱或演奏者因應聖靈的感動和帶領來修飾樂曲。伴奏的鼓和鋼琴也一樣即興應和。講道、禱告和歌頌全情投入，當被歌頌和講道觸動時，在會眾中隨時可聽到「是的！」、「阿們！」、「對極了！」等回應的迸發。所有這些都可被認為是聖靈無從捉摸地在他們身上動工的結果。事實上，會眾反映說，音樂是他們經歷聖靈激勵之鑰。[51]

這種突顯聖靈的唱詩歌方式，也見於「敬拜讚美」的模式。帶領崇拜者會因應會眾的反應而隨時即興地重複頌唱，歌曲之間又加入祈禱，令詩歌與禱告混成一體。

## 崇拜音樂作為神的道

聖經是神話語的記錄，是形象化的神話語，供人學習、審視、研究，同時也是神人之間溝通的基礎。聖經訴説、指向那道成肉身的真理，即耶穌基督。[52]聖經是神話語的記錄，神命我們學習。思想神話語的人會蒙福(詩一1～2)。神對約書亞説的話同樣適用於我們：「這律法書不可離開你的口，總要晝夜思想，好使你謹守遵行這書上所寫的一切話。如此，你的道路就可以亨通，凡事順利。」(書一8)以書寫形式出現的聖經，「是神所默示的，於教訓、督責、使人歸正、教導人學義，都是有益的。」(提後三16)

神的話語不可能與神本身分割。祂的話語成就了神聖的作為：創造(詩三十三6)、供應(一四八篇)、審判(約十二48)和救恩(羅一16；雅一21)。神藉著祂的話語成就每一件事，祂的話語有屬天的特性：永恆(詩一一九89)、無所不能(賽五十五11)、完美無缺(詩十九7～8)。神的話語甚至適宜作為敬拜的對象(詩五十六4、10；一一九120，一六一～一六二篇)。[53]

崇拜的中心是聖經，與敬拜有關的許多要點，充滿了聖經的內容。神藉著我們的説話，將祂的真道與我們溝通。聖經是敬拜客觀內容的主要來源，高舉耶穌基督，作為信心敬拜的對象。

對聖經的宣稱和詮釋，是敬拜的組成部分。公禱常常充滿聖經的精神和用字。聖經的經文可以通過讀經和講道來宣揚，講章宣稱聖經記載的福音，讀經可以讓神的道説話。

神的道也可以通過有豐富經文的詩歌廣為流傳。在舊約中，神讓摩西寫一首歌，並且「教導以色列人，傳給他們，使這歌見證他們的不是。」(申三十一19)歌唱者在敬拜中獻唱，不是表演，而是神的信差：傳遞聖經的信息。

歌唱者努力要用聲音和動作，在他們當中的聖經信息——透過他們的聲音和身體語言所表達的深度和廣度，讓信息能引起個人至羣體的共鳴。因此，聖經的信息在羣體的社會和宗教歷史的範疇裏，被頌唱出來，提供了客觀的環境，讓神的真道能夠自我彰顯。[54]

當音樂被用作表達或承載文字時，其概念意義仍然存在。好的音樂能把恰當的情感和氣氛加諸文字，增強它的意義。當中文字表達意念和內容，音樂加上評註與補充——提供了暗示和更深層的意義。一個合宜的音樂處理，能帶來對文字更透徹的理解。會眾詩歌是活生生的感覺，是在聽覺上的影像。[55]當會眾一起歌唱，歌詞對他們來説變得充滿活力，其中的信息比平鋪直敍更豐富和有意義。

**釋經學**(hermeneutics)一詞的意思是學術研究上，特別是聖經研究上的「求真指南」，是對事物的意義，特別是探究聖經經文的研究法門。[56]當音樂為崇拜禮儀加上可解釋的層次時，就有釋經的作用。[57]當音樂被用來反映一個日子、一種動機，例如以大調形式紀念復活節，或以小調形式表達守大齋期，或在崇拜中採用重複的曲調，營造出結構和劃一感，這可以被認為是某種歸一的音樂統一化的釋經，這些音樂釋經學的技巧，給予敬拜更深一層的意義。

音樂有釋經的功用：它將詞句從對話的世界提取出來，通過作曲家的靈感，加入情緒化的新成分，然後重新詮釋。歌唱令我們從歌詞的直接表達形式，昇華到美學的境界，使我們可以玩味詞句，並從中得到新的驚喜，而非只停留在乾巴巴地説、聽的地步。音樂不單是傳遞詞句，更把詞句放到了「説不出地優美」的境界。[58]

## 崇拜音樂作為教會的一環

在使徒行傳中我們看見悔改得救者參與信徒的團契，我們稱那組合性的基督徒生活為**教會**。**教會論**(Ecclesiology)是對教會在聖經和神學主題上的研究。[59]

在新約中,「教會」一詞有兩個意義。其一是無分時間、地點指所有基督信徒(太十六18;弗一22~23,四4,五23)。不過,更常見的是,「教會」指在某一地點的一羣信眾(林前一2;帖前一1)。[60]

教會不一定位於被稱為「教會」那所用泥土石塊建成的建築物內,而是一羣遵從神的公義而生活的人。[61]以神學的話說,教會是契約中的那羣人。[62]這羣被神揀選的人,就是無形的教會,而現實上在禮拜天上午出現的人,則是有形的教會。

教會的活動之一是崇拜。我們當然可以有許多個人敬拜的機會和方法,但敬拜的原意更在於教會的羣體性。保羅對基督徒的「聚會」有具體的指導(林前十四26),希伯來書的作者勸戒收信的羣體「不可停止聚會」(來十25)。

敬拜正如禮儀派神學家所理解的,是一個有教會身分羣體的實質,因此具有教會論的意義。[63]在禮儀中,教會變得可見可聞——顯現神居停於人間羣體[64]之中活生生的象徵。[65]一個敬拜的羣體是在聖靈大能指導之下,教會宣稱其為耶穌基督的教會。[66]

當演奏者的表達,加上會眾的參與,兩者透過強而有力的節奏和音樂的張力結合,「教會實質存有」這觀念得以全然體現。[67]

唱詩是羣體向神獻祭的行為,惟一的目的是榮耀聖父、聖子、聖靈。詩人寫道:「稱謝耶和華!歌頌你至高者的名!……因你耶和華藉著你的作為叫我高興,我要因你手的工作歡呼。」(詩九十二1、4)會眾唱詩是全體性的,[68]幾乎所有人都可以唱,每個人都可以發出喜樂的聲音。我們在敬拜中歡唱,神因著我們以這行為去回應祂的救恩而喜悅。教會沒幾個會眾能夠很好地同聲說話,但許多會眾卻能美妙地同聲歌唱。[69]

在齊聲歌唱中，我們在詩歌裏彼此互屬。事實上，我們不要充當獨唱或彼此爭競，反倒願意互相容讓，猶如手牽手般，把大家的聲音牽連一起，遵從同樣的節奏，在歌唱中彼此相愛。[70]

宣告是敬拜的部分內容，是舊約中崇拜的基石。在古代以色列，歌頌和宣告彼此關聯。[71]舉例說，大衛的稱謝詩說：「要向耶和華歌唱，稱頌他的名！天天傳揚他的救恩！在列邦中述説他的榮耀！在萬民中述說他的奇事！」(詩九十六2～3)

偉大的國家和宗教用三種原稿書寫各自的自傳——他們的行為書、他們的詞彙書，以及他們的藝術書。這三部書中，沒人能夠完整地明白其中獨自一本，除非我們也熟習其它兩本；但在三本書之中，惟一相當可信的是最後一本。[72]

基督徒羣體不但以聖經和神學著作為其規範和溝通，而且還藉著歌唱和樂器。音樂提供關於基督信仰信息來源的作用，不但展示內容，還有態度、見解，以及對此情緒化的反應。

## 崇拜音樂作為末世意義

**末世論**(eschatology)是對「最終事件」的研究，[73]因而要面對有關歷史總結的種種問題，就是神如何完成祂在世界上作的工。[74]

對未來事件發生在個人身上影響的研究，有時稱為「個人末世論」(personal eschatology)。但聖經還述為了將要對整個宇宙造成影響的主要事件。特別是，聖經告訴我們關於基督再來、千禧年、末日審判、非信徒的永刑和信徒的賞賜、新天新地與神同在的日子。對這些事情的研究，有時也稱為「普遍末世論」(general eschatology)。[75]

在最後審判之後，信徒將進入與神永遠同在的完全喜樂中。有不同的方法去說明義人將來的環境，最常見的就是「天堂」。[76]我們知悉關於得救的人將來在天堂是如何的信息不多，但天堂生活的精粹之一是敬拜。啟示錄有一幅動人的圖畫：

> 此後，我聽見好像羣眾在天上大聲說：哈利路亞！救恩、榮耀、權能都屬乎我們的神！他的判斷是真實公義的；因他判斷了那用淫行敗壞世界的大淫婦，並且向淫婦討流僕人血的罪，給他們伸冤。又說：哈利路亞！燒淫婦的煙往上冒，直到永永遠遠。那二十四位長老與四活物就俯伏敬拜坐寶座的神，說：阿們！哈利路亞！有聲音從寶座出來說：神的眾僕人哪，凡敬畏他的，無論大小，都要讚美我們的神！（啟十九 1 ～ 5）

人、獸間的分別之一是人類有感於遙遠的將來，甚至是內心感覺到，在肉身以外我們仍然存活——神「將永恒放在人心裏」（傳三11）。[77] 禮儀派神學家強調，敬拜是實踐末世論的一種行為。[78]

基督徒敬拜應被認為是預見和宣示神在基督裏旨意的得勝。在神學詞彙上，基督徒稱耶穌為「主」（*kyrios*），這也是出自末世論的行為，導引眾人往神救贖的最終目的。認識基督徒敬拜中末世觀的元素，可讓人期盼基督救贖的勝利，並且宣稱萬事的依歸都總結在基督身上。[79]

敬拜把基督徒羣體置於人類社會和政治關係的範圍內。敬拜表達了這個社會羣體與人生在世間的關係，讓信徒明白「屬世」的意義，也表現了一個期望，即是神的應許如何在歷史之中和之外實現。[80] 主禱文就是很好的提示。

主禱文在最早期既是禮儀性，也是靈修性的禱告。主禱文以對神管治和統治的祈求開始：「願你的國降臨，願你的旨意行在地上，如同行在天上」，以讚美神永恆的管治、統理和榮耀結束。真實的末世論寄存在如此一種禮儀中：教會奉耶穌名的禱告，不只是回顧耶穌復活這一發生在久遠之前的事實，而且表明和活出未來變成現在這本不可能的事。[81]

在敬拜中，會眾的詩歌常常表達了神的信實在社會和政治鬥爭中的彰顯，或是人生困苦艱難中的盼望：

沉默中譜新歌曲調，在尋找旋律詩詞；
夜已盡快看見黎明，存盼望等候主旨。
每一天都必有明天，將來事無人能知，
一切事有定期定時，惟有主才能全知。

〈應許之詩〉《世紀頌讚》#455

我今如同客旅行路，或遇黑雲蓋前途。
客旅辛苦轉眼即過，黑暗歎息盡消除。
當我眾都到天庭，主面前歡喜相聚樂如何！
當得見主尊容，要同聲高唱得勝歌。

〈都在天庭〉《頌主新歌》#533

在歌唱中，敬拜羣體得見末世論的實現，例如在「當我們到達快樂地，得著永生福分」(〈在約旦河邊我遙望〉《世紀頌讚》#449) 和「求主快再來，使所信得親見」(〈我心靈得安寧〉《世紀頌讚》#451) 等，既精彩而富藝術性地表露無遺。在一首詩歌的歌詞中，敬拜羣體把末世來臨當作歸家：

不久我歸家到那邊，那時我世上路全行完；眾親友今等候
在那邊，來日同相見樂團圓。
在那邊，遙望我家鄉在那邊。

〈家在那邊〉《頌主新歌》#531

基督徒心懷神計劃的宏大圖畫，敬拜就可以變得更活躍和豐富。神的計劃遠超過我們所能想像人類歷史的時空範圍，應許我們勝過罪惡，叫我們進入救恩的完全之中。[82]

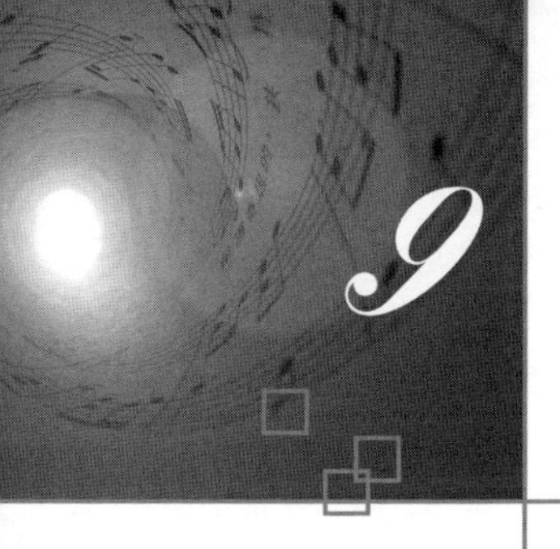


# 音樂在崇拜中的功能和服事

## *功能*

「功能」一詞是指某人或物，在特定任務中的自然作為或預期目的。[1] 在原始文化中，幾乎所有音樂都是功能性(functional)的。原始民風不像我們一樣，把音樂當成附加品，[2] 音樂是他們日常生活、節日、祭禮的一部分，用於戰爭、宗教、舞蹈、愛情、表演或其它活動。過去和現在，作曲家創作出許多優秀的音樂作品，為這些活動添加價值、特色、氣氛和激情。事實上，在大多數文化中，音樂與其它活動往往共存。[3] 舉例說，嚴肅的古典音樂會的功能，可以是社交、炫耀衣飾，或展示文化品味。

教會音樂也是功能性的藝術。它之所以是功能性藝術，因為它是為「服務神的旨意，特別為教會的崇拜、團契和宣教」而創作、演唱和演奏。[4] 人類創作音樂，也因此專為服務神的旨意和教會，特別是為了教會羣體的崇拜、團契和宣教。聖經教導，神的子民不但要說，而且要唱：「要向他唱詩、歌頌、談論他一切奇妙的作為。」(代上十六9) 正如音樂家巴哈(J. S. Bach)說，他所創作的音樂是「為神的榮耀而存在的」(S.D.G., *soli deo gloria*)一語的真正意思。

音樂與語言息息相關。人類語言有音樂的某些自然成分：節奏、音色和音高等，都在言語溝通裏扮演舉足輕重的角色。從某角度看，所有語言都有音樂的特性。[5] 不過，對功能性藝術的評估，著眼於它能夠成就多少功能，因此，對於功能性藝術的價值，須從其能否發揮應有的功能這角度來作評估。[6]

音樂是世界性的表達手法。但因應不同的文化，音樂有很多象徵性的音樂語言。最能領悟這些語言詞彙的，惟有是屬於它本身文化或次文化的人。一個文化的音樂語言，可能對這文化中的個人或多或少有某種意義，但對於文化外的人來説，則可以令他們完全莫名其妙。[7]

因此，任何形式的藝術功能，顯然必須與其當代的社會、經濟、政治、宗教背景相關。[8]不過，音樂的某些意義和功能，也是可以跨越不同文化而共存的。

## 服事、牧養、事工

「事工」(ministry，在不同處境有不同的譯法)一詞的原意是指基督教會的領袖崗位。希伯來文 *šārat*(שָׁרַת)在聖經《新國際譯本》(NIV)中譯成：「教牧」(minister)。它是用來描述一個為管治者獻上個人服務的人，尤其是那些專門為崇拜神而從事某種特別職責的人。[9]不過，愈來愈廣泛地，這個詞用來形容教會推動的所有各項事工。[10]

在教會，事工是教導和牧養，為的是要讓信徒長進而成為門徒，作為基督的肢體中活躍、健康、朝氣蓬勃的分子，讓教會成為事奉神更有果效的器皿。事工的目的是建立基督的身體。[11]

服事的目標是鞏固信徒的信心，「為要成全聖徒，各盡其職，建立基督的身體。」(弗四12)

音樂的功能，在教會事工中佔有重要位置。對某事工來説，問題可能會是：「為的是甚麼？」這問題對每項禮儀行動和相關行動都有意義。如果禮儀或表徵的事物不再對一個羣體有意義，如果這不能再為一個目的服務，那麼最好就是將之揚棄；如果一首歌曲或音樂不能很好地實現事工的目的，那麼還是不選用為好。除非一項禮儀或一首歌曲能夠實現清晰的目的，否則它就失去存在的意義。禮儀和歌曲札根在應用中，為的是實現它們在事工中當有的功能。每一部分、每一首歌的意義和動機，都應仔細遵守。運用在禮儀中，每首歌都應像一個好僕人，其職責完全根據教會傳統和守則下的禮儀和安排而定準。[12]

## 讓人主動投入

回應是崇拜的重點。回應可以有多種形式。歷史上，基督徒崇拜非常強調崇敬和讚美，會眾以歌頌表達讚美。音樂最基本的功能之一，是讓每一個人參與。歌唱是羣體敬拜中人人都可以主動參與的項目之一，是把讚美獻呈給神的最佳媒介。歌唱的價值在於主動地以當事人的身分投入崇拜，而不只是被動地冷眼旁觀。音樂通過聆聽、默想詩歌內容，並以動作或感情回應詩歌等，多方提供機會，讓人投入參與。敬拜羣體唱詩時，每個人必須把詩歌聯繫到自己身上，獲取詩歌所帶來最充實的意義和價值，必須把自己讚美的祭呈獻給神。

讓音樂從塵世的娛樂中被釋放出來，變成神聖的啟示。讓音樂永遠不止於自身，而是表達恩典的方式。透過音樂，讓人瞥見比音樂本身更偉大的事物。讓它永遠不會被當作展示人類智慧的櫥窗，而是屬靈祝福的傳送站：不是一個終站，而永遠是一條通衢大道。[13]

問題不是「你的歌喉是否美妙？」，而是「你是否有一首歌？」如果我們渴慕敬拜神，那麼大概再沒有別的途徑，比歌唱更適合表達我們的感情了。[14]崇拜的每一項行動，都可以藉著唱歌有意義地表達。在崇拜中真正投入，就是每一個人都可以自由地向著音樂和藉著音樂回應。歌唱讓我們向神表達最深邃的思想和感情，提供奇妙的媒介，讓我們可以向神表達感恩、熱愛和委身。「凡事要奉我們主耶穌基督的名，常常感謝父神。」(弗五20）只要人們意識到他們之間並不是為誰表演，而是把自己向神獻上，會眾的唱詩才是正確和健康的。

音樂既不是輔助崇拜，又不是製造崇拜的工具。音樂是奉獻，獨一地獻給神。神是源頭，也是終極。演奏、演唱音樂不是源頭和終極，而是奉獻，所以唱詩、奏樂是敬拜的行動。[15]歷代志下二十三章18節講述了獻祭和音樂之間的關係。在獻祭和唱詩歌之間：燔祭與歡樂歌唱一同向神呈獻。

> 耶何耶大派官看守耶和華的殿，是在祭司利未人手下。這祭司利未人是大衛分派在耶和華殿中、照摩西律法上所寫的，給耶和華獻燔祭，又按大衛所定的例，歡樂歌唱。

這聯繫在歷代志下二十九章27至29節更明顯：

> 希西家吩咐在壇上獻燔祭，燔祭一獻，就唱讚美耶和華的歌，用號，並用以色列王大衛的樂器相和。會眾都敬拜，歌唱的歌唱，吹號的吹號，如此直到燔祭獻完了。獻完了祭，王和一切跟隨的人都俯伏敬拜。

這裏說得十分清楚：獻祭和唱詩不是互不相連、一方比另一方更重要的活動，而是由兩個相等部分組成的聯合行動：既獻上祭牲，也以音樂獻上讚美，是同一行動中兩個不可分割的部分。[16]今天，我們不再帶燔祭敬拜，而是「靠著耶穌，常常以頌讚為祭，獻給神，這就是那承認主名之人嘴唇的果子。」（來十三15）我們在聖經中看到神如何與人溝通，也在詩歌中看到人如何與神溝通。詩歌建立個人或羣體對神的回應。

會眾唱詩歌是羣體性身同感受的經驗。音樂能夠引起體能性的興奮。

它引發出高度的醒悟、注意力和興奮：全人、全方位的狀態提昇。大腦在使用聲線、嘴巴、嘴唇和喉嚨不斷整理訊息，直到我們把訊息儲存記錄。會眾的歌頌是羣體性的。在更明顯的意義上看，它也當是一種動態的身體活動。聖經確認，人體是神所創造物質世界的一部分，而且「甚好」。因為「道成了肉身，住在我們中間」(約一14)，充充滿滿的有恩典有真理，啟示了神的榮光，我們因此也可以說：「由道而成的肉身甚好。」身體和靈魂是不可分割的：當我們全聲歌唱，我們的態度也改變了。當我們的態度與最深的信仰結合，歡唱的人從自我之中解脱，進入與神的美善和信實互相結連的境界中。[17]

雖然，讚美大概是會眾在崇拜中對神的回應最強調的部分，但其實透過歌唱的回應，還有其它的重要性。認罪在福音派的羣體崇拜中常常遭到忽略。[18]藉著歌唱，我們承認自己的過犯，懇求神的赦免。另一個重要的整體回應是稱謝或感恩。「你們要稱謝耶和華，因他本為善；他的慈愛永遠長存！」(詩一一八1)基督徒可以常常用詩歌來表達向神的稱謝。

所有崇拜禮儀的細節，外觀的、內在的，都有一個共通的功能：激發我們禱告。[19]我們通常的禱告經驗是個人的，歌唱卻可以讓敬拜者同心合意把他們的祈求、盼望、讚美和感恩，一起帶到神面前來。

歌唱可以被如此描述：一個讓全人投入禱告的回應。詩歌把信徒在共同的禱聲中聯合。神的子民在歌唱中獻上禱告。音樂代表了天國的子民把他們聖潔的祭向神獻呈。[20]

幾個世紀以來，在改革宗的傳統裏，詩篇被整理成公禱的形式，成為一本信徒禱告本。從新約時代至今，詩歌這一份豐富的財產，讓禱告從千萬信徒的嘴唇上，用歌唱的方式頌唱而出。[21]音樂永不是只為娛樂或藝術表現而存在。如果更多教會明白，音樂在崇拜裏的作用是帶領他們進入禱告中，人們就會較少要求用音樂自娛，也會較少把注意力放在期待明星般的表演。[22]

以詩歌回應聖經和講道的真理教訓，是一個很好的做法，可惜這往往被福音派崇拜所忽略。[23]

仔細安排合宜的詩歌，讓會眾回應講道的內容，可以提醒我們，音樂在崇拜中的角色與功能，以及其在崇拜中之重要性；而不是讓詩歌變成一種次要的背景音樂，人們可以在一遍樂聲中鳥獸散。[24]

## 提供合一

大多數人類學家和人種音樂學家認為，音樂在任何族羣中最重要的功能，是支持這一族羣文化的價值系統。音樂為整個文化添加上意義和認同。正如在基督教羣體中，歌唱可以述説耶穌基督的福音，羣體歌唱反映了羣體的文化。歌唱幫助會眾回顧神在基督裏成就的大事。因此，當人人都思想和曉得他們都「在基督裏」時，聖潔國度的意識馬上呼之欲出。[25]

一首詩歌可以營造友誼、修補裂痕、化敵為友。誰可以繼續把向神獻上同樣禱告的人，當作是仇敵呢！因此，詩歌有共通之妙，可以維繫萬人於同聲同息，所提供的是百物中之上好。[26]

在基督徒的崇拜裏面，音樂扮演著合一的角色：羣體在音樂中表達聯合統一的情感，在歌詞中表達受到聖經光照的理念。音樂不但給予一個共同的動作回應，而且營造出心理社會（psychosocial）的團結。[27]音樂界定與強化個人對團體共同目標的認同感，建立正面的團體關係，提供團體凝聚力，聚集羣眾，建造正面的人際關係。基督徒在歌唱中過更親密的團契生活。

羣體歌唱同時要求發聲和聆聽、收取和付出，留意自我和留意周遭。所以，歌唱比其它禮儀活動更多地宣告我們對教會的參與，更能表明個人在敬拜羣體中之參與，一同記念主的受死與復活。[28]

在任何地點和集會中，如果不能夠表現羣體性的行動，這集會的性質就難以確定，並且欠缺了靈魂。[29]心理學家往往相信，除非因為一些事件或某種情感提供共鳴點，把許多個人聚合成為羣體，否則人們還是會以個人的形式去生活。羣體形成之後，成員會依整體的理念一致行動，其所發揮的力量，遠遠大於個別成員力量的總和。當一個由基督徒組成的羣體，在會眾唱詩中齊唱同一旋律、回應同一節奏、共享同一情感、領悟同一信息、表達同一信念時，這氣氛不可避免地把個人與個人之間的關係緊緊聯結，人不再是遺世獨立的個體。對於會眾，一齊唱頌帶領出如此宣告：「我們是基督的肢體」。正如潘霍華所說：

> 在齊唱之中，人所聽聞的乃教會之聲。並非你個人在唱，而是教會在歡唱，作為教會一員，你是歌聲的一部分。[30]

音樂有挪移人與人之間藩籬的能力。一羣五湖四海、背景不一、脾氣各異的人，卻可以在歌唱中合一。這象徵了信眾在基督裏的團契（*koinōnia*）。[31]約翰一書一章7節提供了教會的基本要素：「我們就彼此相交」。希臘文 *koinōnia* 可被譯作不同的意思，但「分享」是其最佳譯法之一。在新約中，*koinōnia* 的概念是基督徒對普世需求、愛心、關懷和分享的回應。救恩是一種連續不斷的經驗，在人與人之間發展，團契的基礎是基督的福音，人們在基督裏共享豐盛，在神的恩典和聖靈的福澤中，共赴天程。

在齊唱中，我們彼此相屬，建立社羣。無論何時，當眾多聲音同唱一曲，羣體的感覺會油然而生。我們不作獨唱的演員，不尚自我的陶醉，不與他人一比高低，而是互諒互讓，聯聲連手，彼此聆聽，節奏相同，在歌聲中彼此相愛。音樂對個人或團體都能夠引入一種說話所沒有的超然感覺。個人的頌唱，能把人從自我中解脱出來，進入音樂的世界；集體的歌唱，在音樂中營造出一個羣體。同聲歌唱令羣體意識生色。[32]羣體變得不僅是機械的組合體，而是在孕育出美善。[33]當人們投身到歌曲中，全會眾變成了一個聖靈充滿的羣體，同心、同意、同聲運作。以音樂表達真理，有更大的衝擊力，讓真理可在更深更廣的層面被接受，讓來自不同的個體，不同的認信，藉歌聲合而為一，把一羣互不相關的羣眾，化成一個羣體。[34]

詩歌集是眾聖徒、教會和繼往開來的基督身體一部超越時空的生命見證。每一首詩歌都是神不停地在祂的子民身上實現其目標的實證，正如巴特所說的：

> 會眾所頌唱的，是充滿了實在而奇妙回憶的古老詩歌，教父長久以來對受苦、掙扎和凱旋那些似幻而真的見證，把人帶到一件驚天動地的事件上，不論傳道人或會眾是否明白他們唱的是甚麼，但所有人，都充滿對神的懷念，永遠是對神。縱然各人心中充滿失望、憂慮和疑惑，他們仍會高呼：「神在此間！神在此間！」[35]

# 傳遞基督信仰

音樂和語言有相似之處，兩者都是傳遞的方式，因著表達情感、思想的需要而作，有文字的音樂表達了語言的訊息。音樂一直是最有效傳播基督信仰的媒介之一，在情感的表達上，語言有時會蒼白無力，音樂卻能把情感和詞句揉合一體。歌曲能夠賦予文詞更大的感染力，[36]使之更易傳遞。

詩歌的歌詞和音樂彼此互動而產生意義，足以使人在音樂和歌詞之間留連玩味、沉思冥想。文詞和音樂各司其職，其合作無間處，可令彼此互為昇華，最終達致溢於言表的境界。[37]

我們的目的是把兩者融為一體——以詞句表達內容或見解，以音樂提供輔議，把訊息的意義提昇到可理解的更高層次。

不過，語言和音樂之間有一個根本的分別。在演説中，人的意念基本上先受字彙、詞句的影響，然後在見解之上產生想像，再產生情感。在音樂中，身體感受到某些經過組織和處理的音符，如流動的旋律或有力的節奏。情緒馬上就會被喚起，想像力開始把樂音與某些在精神上產生的影像連繫起來。[38]

音樂被理解為一種傳遞意念的語言。從神與以色列祖先的關係中，可以看到歌曲在信心的學習和成長過程中的價值：「現在你要寫一篇歌，教導以色列人，傳給他們，使這歌見證他們的不是。」(申三十一19)這首歌的任務，因而成了目擊和見證。

在歌羅西書三章16節中，保羅提醒我們：「當用各樣的智慧，把基督的道理豐豐富富的存在心裏，用詩章、頌詞、靈歌，彼此教導，互相勸戒，心被恩感，歌頌神。」保羅向歌羅西教會提出一個最基本的要求：讓真理豐富、充實和毫無缺乏地充滿在你們中間。「彼此教導，互相勸戒，心被恩感，歌頌神」這段話指出，在崇拜中有兩類聽眾：神，以及教會的會眾。在崇拜中，我們不但把讚美獻給神，神的子民還要肩負彼此教導、勸勉的責任。我們的歌頌固然是呈獻給神，同時也有著在主裏建立弟兄姊妹的意義。[39]每一位敬拜者都有透過音樂彼此鼓勵的責任。我們不去問哪類音樂更令自己欣賞，而要問甚麼可令我們更進深到神的真理中？甚麼能最好地表達真道？如何能把真道的榮美與奧秘、無窮無限與白白賜予的訊息，透過詩歌毫無保留地傳播萬方？[40]我們向神歌頌的同時，也在向周圍的人傳達了甚麼訊息？當我們一起藉著歌頌崇拜時，怎樣造就和建立其他主內肢體？

詩歌是有效的教導工具。歌頌教訓、勸勉、鼓勵和提昇。神的話語配上合適的音樂，可以穿透心懷意念，存留其中，因為結合了智慧和情感的力量。詩歌並不是嚴肅、系統化的教條。根據詩歌一般的安排和內容，詩歌顯然有神學意義。[41]信眾聚集一起，不只是為敬拜基督盡情歡樂，也為更深了解基督是誰，祂為世人成就了甚麼。正如彼得説，基督徒是「要在我們主救主耶穌基督的恩典和知識上有長進。」(彼後三18)信徒的歌頌，應該對知識上的長進有所貢獻。

基督徒通過唱詩歌，在他們信心的根基上得著教導。印刷技術發明之前，詩篇、靈歌是基督徒教育必要而珍貴的教材，即使在印刷技術出現以後也是如此。[42]而且，貫串在音樂裏的真理教導，有令全人(而非只是在意念上)投入其中的潛力，就像奧古斯丁所説：

> 我被教會優美的歌唱聲音深深感動，在詩歌和頌讚中淚流不止。那唱詠之聲飄入我耳，那永恆真理充滿我心，淚水自敬虔昇華之處泉湧而下。所有這些，於我大有裨益。[43]

不斷重複的詩歌，不斷建構和成就我們的信仰。唱詩歌讓人們表達其神學觀和信念。[44]當詩歌成為崇拜和會眾全體行為的一部分，我們可以更深更廣地表達信仰，而且擁有信仰上更共同和豐富的語彙。許多宗派根據其教會信條編輯詩歌集，發展出宗派的傳統，許多文獻都有相關記載。希伯來書十三章15節指示我們獻給神讚美的祭：「承認主名之人嘴唇的果子。」唱詩歌是承認神、向祂表示我們信念的方法。藉著一個人所唱的詩歌，就可以知道他是一個怎樣的人。[45]

除了培育信心之外，詩歌廣傳的影響不可磨滅。[46]在唱詩歌中，基督徒告訴世界，他們所信的是甚麼。詩歌的作用是宣言的傳播媒介，宣揚在基督裏神大愛的好消息，羣眾因為熱愛音韻之美，而被音樂所吸引。當真誠的信息與不可抗拒的音樂結合，而且在純潔無邪的情感中被唱頌，對參與者和聽眾來説，效果十分有力。這是表示基督徒信仰最明顯的方法之一。[47]

從神學上説，你可把音樂看作多於或少於語言。音樂少於語言在於：真理來到了凡間，如聖經語言所見證的，基督道成了肉身，這是見證中的見證。音樂多於語言在於，聖經必須被宣揚，即必須被有效傳講。只要語言在修辭上有效地使用，就具備了某程度的音樂性，當這種音樂性繼續提升，傳遞訊息的功能便會大大增強。[48]

音樂被證實在傳揚福音上非常有效，在差傳和佈道的歷史上，扮演了重要的角色。音樂烘托文字訊息，傳揚真道。音樂在吸引注意力、建立關係、破除障礙等方面甚有可為，向世界展示了基督徒的友愛關係，並且伸出旋律的雙臂，熱情呼喚、隨時擁抱那些在神家以外未信主的羣體。[49]

神不滿足於只把祂的真道交付到我們手上，祂要把真道放到我們的心版上：「我將你的話藏在心裏，免得我得罪你。」(詩一一九11)音樂能把神的話語裝點得更清晰精彩，讓神的話語深藏在我們心裏。我們不單能夠憑對神的描述來了解認識神，更可藉著藝術，特別是音樂，嘗試體會神的抽象、不可觸摸和超越性，這也是神的靈向人的心靈啟示的一種方式。[50]

韻律、和聲與演出，如何與文字的潛在意義相聯繫？音樂澄清意義，將意義放大，在意義表達的過程裏支持、輔助，卻不主宰意義。音樂可幫助或妨礙會眾理解和表達原作者意思的能力，卻不能改變原作者的意思。音樂雖然不能改變歌詞的意思，卻能塑造一首歌曲的感染力，加強聽者對信息的印象。[51]

公元4世紀神學家奧古斯丁觀察到歌詞和音樂之間的互應力，他説：「當聆聽一首詩歌時，如果我的感動是來自歌者多於來自歌詞的信息，我是已經犯罪了。」換言之，把音樂當作終結而取樂，是錯誤的。這樣的做法，忽略了音樂屬靈鍛煉的重要性。[52]如果音樂在功能上為文詞之輔，它的價值是肯定的，但如果音樂喧賓奪主，它的運用就弊大於利。[53]

## 表達情感

感覺隨著人類所有的經驗。音樂與人類的感覺形式相似，是日常生活情感的有聲版本。[54]音樂可以直接象徵某些情緒：「我們傾聽，然後歡樂或愛慕，哀傷或恨惡。」這象徵似乎被一系列與我們身心自然功能相關的複雜音響、節奏所主宰（例如，心率的快慢），也與某些人類的聲音相關（飲泣、歎息、笑聲）。[55]

對聽覺感官系統產生花樣百出的衝擊力，音響藝術的最終目的是：完全吸引聽眾的心意，完全壟斷心意所有的理解功能，通過純化的激情和火熱，去滋養心靈內在的美善。[56]

音樂常被比喻作情感的語言。對更多人來説，音樂以獨特的藝術表達能力，塑造出個人能感受的更大滿足和快感，相比其他藝術，音樂更能提供給人在藝術表達上的滿足感和喜悦。[57]音樂是一種情感的表述，每個元素對正在表達宣洩的特別情感，都有貢獻和支持的作用。音樂有在情緒上、神經上的刺激功能，沒有其它溝通方法可與之平分秋色。大概是因著這種功能，音樂能夠與人的心靈溝通。喜樂和憂愁難免會滲到歌曲中。音樂自情感而生，是內在情感的外在表露：愛慕、喜樂和良善，正如憂愁、憤恨，以及其它各類負面情緒。[58]在崇拜中，音樂的心理功能之一是營造崇拜的氣氛。它是燃點想像、開內心扉、破除我們與神之間藩籬的奇妙工具。[59]

基督徒在歌唱中表達感覺與見解，許多深奧的感覺和見解，都在真正的敬拜經歷中產生。如果這些情感和意念在歌頌中被表達和詳述，就可以一再被感受、詮釋、述說和接受。[60]

若要敬拜神，最高形式的喜樂是歡聲歌唱。頌讚是無可避免的，喜樂和讚美的言語，也就是靈歌的言語。重複的「阿利路亞」——「讚美耶和華」，把詩篇一四六至一五〇篇反複再現，本質上是音樂性的。在哀慟中向神呼求，悲傷最深刻的形式是哀歌。哀慟和悲傷的語言也就是靈歌的語言。詩篇五十一篇「求主憐憫」的呼喊，本質上是音樂性的。[61]

詞語本身可以是強烈的，但詞語與音樂的適當結合，可以在意念和良知中產生難以磨滅的烙印。音樂除了觸及靈魂，還可以進一步令身體顫抖，令腳尖輕踏拍子；更為重要的是，它可以穿透到靈魂深處的潛意識(subconscious)。當文詞與曲調吻合，歌曲有動感、發展，在緊湊的氣氛中展露層次。在上述整合中，音樂讓文詞變得戲劇化，詮解、潤飾和賦予文詞生命力，整體上豐富了文詞的原義。

輕柔有序的節奏讓我們在抑鬱中得到寧靜，伴隨我們在孤單無助中的苦痛和壓抑。當音樂營造起秩序、整體感覺、寧靜、平安時，它帶來醫治的功效。如果「歌唱的人獻上雙重的禱告」是真的，那麼我們的禱告在與神親密無間的時刻中源源不絕。[62]

人類的大腦右半球掌管感情和創意，左半球處理數據。當大腦左右半球都投入到崇拜中，包括感情和理智方面的整體個人接受了訊息，音樂就能夠把我們領到僅憑理智所不能之處。如果有力的文字與動人的音樂組合成歌，人能被全方位地觸及，這是只憑文字或音樂所不可達的境界。恰當的音樂令文詞的情緒更緊湊、甚至超越其中，從而讓人獲得理性的體會。[63]

聲音引發出崇拜的心態，它在人內心深處刻劃出伴隨神而來的大而可畏和深不可測之感。聲音循此途徑發送出我們內心一種非理性的情緒，是詞語和更理性化的意思不能自由表達去疾呼敬拜的。[64]

如果期望音樂的功能只在於營造感覺或心情，我們可能會面臨把焦點從信仰轉到情感的危險——並非根據詞語完整的意思，為情緒化而情緒化。以下是情緒化的一些表現：

一、傾向過多使用某類合乎個人口味的音樂；

二、音樂與崇拜中的其他環節沒有任何相關的關係；

三、曲目未能完全表達整全的神學和教會觀；

四、拒絕選擇新歌、新音樂，包括新形式的音樂。[65]

在實用上，如果敬拜者在音樂中得不到喜樂，他們大概也不會從音樂及其文詞中得到造就。在選擇崇拜音樂時，我們不只要問：「這是否大家所喜愛的」，我們還要問：「是否配合整個崇拜的內容和處境，以及音樂與前後環節間的關係」。[66]把重點只放在對音樂的感覺或心緒之上，會導致崇拜者從對父神和基督耶穌的注意力中偏差流失。音樂可以啟發熱愛、和平、喜樂的感覺，可惜音樂經常誘導我們以為這些就是牧養的目的，讓我們忽略了它們其實是牧養的果實，以至期望愛心環繞的氣氛多於耶穌本身；渴求平安和喜樂，而不是永活的神。這不是說，宣揚真理的理性應與感覺或情緒互不相容，而是不應只以感覺和情緒，取代我們對神的真理在理性上的尋索。[67]

## 輔助記憶

我們為何記得兒時學習的詩歌，卻忘了聽過的講道？現代科學發現，唱頌的文字比講述的文字在記憶中存留更長。[68]我們的長期記憶似乎是位於大腦右半球，而這半球對音樂極之敏感。[69]原始文化顯然憑直覺懂得這道理，因為在字母和書寫出現以前，所有重要事件、歷史、宗教與道德教訓，都以頌唱形式講述。公元4世紀的教父巴西流(Basil)發現了這一點：

> 當聖靈看見人類的不良傾向，發覺我們因自己的競逐繁華而對正義的人生懵然不知，他怎樣處理？他把旋律的樂趣揉合到信條中，讓我們從旋律的快樂與柔和中，不知不覺地接受文字裏有用的東西。的確是聰慧的發明。先人匠心獨運，讓我們寓學習有益事物於歌唱中，如此一來，信條根植於心，難以磨滅！[70]

音樂是增進記憶的設計，提供結構。當音樂包裹訊息，為記憶任何資訊提供了一個簡單的結構。附庸於文字的音樂節奏和旋律，讓人容易記住主題，無數信眾的心靈在回憶詩歌，回味其中的詞語和旋律中得著鞏固、展翅飛騰。[71]詩歌的力量往往突顯於重複的唱詠後，詩歌也是優秀的記憶方法，經常出現在我們的意念中，有時甚至自發地由我們心和口吟唱而出，伴我們共渡歲月。

詩意的音樂形式，能令神的話語生動活潑，易於銘記，從而把珍貴的真道深藏在我們心間，鼓勵我們敬拜、順服。音樂讓文字變得活力四射，成為容易記憶的方式。[72]

音樂也喚起記憶，讓我們的記憶返回過往的時間和地點。音樂有本領把記憶與種種事件關聯起來。[73]聽到聖誕詩歌時，人們想到聖誕節。許多在教會中頌唱、演奏的聖誕詩歌和音樂，與教會年曆中特定的時間有關，就如不少流行世俗歌曲與世俗節期有關一樣。在我們的記憶中，有些詩歌與某些特定事件有關，例如婚喪。

我們的生活如同音樂，有音高、速度、音色、轉接、不協和聲，就像我們經過痛苦、歡愉、希望、憤怒和喜樂的時光一樣。簡單說來，音樂與我們靈性上的本質和期望有深刻的共同之處。[74]

## 注入美感

如果因萬物的美麗，人們曾向諸神膜拜，讓他們明白萬有之主那出類拔萃、無以倫比的美麗吧，是祂創造了萬有之美。又，如果他們對萬有的能力和能量印象深刻，讓他們從中認識創造的神，祂超乎萬有的大能力不可量度。透過被造物的能力和美妙，我們可以從類比中，管窺這位造物主的萬中之一。（希臘文次經《所羅門智訓》13:3～5）[75]

基督徒總是把美作為通向神的途徑來欣賞。哲學家把美看作神向觀感所作的宣言，他們聲稱：「任何藉手工造就之美，不過是對彰顯在萬物之上那造物主本體之美的附會和模仿。」[76]被造的萬物在不同程度上有其美妙，因為神是美妙的，也因為萬物是從神而來，在不同程度上反映了神的真實。[77]內在美的塑造，無疑來自靈性上對神所啟動之美的渴求。[78]腓立比書四章8節的金玉良言是：「弟兄們，我還有未盡的話：凡是真實的、可敬的、公義的、清潔的、可愛的、有美名的，若有甚麼德行，若有甚麼稱讚，這些事你們都要思念。」

藝術雖然是自我成就美感，卻有深刻的屬靈和道德內涵。美感是人類與走獸最大的分別之一。[79]「美」不易解釋，也難以定義。人的意念不能全然領悟神的奇妙，只能偶爾看見從生命榮耀的瞬間所輝映的閃光：「自從造天地以來，神的永能和神性是明明可知的，雖是眼不能見，但藉著所造之物就可以曉得，叫人無可推諉。」（羅一20）詩人目擊創造大工充滿美妙藝術的過程，在音樂中述說了神權能的名。

> 我觀看你指頭所造的天，並你所陳設的月亮星宿，……
> 你派他管理你手所造的，使萬物，就是一切的牛羊、
> 田野的獸、空中的鳥、海裏的魚，凡經行海道的，都服在他的
> 腳下。

耶和華我們的主啊，你的名在全地何其美！（詩八3、8～9）

在生命浩瀚廣闊的奧秘中，音樂幫助人類表達難以言喻的情感。[80] 那不是概念性的演講，而是音樂，美妙地讓我們把細微的感覺述説表達。[81] 在心深處，我們知道神是所有美的原創者：旋律的柔和，和聲的樂趣，對節奏扣人心弦的感觸。[82] 音樂讓我們的靈向神甦醒，因為它反映和表達了創造本身的美麗和秩序。[83] 許多教堂以其建築設計證實這一觀點而音樂則以**貴格利素歌**（Gregorian chant）和複調音樂突顯美感。貴格利素歌（chant 或 plainsong）是早期教會唱頌的旋律，特色是：一、單音旋律；二、旋律多以級進形式進行；三、音域狹窄，通常不超過五度音程；四、自由節奏。後來的羅馬教會主教貴格利一世全力推行這類音樂，致力搜集各地的素歌，故後人以貴格利之名統稱這類音樂。貴格利素歌與多聲部形式作其音樂，證實這一點。[84]

好的藝術不是一份説詞，它象徵著力量。蘊含在這力量中的超然價值觀光明正大，扣人心弦，穩定而持續地塑造著更真、更善、更美的觀感。[85]

我們不是為美而去想像美，而是因著美，把我們的注意力引向神的美妙。偉大的宗教音樂有「護教學」的作用，引導聽眾與美結合，與生命結合，因而探求人與美、與生命結合的基本根據。[86] 把藝術放在被崇拜的地位，完全是不恰當的，因為我們應當崇拜的是造物主，而非被造物——我們崇拜的是神，而非藝術。[87]

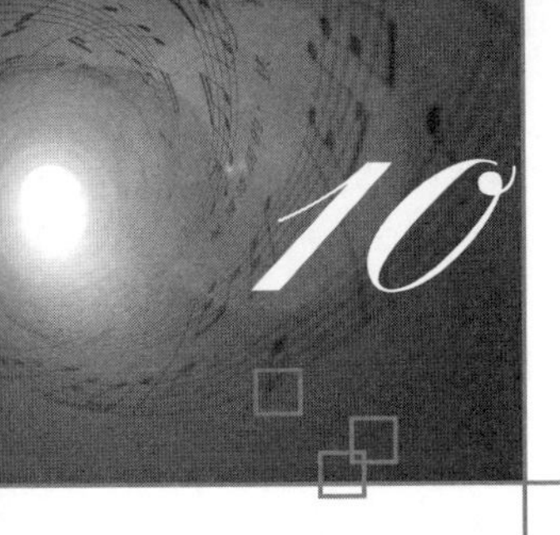

# 10 教會音樂事奉者的品格與態度

音樂家有時會被人視為怪人，常常會被套上某些負面的形象，例如：情緒化、驕傲自大、完美主義、保守主義、猜忌、嫉妒等。這些詞語常被用來當作是音樂家的特徵，常聽的評語有：他們不聽建議，不喜歡被批評；他們自我陶醉，離羣獨處；他們吹毛求疵，放蕩狂妄；他們喜怒無常，舉止怪誕。公平地說，許多人也是有這些品格的缺陷，音樂家很有機會在生活中碰到相似的問題，只是由於他們是藝術家。這是音樂家自然性格的一部分，捨此難成音樂家。人們好像也接受了，以其為音樂家的特色。因此，音樂家好像是透過他們的天賦，而非品格，獲取人們的尊重。

不過，對教會音樂事奉者來說，我們不單是擁有音樂天賦的音樂人，更肩負事奉的屬靈責任。在舊約中，大衛委派一些利未人作聖殿音樂工作：「大衛派幾個利未人在耶和華的約櫃前事奉，頌揚，稱謝，讚美耶和華以色列的神。」(代上十六4) 利未人是被神揀選的支派，並受到音樂的教育和訓練：「利未人的族長基拿尼雅是歌唱人的首領，又教訓人歌唱，因為他精通此事。」(代上十五22) 他們也必須手潔心清：「你從以色列人中選出利未人來，潔淨他們。潔淨他們當這樣行：用除罪水彈在他們身上，又叫他們用剃頭刀刮全身，洗衣服，潔淨自己。」(民八6～7)

今天的教會音樂事奉者與利未人相似：「惟有你們是被揀選的族類，是有君尊的祭司，是聖潔的國度，是屬神的子民，要叫你們宣揚那召你們出黑暗入奇妙光明者的美德。」(彼前二9)雖然這節經文是指所有信徒，但教會音樂工作者也是被揀選的一羣，賦予音樂的恩賜和天分。他們是經過訓練的音樂隊工，有機會學習音樂，因此應該手潔心清地事奉神。在音樂上，質素和技巧是重要的，但在神看來，委身的態度更為寶貴。「主說：因為這百姓親近我，用嘴唇尊敬我，心卻遠離我；他們敬畏我，不過是領受人的吩咐。」(賽二十九13)教會音樂事奉者應有高超技巧與屬靈深度，在技巧和態度上取得平衡。以下，我們將討論教會音樂事奉者的品格和態度。(本文的音樂事奉者是指不論受薪與否，在教會中以音樂恩賜事奉的人，包括指揮、彈奏樂器者、唱歌者、領詩等。)

## 與神建立緊密的關係

與任何基督徒一樣，音樂事奉者的首務是與神有親密的關係。詩人說：「神啊，我的心切慕你，如鹿切慕溪水。我的心渴想神，就是永生神；我幾時得朝見神呢？」(詩四十二1～2)我們應當在神的聖潔裏有份，而不只知道有神就滿足。耶穌為甚麼早起禱告？他知道保持與天父的親密關係是惟一要務。讓我們更新而重新得力是聖靈的工作，在希臘語中，聖靈常常被稱為「能量」或「神的大能」(*dynamis*)。[1]巴刻(J. I. Packer)提出了以下的激勵：

> 我們為何被造？是為了讓我們認識神；我們應如何設定生命的目的？認識神。耶穌賜給我們的「永生」是甚麼？認識神；在生命中，為我們帶來更多的喜樂、歡欣和滿足的最佳美事，比其它一切都更美的是甚麼？認識神。[2]

音樂事奉者必須深信，他們的任務是屬靈的事奉，而非炫耀天分或為娛樂他人。我們必須有這樣的信心：帶著聖靈能力的音樂有特別功能，可以服事人的屬靈需要。當韓德爾(G. F. Handel)譜寫著名的《哈利路亞大合唱》時，在淚中宣稱：「我的確認為，我看到整個天堂在我面前，還有偉大的神。」[3]但今天，在《哈利路亞大合唱》的演唱中全神貫注的是樂隊、指揮、合唱等，惟獨把神冷落一旁，把神從《哈利路亞大合唱》請到冷宮裏去了。音樂事奉者可能失足之處是，我們離開神而擺弄宗教音樂；或我們演奏基督教音樂，卻缺乏與基督的親密關係。[4]

不止息的靈命成長，是對音樂事奉忠心的惟一先決條件。一個自然地從與神有親密關係的生命，所流淌出來的事工是最有功效的。事工是我們與基督的關係所結的果子。[5]耶穌説：

> 你們要常在我裏面，我也常在你們裏面。枝子若不常在葡萄樹上，自己就不能結果子；你們若不常在我裏面，也是這樣。我是葡萄樹，你們是枝子。常在我裏面的，我也常在他裏面，這人就多結果子；因為離了我，你們就不能做什麼。(約十五4～5)

「在基督裏」是指我們與基督有正常的關係，我們的生命反映祂的愛，我們的心中滿有祂的真道。當神在我們當中居首位，我們會看見祂的國在我們中間興旺，因為神的國與聖靈在平安和喜樂中共存，人若不全心渴求，是不能得著的。不論一位音樂家多有創造性和天資，他決複製不出聖靈在一個奉獻的生命中所成就的奇功。

對於教會事奉的同工，神的事工最首要的要求是單純、成熟的屬靈生命。如果基督徒沒有每天紮根在主耶穌基督的十字架和復活的真理裏，靈命成長是不可能的。[6]靈命的成長不同於「看來屬靈」。真正的屬靈人所追求的是認識神和在祂的恩典中成長，而不是在一羣罪人前看來比別人更有屬靈氣質。他們的生命彰顯出神的同在，而不是要把自己樹立為教會的屬靈精英。真正的屬靈包含了聖經中的純淨、聖潔和完全等概念，這是基督徒對神呼召不斷回應及不斷經歷聖靈的同在。[7]

撒旦對基督徒可以贏取的最大勝利，就是它能成功地阻攔我們禱告、讀經和靈命成長。我們應當警醒，以免掉入諸如「你的事奉等於你的禱告，事奉成功是最有果效的祈禱」[8]等陷阱中。通過個人靈修與神保持活潑而不斷長進的關係，是一個好方法。這不是用來選樂譜、彈樂器或與其他同工排練的時間，而是專為禱告、默想、讀經而設的時刻，為的是加強我們與神之間的關係。音樂事奉者不應只有音樂家的資格，同樣重要的是他們要有屬靈的意識和追求。只有我們首先在屬靈上得到飽足，其他人才可透過我們獲得屬靈的餵養。[9]

神所尋找的是信靠祂、跟隨祂、願意顯出神在他身上的恩典奇事的信徒。一個與神同行的生命會顯出能力：「我們有這寶貝放在瓦器裏，要顯明這莫大的能力，是出於神，不是出於我們。」(林後四7)

## 忠僕的態度

音樂事奉者是演奏家，這很容易讓他們產生超越感，因為多數人不懂如何演出，惟獨他們精於此道。他們常受引誘，以為自己比別人強；期望得到尊崇，因著天分為他們贏取的觸目而沾沾自喜；渴望被認可和喝彩。一位知名的管弦樂指揮家有一次被問及甚麼是最難演奏的樂器時，他回答說：「第二小提琴。我可以找到許多第一小提琴，但問題在於，誰甘心以同樣的熱忱演奏第二小提琴？如果缺少了第二小提琴，我們就失去和聲。」[10]想要出人頭地的心態背後是驕傲，包含著受到抬舉的隱欲，[11]那是被人服事的欲望而非服事人。

在我們這「為自我服務」、「個人至上」的文化環境裏，僕人式的舉止不是流行的概念。但耶穌是以服事，而非身分地位，來衡量品格的偉大與否。[12]耶穌提醒我們：「你們中間誰願為大，就必作你們的用人；誰願為首，就必作你們的僕人。正如人子來，不是要受人的服事，乃是要服事人，並且要捨命，作多人的贖價。」（太二十26下～28）

僕人的概念是根植在舊約，這是契約關係的基礎。神將以色列救離埃及之後，命令他們服從和服事。耶穌，或至少如部分學者認為的早期教會，認識到祂的事工是僕人形象的事工。耶穌自己的事工為僕人的職分樹立了榜樣。耶穌最終以祂的死確立了僕人的樣式，要求祂的跟隨者服事他人，正如耶穌服事他們一般。[13]

如果我們要成為僕人，有一件事是必須作的，就是仰望十架。我們定睛在十架上，就會更樂意服事。馬丁路德說過：「基督徒是一位絕對自由的主人，沒有約束。但由於愛，他是一位絕對盡責的僕人，有伺無類。」[14]

我們要構想基督為粗俗無學的漁夫洗腳，要看見基督作為我們的無可比擬的僕人，在十架上為我們洗去罪孽。我們應該對主說：「主啊，你替他們洗腳，你洗淨我的罪孽，我要事奉你和你的教會。阿們。」[15]

僕人職分是由謙卑開始的，謙卑意味著脫離自我中心而進入以神為中心，[16]這是成為聖潔的直接結果，因為驕傲永遠是公義的大敵。[17]保羅寫道：「不要看自己過於所當看的，要照著神所分給各人信心的大小，看得合乎中道。」（羅十二3）

真正的謙卑不是因為你自己缺乏信心、勇氣和上進心而自形慚穢。真正的謙卑是將自己看得合乎中道，實事求是。我們必須清楚知道自己的長處和短處，曉得自己善於甚麼，拙於甚麼。[18]

真心誠意的謙卑是來自明白神所賦予的恩賜，懂得謹慎處理並樂意運用，[19]若想要謙卑，首先要在神面前謙卑。要知道，我們所有的天賦是源自神，「然而我今日成了何等人，是蒙神的恩才成的。」(林前十五10) 聖經提醒我們：「神阻擋驕傲的人，賜恩給謙卑的人。」(彼前五5) 傲慢的人會說：「看看我幹了甚麼！」謙卑的人則說：「看看神在我身上成就了甚麼！」[20] 耶穌卻說：「因為凡自高的，必降為卑；自卑的，必升為高。」(路十八14)

其次，我們也要在眾人面前謙卑。彼得前書五章5節說：「就是你們眾人，也都要以謙卑束腰，彼此順服。」我們必須拋棄任何令我們覺得高人一等的自我膨脹。向自高自大，我們是「死了」。他人待我如僕人，憑我們被別人待我們如僕人時的反應，我們就可以知道自己的僕人心志究竟如何。[21]

第三，我們的目的是服事他人，而不是要炫耀自己的音樂技能。服事的對象是人，而不是我們的音樂天分。音樂家過多注意技巧和形式，以至作為事工對象的人羣，反倒忽略了。我們藉著服事他人來事奉神，僕人永遠要找出能夠幫助他人的途徑：「所以有了機會，就當向眾人行善。」(加六10) 使徒彼得提醒我們：「各人要照所得的恩賜彼此服事，作神百般恩賜的好管家。」(彼前四10) 我們只不過是神的使者，事奉的目的不是要讓別人因我們的天賦而對我們刮目相看，而是要彰顯神的大愛和大能。

## 處理批評意見

音樂是演奏藝術，音樂家的位置總是在臺上受注目之處，而他們的演出總是受到諸多議論。藝術是如此個人化的一回事，乃至音樂家難以把他們自己與表演分開。許多音樂家是敏感的，導致他們對批評作出過分反應，並樂此不疲地自我辯護。

有這樣的例子：一位年輕音樂家的音樂被樂評人批評得幾乎一無是

處。著名的芬蘭作曲家西貝流斯（Jean Sibelius）撫著他的肩膀安慰說：「記著，孩子，世上沒有城市會為某個樂評人豎立紀念碑的。」[22]言下之意是，我們不要對批評過於介懷。

我們常把事情看得過於個人化，自我保護讓我們與他人格格不入，容易產生憤慨、苦毒，阻礙溝通和交流。自我保護的態度，可以令我們自己和事奉受損害。因此，音樂事奉者對批評持有正面與健康的心態，尤為重要。

與許多人所信的相反，我們要有一個能接受別人意見和回應的渠道。聖經提醒我們，面對批評時不開放自己是愚蠢的，「愚妄人藐視智慧和訓誨。」（箴一7）對批評和建議持開放態度與聽取回應，正是我們成長之途，聆聽他人的評議，可以讓我們評估自己是否步於正途。「愚妄人所行的，在自己眼中看為正直；惟智慧人肯聽人的勸教。」（箴十二15）無疑，有時批評未必中肯，但也不乏真知灼見，我們可以從有建設性的批評中學習許多東西。大衛在詩篇一四一篇5節中說：「任憑義人擊打我，這算為仁慈；任憑他責備我，這算為頭上的膏油；我的頭不要躲閃。」我們可視批評如同神讓我們在靈性上和音樂上成長的手段，錯失有時就像耶穌的扶持，將我們推離自我的依靠，讓我們更依賴神。[23]

雅各書一章19節讓我們看見對待批評和建議的良方：「但你們各人要快快的聽，慢慢的說，慢慢的動怒。」雅各提醒我們，應準備願意以寬宏大度聽取在任何討論中來自他人的意見。[24]聖經的觀點簡潔明瞭：人應當仔細聆聽，既不口出惡言，亦不怒火中燒。這勸戒充滿智慧，弗論今古。人如果聞過則喜，他必定知識日增；如果人不拒進言，他會愈更聰慧。[25]在雅各書中，所謂「快」是指聽而言，無論智慧要達成甚麼，聽乃悠悠萬事之首。[26]在猶太教法典〈米示拿〉的《先賢集》（*Pirke Aboth*, 5:12）中有一段精彩的論述，與雅各書的訊息相似：

> 有四種門徒：迅速聽進，但迅速忘掉，他的得著被他的失去所抵消；慢慢聽進，但慢慢忘掉，他的失去被他的得著抵消；迅速聽進，但慢慢忘掉，這是良好的一類；慢慢聽進，但迅速忘掉，這是極壞的一類。

音樂事奉者應該謹記，我們不只是演奏者，而是服事者。通過音樂恩賜和委身，我們去見證神。既然在所有時間裏取悅所有人是不可能的事，我們要學習的是如何使用神賦予我們的品格、天賦和恩賜，盡心在神呼召我們的崗位上竭力地事奉。這樣，我們就可以輕看別人的挑剔，而定睛於在前引領的神之上。

演出是娛樂。你必須擁有舞臺，也必須表現出自信和熱情。你即使正經歷嚴重的個人危機，也必須置諸度外，因為演出正進行得如火如荼。你必須完全忘我，在舞臺上使出渾身解數，一再感染每位觀眾。事奉，從另一方面說，絕非娛樂。事奉容不得半點虛偽，所要求的是真摯，即是說，我們要無偽地走出臺前。我們要的是謙卑，而不是靠自己的能力和信心，同時讓神成為舞台的焦點與主角。[27]

## 以開放的態度接受改變和新事物

欣賞、選擇某種音樂多於別的，本身並無不妥，我們各自都有讓人激賞的特點。「我知道我喜歡甚麼！」往往是指：「我喜歡我所認識的。」[28] 但當我們堅持，只可以用某種我們喜歡的音樂去敬拜時，問題就來了。我們要學習如何以廣闊胸懷，接受一些並不立即令我們覺得甘之若飴的東西。神邀請我們進入多姿多采的生活經歷中，超越我們目前可以理解和享用事物之外。

若果你今天敬拜的神與昨天敬拜的那位一般無二，那麼你只不過是在敬拜一個偶像！這不是形容神，而是對我們每人的評論。對我們來說，神永遠有更多的豐盛有待我們知曉。當我們拒絕新的認知，老實說，我們並非敬拜那又真又活的神，而只不過是用我們以往的經歷堆砌起一個沒有生命的偶像。[29]

新的經驗意味著變革。問題不應該是：「我們到底會否改變」，而是：「我們何時改變？多大改變？」事實上，變革永遠會發生，沒有甚麼是一成不變的。[30]使徒保羅論到聖靈在我們生命中作工時，有此預見。他說，我們將會改變，榮上加榮，指的是我們將經歷持續不斷的改變過程（林後三17～18）。[31]改變和成長相輔相成，是成長中不可少的部分，我們要以改變來保持生氣和進步。神邀請我們從更嶄新、豐富和完備的角度，去明白祂和祂的旨意。

改變是符合聖經的原則。耶穌基督的福音是改變生命的大能，這大能最基本的工作就是改變人的生命。[32]使徒保羅設定他事奉的原則為：以福音改變生命的大能力為基礎，達致神人和好的工作：「若有人在基督裏，他就是新造的人，舊事已過，都變成新的了。」（林後五17）有好幾篇詩篇告誡說：「應當向他唱新歌。」（詩三十三，九十，九十八，一四四，一四九篇）神是始終不變的，但我們可以用新的形式歌頌祂的偉大。我們必須願意評估以往的權威意見，有勇氣地搜尋更新和更優秀的東西。

彼得被鼓勵去吃諸般「俗物」，例如走獸、蛇類、飛鳥等：「神所潔淨的，你不可當作俗物。」（徒十15）對彼得來說，這是挺難應付的，不管是彼得的時代還是今天，傳統都是難以更改的。正如各式各樣的食物，音樂同樣種類繁多，有些形式還真的不容易讓我們接受，正如有些食物難以讓彼得接受一樣。

就像沒有食物對彼得是不潔淨的一般，對我們來說，神學上也沒有不可接受的音樂形式。其他方面當然重要，例如音樂的風格、音樂所引發的聯想，以及音樂對某教會的適切性等。然而，我們首先應有一個觀念：理論上，沒有任何旋律、音階、和聲、節奏、樂器和音色，是基督徒作曲家所禁用的。[33]

當改變來臨，我們應該著眼於改變後的結果，而不是改變本身。新事物的產生，不是新事物的終結，經過哲學和神學檢視和分析的改變，是健康的。[34]馬丁．路德說過：

> 某些人有最好的意願，但另外有些人心中只想別出心裁，為的不過是想要在他人眼中顯得鶴立雞羣，而非甘作平凡的老師。[35]

我們用不著害怕、避開變革和新事物，但引進新事物的理由，必須是超乎純為標奇立異的動機。在思索「如何」之前，我們要問「為何」，清澈的思路必須隨著改變。

明白過去、檢視現在、計劃未來，才能帶來有意義的改變。最能令我們順利地駕馭改變的方法是：既不拘泥過去，又不執著將來，才能與改變並進。[36]

基督徒的信心並不在於音樂形式，而是在文字訊息中。任何音樂體裁都適用於教會。古舊的詩歌有時難免與時代掛鈎，我們要有新歌，繼續向這時代述說那永恆、活潑的生命之道。

這決不是說，我們把古舊詩歌扔了。舊日的詩歌幫助我們與神國那在歷史上的豐盛認同。音樂家最大的恩賜，是有聽覺上敏銳的鑒別力去評估現在，有情感緬懷過去，音樂家以敏銳的觸覺和嚴謹的態度，帶領我們跳出個人的空間。[37]

傳統主義是在活人中的死信心，傳統卻是在死人中的活信心。問題是：我們(即教會)似乎從沒打算在同一羣人中做同一件事兩次，又如何建立正面的和健康的傳統？[38]

## 建立敬拜的概念

詩班指揮、詩班員、司琴都有份參與敬拜神，在崇拜中以彈奏音樂來榮耀神。音樂家在音樂學院、大學、公立學校或個人導師那裏接受訓練，這些訓練主要強調音樂技巧和風格。相形之下，神學根基就捉襟見肘了，對教會事工性質的認識和欣賞、特性和存在價值，也只是略知一二。[39]

音樂在崇拜中的角色舉足輕重，但敬拜用的音樂不止於音樂本身，它是一種宣揚福音的媒介，神的子民藉著它以禱告回應。事實上，音樂可以説是進行崇拜禮儀的上佳方式。由於這功能，任何關於敬拜音樂的討論，除了音樂的考慮之外，還須在崇拜的禮儀上給予同等考慮。惟有建構在禮儀的基礎上，我們才能明白不同教會、宗派和傳統在音樂上的差異。[40]

在敬拜中，音樂能夠表達言詞所不足道的最為深奧的思維和情感。它被用來讚美神、宣揚真道、表達禱告，也被用來講述福音。「吹號的、歌唱的都一齊發聲，聲合為一，讚美感謝耶和華。吹號、敲鈸，用各種樂器，揚聲讚美耶和華説：耶和華本為善，他的慈愛永遠長存！那時，耶和華的殿有雲充滿。」(代下五13)

音樂事奉者的首務，是對敬拜有正確的認識。在領悟敬拜主的意義和喜樂之前，我們還是別忙著為主作工。[41]否則，我們花許多時間和精力，卻是無的放矢。[42]

今天許多教會在崇拜中負責帶領音樂者，是會眾中最主要的神學家，他們所選用的歌詞會被會眾牢記於心，因而塑造了會眾的神學觀。帶領崇拜的，在崇拜中的角色其實至為重要，他們應得到更豐富的訓練。[43]

雖然，在崇拜中的音樂與音樂會的音樂，在技術層次上不存分別，但音樂在兩者之間的功能和目的卻不同。音樂事奉者對敬拜應有牢固紮實的基礎，然後才可以學習音樂如何在敬拜中發揮功能，以及音樂與教會生活、事工之間的關係。

我們將教會音樂定義為適宜教會敬拜所用的音樂。這意味著，音樂在教會生活中有其功用，離開這一功能性定義，沒有任何教會音樂在神學上的定義是可行的。音樂可以有宗教術語、宗教名稱，甚至煽情的宗教情懷和宗教氣氛。然而，這音樂如果不適合於崇拜，那麼就不可被稱為「教會音樂」。[44]

許多教會在心靈上的疾病，就是對集體敬拜的意義不了解。挽救此疾病的方法是悔改、心靈的更生(metanoia)、脫離膚淺和沒有根底的崇拜。[45]

## 選擇詩歌的原則

在選擇詩歌的過程中，通常可以觀察到若干現象。首先，音樂事奉者可能選擇與敬拜內容脫節的音樂。其次，他們可能選擇與歌詞訊息格格不入，或過分造作、純粹感覺的音樂。第三，他們可能選擇喜歡那些過多採用的詩歌，而無視其對禮儀的功效是否重要。

敬拜音樂應該有下列功能：

一、塑造功能，即藉著講述神在基督裏的豐盛的信息去塑造、建立我們的信心，並將我們吸引到神的救贖大愛。

二、改變功能，即激勵我們由隔絕至從屬，冷漠至投入，投入至信服，信服至委身。

三、啟導功能，即介紹一些東西並啟發人們對此反省。

四、教育功能，即在聖經、教會和信心方面教導眾人。

五、激勵功能，即叫我們放下自我，進入到盼望、喜樂、平安。[46]

好的音樂不一定就是好的教會音樂。基督徒的價值觀並不附於音樂本身，而在於創作和聆聽的的態度和動機上。[47]音樂事奉者不應把音樂當作某種裝飾點綴，而是用音樂帶領會眾進入讚美、默想、禱告、事奉、成聖和宣道的更高境界。[48]在寫作、選擇、彈唱上都合宜的音樂，可以被鑑定為好音樂。[49]而合宜地選擇音樂，則與上列五項原則息息相關。

合適的文詞、神學信息的缺乏或豐富、個人信念的肯定、對委身的呼召，都不是抽象的。音樂的使用，必須與特定的處境連繫起來。如果領會者或領詩者只依個人喜好來選擇詩歌，卻忘了上述考慮，會眾就會被帶到一個草率和沒有意義的崇拜經驗去。[50]

作為領會者或領詩者，可考慮在崇拜中選用不同風格、形式、音樂造型和口味的音樂。

音樂的原材料是中性的，其形式也許在神學上沒有異議，卻不一定是合宜的。音樂的可塑性很高，音樂的和聲、節奏和音色所表達的意義，會因應所用之處境而有改變。[51]

如何選擇音樂和詩歌？應該從詩歌、音樂的功能上著手。音樂事奉者的問題是：「詩歌、會眾是否了解所用的音樂，音樂又是否能造就會眾？是否榮神益人？」崇拜所使用的音樂，不是為音樂而音樂，乃為服事基督而存在。[52]禮拜堂的首務不是成為音樂廳，而是敬拜的中心。[53]當教會音樂純為嬉遊和娛樂服務，而不是為了敬拜、讚美和其它屬靈活動，教會的屬靈血脈會明顯受損。[54]若崇拜所用的音樂只為取悅會眾，會眾的靈命將不會成長，因為滿足自我，變成了敬拜的目的。[55]

每一位音樂事奉者都應該投入事奉中。音樂事奉和演奏音樂，其間有明顯的分別。

事奉與人們生活中發生的事情相關，這就是教會要做的事。另一方面，音樂演奏的出發點可以是純為美學目的，或不過是儀式性的例行公事。當以上兩者之一成了目的，當以上兩者有意無意間成了音樂的目的，那麼音樂、詩歌原來的事奉目的或對象，就會被音樂本身取代。意識到其間的差別，專注事奉而無旁鶩，乃是教會音樂事奉者的職責。[56]

保羅提醒教會：「用詩章，頌詞，靈歌，彼此教導，互相勸戒。」（西三16）

雖然不可能作出確切的界定，學者確信，詩章、頌詞、靈歌指的是繁多的體裁。似乎這是順理成章的，因為保羅用了三個詞去描述當時朝氣蓬勃的音樂活動。[57]

詩歌有一個重要的功能，就是以豐富的形式去宣揚豐富的福音。[58] 我們要更重視音樂所有的教育功能，無論應用在敬拜中的音樂形式是哪一種。

在決定一首音樂的合宜性時，音樂與歌詞都應在考慮之列。音樂事奉者必須毫無例外地，獨立分析一部作品的音樂和歌詞，避免由歌詞片面地決定作品的意義。單獨而不連歌詞地分析詩歌在音樂上的造形、效果和特色，這是重要而必須的步驟，保證了作品在曲式和歌詞兩者有一致的感覺、情緒和內涵。如果欠缺了這種一致性，那麼一首作品就可以被認為不宜使用。[59]

音樂事奉者應該記住，言詞在語言層次上有更明顯的訊息，因此在屬靈的溝通和交流上更顯重要。

對於音樂，有些人把它當作僕人或「宗教的女傭」。從非常真實角度來說，這是正確的，因為一首曲調若能襯托、深化和豐富歌詞，並且配合歌詞的語調和內容，才可以算得上是一首優秀的作品。[60]

歌曲是思想的宣言，我們歌唱是為了認同、表達或宣揚我們的觀點和忠誠。歌曲在我們生活更深的層次中，起著路標的作用。[61]

# 實踐篇

聖 樂 與 崇 拜

# 崇拜設計

聖經沒有提供「惟一」的敬拜模式或程序，我們只可從聖經裏找到崇拜應有的內涵，所包括的元素(element)；這方面的討論在本書理論篇的部分已經交代。從聖經、神學和教會歷史的探討過程，讓我們有理由相信，信徒以某種固定的方式敬拜神是不可能和不必要的。崇拜形式可以有很多，我們可以有相當大的空間來設計有心思和意義的崇拜程序，務求信徒在當中能經歷神的臨在。

在實踐篇的部分，讀者會首先了解在設計崇拜過程中應注意的事項，然後透過一系列崇拜範例，期望能擴闊讀者對崇拜設計和編排的了解。

## 設計崇拜的注意事項

一、教會的主日崇拜程序一般是由主任牧師或傳道同工負責，也有教會的程序由負責音樂的信徒編排。無論如何，負責設計崇拜的人員須具備崇拜學和音樂的知識。此外，他應對所屬教會的運作與傳統有一定的了解，以致他在崇拜設計中加入新意念和元素時，不會過度偏離教會的傳統及會眾的接納程度。

二、設計和編排崇拜，若能由一小組負責，既可分擔這沉重的工作，同時亦可集思廣益，讓崇拜更具心思及多樣化。不過，由於崇拜的設計沒有絕對的對錯，小組成員必須彼此互諒。

三、崇拜的編排應是預早安排的，以致讓負責帶領崇拜的信徒有充分時間準備。尤其是詩班與詩歌的配合，須經選詩和練習等費時過程，不可能一蹴而成。倘若崇拜要加上話劇，更需要時間寫劇本、排戲和實地演練。這些都涉及時間和場地的分配及安排。

四、新穎的崇拜模式或內容，為會眾帶來新鮮感和驚喜，但新事物過多，有時會使會眾在崇拜中只專注在新穎的內容，而無法聚焦在神的身上。此外，新事物可能讓會眾跟得吃力，也會失去從熟識事物而來的安全感，後者是令會眾投入崇拜的主因之一。因此，在設計崇拜中，須注意新舊內容的平衡，以致既新鮮又能投入。

五、一個設計和編排理想的崇拜，還需加上一班帶領合宜的領會者，才能達到預期的效果，兩者缺一不可。設計崇拜者須在設計的過程中，心中已有領會者的人選，瞭解各人的強處。領會者也要對所要帶領的崇拜有全盤的了解，熟悉設計崇拜者的理念及心思，以便發揮出當中的精粹。

六、理想的編排與帶領，還要加上場地的配合。崇拜場地空間(worship space)的擺設和佈置、場地的大小、空間的運用、音響效果的調校，都令合宜的崇拜編排相得益彰。

七、不同的宗派傳統有不同的模式；不同人的編排又各有睿見。編排崇拜者應具備多款詩集、公禱書、禱文集、討論編排崇拜的書籍、崇拜資源的期間等，以擴闊設計崇拜的思維空間。

八、每個創新的意念背後，都應有聖經和神學的理念。怎樣去做(how to do)是要有為何去做(why to do)的理據支持。編崇拜者須常緊記，不要為創新而創新。

九、一個設計合宜的崇拜，須具備以下的一些條件：

a.與聖經的教導相符。

b.與神學和教會傳統相符。

c.讓所屬的敬拜羣體明白並有所裨益。

d.有主題、中心思想和向度。

e.像一個故事或戲劇，具備進度(progression)、流程(flow)和起承轉合。環節之間有關連，所選用的音樂，其形態包括音量、快慢、演繹等，須與崇拜的整體流程和氣氛配合。

f.有變化(variety)，也有統一(unity)。

g.靜態與動態俱備，讓會眾有主動的投入，也有較被動的思想空間。

每個崇拜都有聖靈的工作。因此，在整個設計與編排的過程中，各參與者須時常禱告，一方面祈求聖靈賜智慧與亮光，編排合宜的模式與內容；另一方面，祈求聖靈讓參與崇拜者能投入敬拜，經歷神的實在。

不同的敬拜羣體有不一樣的傳統和敬拜模式，因此我們不會有「惟一」的敬拜模式。以個人來説，我們在人生不同的年齡階段，或不一樣的屬靈光景中，對崇拜可能就有不一樣的期望。不同的敬拜模式或傳統，讓我們擴闊個人敬拜體會的領域，加深我們對神無所不在、無所不能的體會。

## 崇拜後的檢討與評估

在集體崇拜中，每位信徒有不一樣的期望、心情和屬靈光景。因此，每個崇拜的編排不會完全滿足每位敬拜者的心意。雖然如此，我們仍可透過檢討和評估，改善崇拜的編排，使之不斷進步，更趨完美。評估的價值有以下數點：

一、擴闊思維。編排崇拜的人都有自己一套思想方式。好處是，這是個人的風格，但壞處是，這變成個人的盲點。評估能讓我們聽取他人的意見。這樣，一方面可了解自己的不足，加以正視和改善。另一方面，可藉此吸納別人的想法，從而擴闊自己的思維。

二、避免重蹈覆轍。每週或經常編排和設計崇拜程序，我們就會逐漸變得不夠敏感，以往曾犯的毛病，在不經意下會再次出現。客觀的評估，讓我們知道問題的所在，從而作出適當的調校。

三、敏感於別人的需要。編排設計崇拜時，我們會按自己的一貫作風思考，逐漸變得相當自我。評估提醒我們，崇拜不是只為自己一人，而是為所有會眾，因此，我們應該多些明白會眾的需要和喜好。這個由自我變成體諒別人的過程，幫助我們學習謙卑事奉。一個令人有深刻體會和感動的崇拜，不單是人的作為，更是聖靈的工作。

四、健康反映意見的途徑。相信沒有人希望要經多次轉折，才從別人的口中知道會眾對崇拜的意見。客觀的評估讓我們有機會直接知道事情的真相。同時，更可減少人與人之間的猜疑，讓編排崇拜者更健康地接納別人的意見。

檢討和評估的方法可以有很多類，本書提供了一個評估的調查表，藉著回答一些問題，讓會眾或編崇拜的人，對崇拜提出客觀的意見。調查表登載於附錄。

## 崇拜的主題與框架

崇拜的設計，可以由一個主題或初步的框架(outline)開始。比方說，在傳統新教教會的崇拜中，講壇的信息最為重要，因此崇拜的設計是以講道的主題作中心，然後選取合適的詩歌、經文和禱文。此外，經文的內容和類別、教會年曆的節期、崇拜的元素、聖詩的編排等，都可以成為設計崇拜的框架和材料。以下是幾類崇拜的介紹。

一、**以主題作框架的崇拜。**通常以講道內容或某一主題作為崇拜的主體，所選用的詩歌、經文、祈禱文等，都環繞同一主題。這類崇拜的好處是主題鮮明，而且每項程序都能加深會眾對主題的印象。就像活動教學法的理念，以不同的活動去加強和深化所要傳遞的主題。

二、**以經文作框架的崇拜。**以某一段特別選取的經文作崇拜的框架，例如以賽亞書六章1至9節就是一個好例子。這段經文包含了神向人的啟示、對神的尊崇與讚美、人的悔罪、神的赦免、神的宣告和人的回應。這類模式既忠於聖經，又有釋經的作用。

三、**節期性的崇拜。**福音派教會雖然對教會年曆較為陌生，但年曆中的兩個重要節期在許多福音派教會都會用上：聖誕節和復活節。其實除了上述兩個節期外，教會可考慮多些採用不同的節期作為崇拜的內容。

四、**以崇拜元素作框架的崇拜。**聖經雖然沒有提供一個既定的崇拜程序，卻可以從經文中找到不少崇拜的元素，包括祈禱、讚美、宣讀神的話語、悔罪、獻祭、宣講、禮儀等。我們可以用這些元素，建構崇拜的框架。

五、**以聖詩主題和內容作框架的崇拜。**在崇拜中選唱多首聖詩，這類崇拜稱為**聖詩頌唱崇拜**（hymn service）。這類崇拜配合經文的誦讀，可以省去講道的部分。此外，聖詩的內容也十分適合建構崇拜的框架，可以一節歌詞作分題，或從不同節數中選取合適的歌詞作框架。

六、**混合式的崇拜。**有時，我們未必能將某一崇拜歸類為一種形式。以上的分類也可能在同一崇拜中出現，稱之為混合式的崇拜。此外，有些崇拜不一定有明顯的框架和分題，但仍可從整個程序設計，了解背後的理念和流程。

以上所討論的分類，只是作者過往設計崇拜的一些分類方法，不算是詳盡和全面，讀者可以找到其他各類的設計方式和內容。

## 範例

以下所列舉的是筆者過往在不同場合所設計編排的一些崇拜。這些範例曾經實際運用，並獲預期果效。每個範例都會包括整個崇拜的程序、理念和構思的解釋、以及實踐上的困難和建議。

各範例所採用的會眾詩歌，主要是選自香港浸信會出版社出版的《世紀頌讚》(2001年)，主要因為這是筆者教會所沿用的詩集，讀者也可在其他詩集找到相同的詩歌。(編按：以下所引詩歌，承蒙香港浸信會出版社許可使用，謹此致謝。)各範例登載了詩班的頌歌(anthem)和獨唱曲目之歌詞，目的是讓讀者更明白崇拜的整體流程和詩歌內容，以及音樂所扮演之角色。在範例中有時選用英文詩歌，主要是因為歌詞內容切合，卻無法找到相類的中文詩歌。讀者可按個別教會的傳統和文化，對英文詩歌作出取捨。

在範例中所用的經文、禱文、詩歌、音樂、講道題目，純作參考之用，讀者可因應需要而有所改動。同時，讀者會發現當中一些範例，也不完全只屬一類，個別也有不同類別共存的情況。崇拜類別之確定，決定的主因在於崇拜框架及所佔的成分比例。

在崇拜中，會眾詩的環節常稱為「唱詩」。不過，這種稱謂只説明會眾詩這環節是一項唱歌的行動，卻沒有進一步提到這行動背後的意義。在範例中，唱詩或其他音樂的環節有時被稱為默想、禱求、提醒、互勉、安慰或信靠，目的是讓會眾明白，唱詩不單是向神讚美，更可藉詩歌達到以上所提的目的。

在崇拜設計理念的解釋中，筆者較著重解釋音樂的運用，而較少講論崇拜講道的環節，主要是因為本書的重點在於音樂與崇拜。此外，講道可以有很多不同的內容、演繹和變化，講道者可從整個崇拜的設計和流程，定出能適切個別敬拜羣體需要的信息。

以下所展示的範例，旨在提供一些意念，以及筆者在企劃過程中的一些心得。每一個範例都要加以整合、處理、調校，才能在不同的堂會或場合中運用。每個崇拜的實踐，也必須有聖樂事奉者、帶領崇拜者、講道者和牧者多個羣體的配合，才能達致預期的果效。

## 範例一A
同心讚美主

適用場合：聖樂主日、主日崇拜

類別：主題作框架

### 同心讚美尊榮的主

| | | |
|---|---|---|
| 序樂 | 〈Alleluia〉 | 風琴 |
| 宣召 | | 主席 |

你們要讚美耶和華！在神的聖所讚美他！

在他顯能力的穹蒼讚美他！

要因他大能的作為讚美他，按著他極美的大德讚美他！

要用角聲讚美他，鼓瑟彈琴讚美他！

擊鼓跳舞讚美他！用絲弦的樂器和簫的聲音讚美他！

用大響的鈸讚美他！用高聲的鈸讚美他！

凡有氣息的都要讚美耶和華！你們要讚美耶和華！（詩一五〇篇）

| | | |
|---|---|---|
| 讚美 | 〈向主歌唱〉 | 詩班 |

向主歌唱，拍拍雙手高聲唱。向主歌唱，因祂為善。

向主歌唱，拍拍雙手高聲唱。向主歌唱，讚美祂名。

哦，起來尊主為大，尊主為大。大家齊來尊榮祂聖名。

凡信靠主名的人，來嘗試體會救主聖名恩典美善，美善。

向主歌唱，拍拍雙手高聲唱。向主歌唱，因祂為善。

向主歌唱，拍拍雙手高聲唱。向主歌唱，讚美祂名。

哦，我靈讚美主，要用全人來頌讚主聖名。

哦，我靈讚美主，不要忘記祂成就的事。

向主歌唱讚美祂名。向主歌唱讚美祂名。

讚美祈禱 主席

讚美 〈擁戴主為王〉《世紀頌讚》#114 會眾

## 同心讚美創造的主

讀經 主席

耶和華我們的主啊，你的名在全地何其美！

你將你的榮耀彰顯於天。

你因敵人的緣故，從嬰孩和吃奶的口中，

建立了能力，使仇敵和報仇的閉口無言。

我觀看你指頭所造的天，並你所陳設的月亮星宿，

便說：人算甚麼，你竟顧念他？世人算甚麼，你竟眷顧他？

你叫他比天使微小一點，並賜他榮耀尊貴為冠冕。

你派他管理你手所造的，使萬物，

就是一切的牛羊、田野的獸、空中的鳥、海裏的魚，

凡經行海道的，都服在他的腳下。

耶和華我們的主啊，你的名在全地何其美！（詩八篇）

讚美 〈這是天父世界〉《世紀頌讚》#39 會眾

〈祢真偉大〉《世紀頌讚》#6

祈禱　主席

## 同心讚美慈愛的主

讀經　一位會眾

耶和華是我的牧者，我必不至缺乏。

他使我躺臥在青草地上，領我在可安歇的水邊。

他使我的靈魂甦醒，為自己的名引導我走義路。

我雖然行過死蔭的幽谷，也不怕遭害，因為你與我同在；

你的杖，你的竿，都安慰我。

在我敵人面前，你為我擺設筵席；

你用油膏了我的頭，使我的福杯滿溢。

我一生一世必有恩惠慈愛隨著我；

我且要住在耶和華的殿中，直到永遠。（詩二十三篇）

讚美　〈耶和華是我的牧者〉《世紀頌讚》#65　會眾

〈真神之愛〉《世紀頌讚》#68

靜心聆聽

讀經　詩篇一四九篇　主席

講道　「萬有讚美耶和華」　講員

## 同心讚美供應的主

互勉　〈天恩歌〉《世紀頌讚》#84　會眾

奉獻

奉獻祈禱　主席

聖樂事奉分享　一詩班員

歡迎及家事分享　主席

讚美　〈祢信實何廣大〉《世紀頌讚》#53　會眾

祝福　牧師

阿們頌　會眾及詩班

殿樂　〈Rejoice, Ye Pure in Heart〉　默禱散會

## 崇拜設計理念

「同心讚美主」是這崇拜的主題，主題下有三個分題，分別讚美神的不同屬性。崇拜的設計相當簡單，在分題下可以有相當大空間去選擇合用的內容。此外，讀者也可自由增加不同的分題，豐富崇拜的內容。

由於場合是主日崇拜，同時是聖樂主日崇拜，因此在崇拜的後段保留主日崇拜中常備的環節，例如奉獻、歡迎及家事分享。讀者可考慮把上述的環節刪去，使之成為一個與平時不完全一樣的崇拜。一般而言，詩班在聖樂主日中經常擔當重要角色，但在這範例中，可看到詩班只負責唱一首頌歌，其他全部是會眾詩。在此只想說明，會眾才是教會最大的詩班。在聖樂主日讓會眾多些參與唱詩，是很好的教導。

## 音樂來源

1. 〈Alleluia〉：Cesar Franck. Nine Pieces for Organ from "L' Organiste".
2. 〈向主歌唱〉： Ken Medema。《歡欣歌唱4》。台北：榮光出版社，1991。
3. 〈Rejoice, Ye Pure in Heart〉：Albert Travis。

## 範例一B

### 詩篇的安慰

適用場合：營會崇拜、主日崇拜

類別：主題作框架

序樂　〈The Lord's My Shepherd, I'll Not Want〉　鋼琴

**領會：萬民哪，你們都要拍掌！要用誇勝的聲音向神呼喊！**

**因為耶和華至高者是可畏的；他是治理全地的大君王。**

**神作王治理萬國；神坐在他的聖寶座上。**

**列邦的君王聚集要作亞伯拉罕之神的民。**

**因為世界的盾牌是屬神的；他為至高！（詩四十七1、2、8、9）**

會眾：我在患難之日尋求主；我在夜間不住的舉手禱告；

我的心不肯受安慰。

我想念神，就煩燥不安；我沉吟悲傷，心便發昏。

你叫我不能閉眼；我煩亂不安，甚至不能說話。

我追想古時之日，上古之年。

我想起我夜間的歌曲，捫心自問；我心裏也仔細省察。

難道主要永遠丟棄我，不再施恩嗎？

難道他的慈愛永遠窮盡，他的應許世世廢棄嗎？

難道神忘記開恩，因發怒就止住他的慈悲嗎？（詩七十七2～9）

**領會：普天下當向耶和華歡呼！**

**你們當樂意事奉耶和華，當來向他歌唱！**

**你們當曉得耶和華是神！**

**我們是他造的，也是屬他的；我們是他的民，也是他草場的羊。**

**當稱謝進入他的門；當讚美進入他的院。**

**當感謝他，稱頌他的名！**

**因為耶和華本為善。他的慈愛存到永遠；**

**他的信實直到萬代。（詩一〇〇1～5）**

會眾：我們曾在巴比倫的河邊坐下，一追想錫安就哭了。

我們把琴掛在那裏的柳樹上；

因為在那裏，擄掠我們的要我們唱歌，

搶奪我們的要我們作樂，說：給我們唱一首錫安歌吧！

我們怎能在外邦唱耶和華的歌呢？（詩一三七1～4）

默想 〈猶如麋鹿渴慕溪水〉 詩班

猶如麋鹿渴慕溪水，靈魂如飢渴慕主。

內心重如鉛，憂悶難解，心鎖重重，滿煩憂。

我的心，焦急煩燥難平，擔憂思慮緒難安。

眼淚盈眸，終日愁困，憂滿面。

仇敵猛攻懷怨相譏：「你所信的神，今究在何方？」

內心重如鉛，憂悶難解，

心鎖重重，滿煩憂。我的心！（詩四十二篇）

祈禱 主席

互勉 〈當信服神〉《世紀頌讚》#316 會眾

**領會：神是我們的避難所，是我們的力量，**

**是我們在患難中隨時的幫助。**

**所以，地雖改變，山雖搖動到海心，**

**其中的水雖　訇翻騰，山雖因海漲而戰抖，**

**我們也不害怕。（詩四十六 1～3）**

會眾：耶和華啊，諸天要稱讚你的奇事；

在聖者的會中，要稱讚你的信實。

在天空誰能比耶和華呢？神的眾子中，誰能像耶和華呢？

耶和華啊，這要到幾時呢？你要將自己隱藏到永遠嗎？

你的忿怒如火焚燒要到幾時呢？

主啊，你從前憑你的信實向大衛立誓要施行的慈愛在那裏呢？（詩八十九 5～6、46、49）

**領會：你們要向耶和華唱新歌！**

**因為他行過奇妙的事；他的右手和聖臂施行救恩。**

**全地都要向耶和華歡樂；要發起大聲，歡呼歌頌！**

**因為他來要審判遍地。他要按公義審判世界，按公正審判萬民。（詩**

**九十八1、4、9)**

會眾：神啊，求你救我！因為眾水要淹沒我。

我陷在深淤泥中，沒有立腳之地；我到了深水中，大水漫過我身。

我因呼求困乏，喉嚨發乾；我因等候神，眼睛失明。

耶和華啊，求你應允我！

因為你的慈愛本為美好；求你按你豐盛的慈悲回轉眷顧我！

不要掩面不顧你的僕人；

我是在急難之中，求你速速的應允我！（詩六十九1～3、16、17）

**領會：我要一心稱謝耶和華；我要傳揚你一切奇妙的作為。**

**我要因你歡喜快樂；至高者啊，我要歌頌你的名！**

**我的仇敵轉身退去的時候，他們一見你的面就跌倒滅亡。**

**因你已經為我伸冤，為我辨屈；**

**你坐在寶座上，按公義審判。（詩九1～4）**

會眾：耶和華啊，你為甚麼站在遠處？在患難的時候為甚麼隱藏？

耶和華啊，求你起來！

神啊，求你舉手，不要忘記困苦人！（詩十1、12）

默想　〈讓你眼目仰瞻祂〉　詩班

讓你眼目仰瞻祂，耐心的等候，緊靠祂，主必與你同行同住。

仰瞻祂，安心等待，耐心等待，仰望祂，專心等待。

讓你眼目專心仰望，讓你眼目仰瞻祂，

耐心的等待，緊靠祂，主必與你同行同住。

仰瞻祂與你同行，長居心內。（詩三十三篇）

信靠　〈我知我所信的是誰〉《世紀頌讚》#325　會眾

祈禱　主席／會眾

**領會：耶和華是我的牧者，我必不至缺乏。**

會眾：他使我躺臥在青草地上，領我到可安歇的水邊。

**領會：他使我的靈魂甦醒，為自己的名引導我走義路。**

會眾：我雖然行過死蔭的幽谷，也不怕遭害。

**領會：因為你與我同在，你的杖、你的竿都安慰我。**

會眾：在我敵人面前，你為我擺設筵席。

**領會：你用油膏了我的頭，使我福杯滿溢。**

一同：我一生一世必有恩惠慈愛隨著我，我且要住在耶和華的殿中，直到永遠。（詩二十三篇）

| | | |
|---|---|---|
| 唱述 | 〈耶和華是我的牧者〉《世紀頌讚》#65 | 會眾 |
| 感恩祈禱 | | 主席 |
| 殿樂 | 〈The Lord's My Shepherd, I'll Not Want〉 | 鋼琴 |

〔會眾安坐默想至殿樂完畢後自由休會〕

## 崇拜設計理念

詩篇以不同文體來表達人生的旅程。在旅程中有成功和失敗、喜樂和憂傷、雀躍和納悶、人生的得意和失意，既有對神充滿信心的時刻，也有對神失去信心的光景，有與神親密同行的甜蜜，也有遠離神的苦痛。在詩篇中，我們看見詩人的心聲，生活經驗的見證。詩篇讓讀者常有同感共鳴。

這個範例的崇拜框架建構於詩篇。當中對神充滿信心與充滿懷疑的經文交替出現，表徵著兩個相對的人生光景交替出現，就像信徒屬靈生命的起跌，屬靈光景的高低。經文可由領會者與會眾輪流誦讀，也可由兩人或兩組誦讀。在兩種讀法中，有會眾誦讀的方法，會眾的參與性較大。

當中默想的部分可由詩班誦唱。若欠缺詩班，播放錄音也可達到預期的效果。會眾詩〈當信服神〉的功用是互勉，彼此鼓勵在任何景況下也要信靠順服神。〈我知我所信的是誰〉讓會眾唱出對神的信心。會眾的安慰來自詩篇二十三篇，提醒會眾雖然經過死蔭幽谷，也不怕遭害，因為神與我們同在。

這個崇拜曾作神學院的早會崇拜，需時約35分鐘，以這設計和時限，也適用於營會的特別崇拜。假如作為主日崇拜，可保留原先設計之構思和框架，但必須在環節中加上相應的講道。

## *音樂來源*

1. 〈The Lord's My Shepherd, I'll Not Want〉：Jessie Seymour Irvine. *I Need Thee Every Hour*. Word Music, 1995。
2. 〈猶如麋鹿渴慕溪水〉：《聖頌選集》。香港：基督教文藝出版社，2000。
3. 〈讓你眼目仰瞻祂〉：Daniel Moe。《聖頌選集 6》。香港：基督教文藝出版社，2000。

## 範例二A

敬聆聽、應呼召

適用場合：主日崇拜

類別：經文作框架

**神的榮光充滿全地**

序樂　〈Holy, Holy, Holy〉　鋼琴

宣召　主席

當烏西雅王崩的那年，我見主坐在高高的寶座上。他的衣裳垂下，遮滿聖殿。其上有撒拉弗侍立，各有六個翅膀：用兩個翅膀遮臉，兩個翅膀遮腳，兩個翅膀飛翔；彼此呼喊說：聖哉！聖哉！聖哉！萬軍之耶和華；他

的榮光充滿全地！因呼喊者的聲音，門檻的根基震動，殿充滿了煙雲。（賽六1～4）

讚美　〈聖哉，聖哉，聖哉〉《世紀頌讚》#8　會眾

祈禱　主席

頌讚　〈榮耀大君王〉　詩班

當俯伏崇拜，榮耀大君王！主權能慈愛，須感恩頌讚，
主亙古常存，我盾牌與保障，光華籠罩天地，四周有頌揚。
當頌揚主恩，見證祂大能！光輝是主袍，穹蒼是主幔，
救主發烈怒，密雲中雷聲隆，狂風追逐暴雨，乘車奔萬方。
當見證福音，主豐富供應！在輕風吹拂，在榮光照耀。
從山間湧流，下注遍平壤，甘霖時雨降落，潤澤各地方。
當俯伏崇拜，榮耀大君王！主權能慈愛，須感恩頌讚，
主亙古常存，我盾牌與保障，主愛何溫和，堅定必到永遠！
尊榮造化主宰，救主大君王。當俯伏崇拜。

## 神的恩典赦免罪孽

讀經　主席

那時我說：「禍哉！我滅亡了！因為我是嘴唇不潔的人，又住在嘴唇不潔的民中，又因我眼見大君王萬軍之耶和華。」有一撒拉弗飛到我跟前，手裏拿著紅炭，是用火剪從壇上取下來的，將炭沾我的口，說：「看哪，這炭沾了你的嘴，你的罪孽便除掉，你的罪惡就赦免了。」（賽六5～7）

反省　〈求主為我造清潔的心〉　詩班

祈求赦免　主席

安慰　〈蒙赦免〉《世紀頌讚》#280　會眾

## 神的話語感動人心

讀經　主席

我又聽見主的聲音說：「我可以差遣誰呢？誰肯為我們去呢？」我說：「我在這裏，請差遣我！」(賽六8)

| | | |
|---|---|---|
| 講道 | 「神的召命」 | 講員 |

**神的兒女堅定立志**

| | | |
|---|---|---|
| 互勉 | 〈我在此，差我〉 | 詩班 |
| 見證分享 | | 一會眾 |
| 奉獻 | | 會眾 |
| 奉獻祈禱 | | 主席 |
| 立志 | 〈生命在此〉《世紀頌讚》#355 | 會眾 |
| 祝福 | | 牧師 |
| | 〈願主賜福保護你〉《世紀頌讚》#561 | 詩班 |
| 殿樂 | 〈My Task〉 | 鋼琴 |

## *崇拜設計理念*

以賽亞書六章1至8節記載了以賽亞的蒙召。但這段經文也被聖經學者公認為一個相當全面的崇拜典範。這段經文內涵蓋了多個崇拜的元素，亦展示了一個十分合乎邏輯的崇拜流程。這段經文展示了崇拜的一些重要觀念。唐佑之博士在他的著作《心靈與誠實》中對此有很好的詮釋：

一、敬拜的對象——耶和華。當烏西亞王駕崩，地上的寶座空了的時候，天上的寶座向先知顯示，使他確定方向，知道他信的是誰。

二、敬拜的內容——歌頌神。頌揚萬軍之耶和華，因祂有極大的威嚴，祂有絕對的權能。三呼聖哉，成為以後中世紀教會禮儀的依據。

三、敬拜的氣氛——驚天地。殿充滿了煙雲，必震撼以賽亞的心，使他肅然起敬，興奮的情懷不能自已。在這樣的情景下，他的心路歷程有了推進。

四、敬拜的歷程——真悔改。先知在撒拉弗面前，相形見絀，在至聖之神面前更感污穢不堪。他不禁驚叫：「禍哉，我滅亡了！因為我是嘴唇不潔的人，又住在嘴唇不潔的民中，又因我眼見大君王萬軍之耶和華。」

五、敬拜的經驗——蒙赦免。當敬拜者認罪時，神赦罪之恩就臨到。

六、敬拜的實際——敬聆聽。人得著主赦罪之恩，就聽見主的聲音。因此，在敬拜時，悔罪是必需要有的。敬拜不只是人向神表達敬畏與尊崇，也是神向人啟示關切與愛顧。神對敬拜者顯示祂的心意：「我可以差遣誰呢？誰肯為我們去呢？」神沒有指定，卻要人自動回應。

七、敬拜的回應——應呼召。敬拜者不敢逃避，不敢推諉，只有信靠順服，此外並無其他選擇。神人相遇的結果，是人被改變，並樂意回應神的召命。

這個範例的框架，源自以賽亞書這段經文。因應經文，可以把崇拜分作四個主要部分：一、神的榮光充滿全地；二、神的恩典赦免罪孽；三、神的話語感動人心；四、神的兒女堅定立志。正如範例所示，這個模式可作「敬聆聽、應呼召」主題的崇拜，但這四部分也可作為主日崇拜的基本框架。教會可以配合每主日講道題目和內容，選取合適的詩歌、祈禱、經文等，放在四部分之下。

## 音樂來源

1. 〈Holy, Holy, Holy〉：E. L. Ashford. *Piano Hymn Voluntaries* Vol. 2. Dayton, OH: Lorenz Publishing Company, 1974.
2. 〈榮耀大君王〉：Johann M. Haydn。《歡欣歌唱10》。台北：榮光出版社，1996。

3. 〈求主為我造清潔的心〉：John Carter。《世紀禮讚二》。Lonisville, KY; Sanmateo, CA：中華基督教會音樂研究院，1999。
4. 〈我在此，差我〉：John Purifoy。《歡欣歌唱 2》。台北：榮光出版社，。
5. 〈My Task〉：E. L. Ashford. *Piano Hymn Voluntaries* Vol.2 . Dayton, OH: Lorenz Publishing Company, 1975.

## 範例二B
### 與我們同行的主

適用場合：受苦節崇拜

類別：經文作框架

正當那日，門徒中有兩個人往一個村子去；這村子名叫以馬忤斯，離耶路撒冷約有二十五里。他們彼此談論所遇見的這一切事。正談論相問的時候，耶穌親自就近他們，和他們同行；只是他們的眼睛迷糊了，不認識他。耶穌對他們說：「你們走路彼此談論的是甚麼事呢？」他們就站住，臉上帶著愁容。二人中有一個名叫革流巴的回答說：「你在耶路撒冷作客，還不知道這幾天在那裏所出的事嗎？」耶穌說：「甚麼事呢？」他們說：「就是拿撒勒人耶穌的事。他是個先知，在神和眾百姓面前，說話行事都有大能。祭司長和我們的官府竟把他解去，定了死罪，釘在十字架上。但我們素來所盼望、要贖以色列民的就是他！不但如此，而且這事成就，現在已經三天了。再者，我們中間有幾個婦女使我們驚奇；他們清早到了墳墓那裏，不見他的身體，就回來告訴我們，說看見了天使顯現，說他活了。又有我們的幾個人往墳墓那裏去，所遇見的正如婦女們所說的，只是沒有看見他。」耶穌對他們說：「無知的人哪，先知所說的一切話，你們的心信得太遲鈍了。基督這樣受害，又進入他的榮耀，豈不是應當的嗎？」於是從摩西和眾先知起，凡經上所指著自己的話都給他們講解明白了。將近他們所去的村子，耶穌好像還要往前行，他們卻強留他，說：「時候晚了，日頭已經平西了，請你同我們住下吧！」耶穌就進去，要同他們住下。到了坐席的時候，耶穌拿起餅來，祝謝了，擘開，遞給他們。他們的眼睛明亮了，這才認出他來。忽然耶穌不見了。他們彼此說：「在路上，他和我們說話，給我們講解聖經的時候，我們的心豈不是火熱的嗎？」他們就立時起身，回耶路撒冷去，正遇見十一個使徒和他們的同人聚集在一處，說：「主果然復活，已經現給西門看了。」兩個人就把路上所遇見，和擘餅的時候怎麼被他們認出來的事，都述說了一遍。（路加福音二十四 13～35）

## 落在沮喪中

信息　　講員

祈求　〈尋求祢的面〉　會眾

神啊求你按祢的慈愛憐恤我，
按豐盛的慈悲塗抹我的過犯，
求祢將我的罪孽洗除淨盡，潔除我的罪。
我向祢犯罪，惟獨得罪了祢；
祢責備我的時候顯為公義，
祢判斷我的時候顯為正直，求主赦免。
祢所喜愛的是內裏誠實；
祢在我隱密處必使我得智慧，
今我謙卑禱告，尋求祢的面。
轉離我惡行，求祢從天垂聽，
赦免我們的罪，醫治我們的地，
今我謙卑禱告，尋求祢的面。

禱告　　主席

## 察覺主同在

信息　　講員

交託　〈憑祢而行〉《世紀頌讚》#349　會眾

禱告　　主席

## 誠懇的邀請

信息　　講員

仰望投靠　〈In God Alone〉　女聲獨唱

In God alone is my soul at rest, the God who is my help.
The Lord is my rock, my strength and my hope;
my fortress, my God.
Only in God is my soul at rest, from my God comes my salvation.
God is my rock, the salvation of my life.
I shall not be shaken, for the Lord is my strength.
Only in God is my soul at rest, from my God comes my hope.
God is my rock, my salvation and my hope.
I will rest in the Lord, I will not be afraid.
Glory and safety, God is my joy, God is my joy,
God is my rock and my strength.
God is my refuge, I trust with all my strength,
pour out your hearts before the Lord.

安靜默想　　會眾

## 進入團契中

信息　　講員

| | | |
|---|---|---|
| 互勉 | 〈同享主餐〉《世紀頌讚》#525 | 會眾 |
| 主餐禮 | | 會眾 |
| 思念主恩 | 〈君尊義僕〉《恩頌聖歌》#183 | 獨唱 / 會眾 |

**接受使命**

| | | |
|---|---|---|
| 信息 | | 講員 |
| 立志 | 〈快上路〉 | 會眾 |

快上路，天國呼聲漸近，投身於建立教會去服事人。

紅紅的心，掃掉了一切冷漠灰暗背起責任，

全奉上作活祭獻給神。

我決定一世靠主導引，憑主恩發掘那真我作僕人。

完全新生，放下了私心己意天天與主靠近，

懷著愛心熱淚傳頌救恩。

完全的委身，完全遵主訓，我願見國度擴展滿權能。

靈魂要震撼，全人經火浸，我願去各地各方留下腳印。

| | | |
|---|---|---|
| 祝福 | | 教牧 |
| 殿樂 | 〈Wondrous Love〉 | 風琴 |
| 默禱 | | 散會 |

## 崇拜設計理念

這個崇拜的中心內容取材自路加福音二十四章13至35節，框架是取材自盧雲（Henri J.M. Nouwen）的著作《熾熱的心》（*With Burning Heart*）。經文的內容適合作受苦節的崇拜。

為了交代路加福音這23節的經文，崇拜可由一個短劇作開始，整段經文則編印於程序表的開首部分。短劇由兩人扮演，內容描寫這兩位門徒在匆匆趕路。正如經文所說，他們在往以馬忤斯的路上，彼此談論過去幾天在耶路撒冷所遇見的一切事情。在談話中，他們表達對耶穌基督在世的教導、被釘，以至死亡和復活等事情的不了解，並表達出他們內心的茫然、失落和不知所措。短劇就在他們的一片茫然中結束，全長約有三分鐘的時間，旨在交代經文及作為崇拜引子。運用話劇或默劇，能加深會眾對經文的印象，讓他們不單能聽到，更能看到。

因應經文的內容，崇拜分為五大部分，每一部分有信息、詩歌、禱告、默想或主餐禮配合。當中的講道分作五段短講，即是程序中的「信息」部分。每段短講是建基在經文的內容上。會眾可以通過唱詩、公禱和主餐等環節，較主動地參與，也可藉講道、獨唱、默想等有較被動和安靜的空間。通常，受苦節崇拜中都會有主餐，由於這崇拜所引用的經文的內容，讓主餐更顯獨特的意義。

崇拜的音樂部分只有會眾詩和獨唱的曲目，省去了詩班的參與，為這個崇拜的特色之一。很多時，教會在特別節日的崇拜都會安排詩班獻唱，但這個範例讓我們明白，只要詩歌選擇合宜，也不一定要有詩班。不過，我們也承認，少了詩班，也就少了一些熱鬧。但由於這個崇拜較偏向靜態，即使沒有這份熱鬧也是合宜的。

崇拜音樂的選材是多樣化的，有傳統風格的詩歌，也有現代風格的短歌和詩歌。〈尋求祢的面〉是略帶憂傷的小調旋律，表達人內心向神祈求憐憫與寬恕，寬恕內心的罪和小信。這首短歌可重複唱數次。〈憑祢意行〉表達當人察覺神的同在，願意學習交託和順服。跟著的 *In God Alone* 更宣告神是磐石，人願意仰望與投靠。獨唱後有一段安靜默想的時間，讓會眾有空間思想和默禱。〈同享主餐〉這首詩歌提醒會眾，因著基督的愛，會眾變成一個相愛的團契，一同擘餅喝杯，等候主的再來。〈君尊義僕〉的頭三節歌詞描述基督的臨世、在客西馬利園的掙扎，以及被釘的傷痕，第四節歌詞講述我們要效法主去服事。頭三節由獨唱唱出，讓會眾有多些空間思念主恩，最後加入，一同立志學效基督君尊義僕的榜樣。這首詩歌讓會眾在主餐禮完畢後，有一個空間細味主餐禮的意義。最後的〈快上路〉是一首現代詩歌，音樂節奏輕快有活力，激勵會眾積極立志回應，接受使命。

這崇拜是筆者教會在2003年的受苦節崇拜，當時正值嚴重急性呼吸系統綜合症(SARS)肆虐香港，全城人心惶惶；會眾均帶上口罩出席這個崇拜。感謝神的恩典，藉這崇拜，讓會眾得著很大的激勵和安慰。

## 音樂來源

1. 〈尋求祢的面〉：朱浩權。《靠著耶穌得勝》。沙田浸信會，1999。
2. 〈In God Alone〉：David Haas。
3. 〈快上路〉：蘇如虹。《激勵的歌》第一冊。天極音樂。
4. 〈Wondrous Love〉：Dale Wood。The Sacred Music Press。

## 範例三A
### 同踏上受苦之路

適用場合：受苦節晚崇拜

類別：節期性

| | | |
|---|---|---|
| 引言 | | 眾坐 |
| 默想 | 〈Out of the Depths I Cry to You〉 | 風琴 |
| 仰望 | 〈我靠近十架〉《世紀頌讚》#175 | 會眾 |
| 祈禱 | | 會眾 |

記念　〈維亞多勒羅沙〉*Via Dolorosa*　詩班

走過維亞多勒羅沙，那日在耶路撒冷，兵丁們嘗試開出一窄路，但羣眾擁擠想看這個死在加略山的人。走過維亞多勒羅沙，稱做「受難的道路」，基督君王他柩像贖罪羊羔，但他選擇走這道路因著愛，為你和我，走過維亞多勒羅沙一路到那加略山。

鞭打不斷流血，背上佈滿了鞭痕，他的頭上戴著荊棘的冠冕，他每步都要承受，輕蔑來自想處死他的人。走過維亞多勒羅沙，稱做「受難的道路」，基督君王他柩像贖罪羊羔，但他選擇走這道路因著愛，為你和我，走過維亞多勒羅沙一路到那加略山。

他寶血洗淨所有的靈魂，使他甘心走過那耶路撒冷！耶路撒冷！走過維亞多勒羅沙，稱做「受難的道路」，基督君王他來像贖罪羊羔，但他選擇走這道路因著愛，為你和我，走過維亞多勒羅沙一路到那加略山。

## 第一站：客西馬利園禱告

耶穌同門徒來到一個地方，名叫客西馬尼，就對他們說：「你們坐在這裏，等我到那邊去禱告。」於是帶著彼得和西庇太的兩個兒子同去，就憂愁起來，極其難過，便對他們說：「我心裏甚是憂傷，幾乎要死；你們在這裏等候，和我一同警醒。」他就稍往前走，俯伏在地，禱告說：「我父啊，倘若可行，求你叫這杯離開我。然而，不要照我的意思，只要照你的意思。」來到門徒那裏，見他們睡著了，就對彼得說：「怎麼樣？你們不能同我警醒片時嗎？總要警醒禱告，免得入了迷惑。你們心靈固然願意，肉體卻軟弱了。」第二次又去禱告說：「我父啊，這杯若不能離開我，必要我喝，就願你的意旨成全。」又來，見他們睡著了，因為他們的眼睛困倦。耶穌又離開他們去了。第三次禱告，說的話還是與先前一樣。於是來到門徒那裏，對他們說：「現在你們仍然睡覺安歇吧！時候到了，人子被賣在罪人手裏了。起來！我們走吧。看哪，賣我的人近了。」（太二十六36～46）

反省　　講員

記念　〈遵祢意行〉　詩班

我們都充滿罪污，我們走向滅亡，

但救主為了我們，捨身流血，獻上生命，成全救贖。*

在黑夜中見救主，在客西馬尼園，

默默向父祈求，求父指引，使他明白，當行之路。*

他們將主耶穌，帶到十架面前，

他們撕裂祂身軀，流祂寶血，使祂喪命身懸十架。*

*啊父呀，為我拿開苦杯，啊父呀，為我拿開苦杯；

但遵你意，父啊，但遵祢意而行，遵祢意行。

## 第二站：耶穌背負十架

那日是預備逾越節的日子，約有午正。彼拉多對猶太人說：「看哪，這是你們的王！」他們喊著說：「除掉他！除掉他！釘他在十字架上！」彼拉多說：「我可以把你們的王釘十字架嗎？」祭司長回答說：「除了該撒，我們沒有王。」於是彼拉多將耶穌交給他們去釘十字架。

兵丁把耶穌帶進衙門院裏，叫齊了全營的兵。他們給他穿上紫袍，又用荊棘編做冠冕給他戴上，就慶賀他說：「恭喜，猶太人的王啊！」又拿一根葦子打他的頭，吐唾沫在他臉上，屈膝拜他。戲弄完了，就給他脫了紫袍，仍穿上他自己的衣服，帶他出去，要釘十字架。（約十九 14～16；可十五 16～20）

唱述　〈若沒有十架〉　詩班

沒有眼淚那會有安慰，沒有死亡那有生命，

沒有寶血那會有赦免，沒有十架那有冠冕，

沒有羞辱那會有榮耀，沒有痛苦那有喜樂，

沒有鞭傷那會有醫治，沒有十架那有冠冕。

神羔羊帶來了救恩，救贖大恩帶來盼望，

主基督捨身十架帶來救贖，我們可得享永生。

反省　　講員

祈禱　　主席

## 第三站：耶穌被釘及被脫去衣服

到了一個地方，名叫「髑髏地」，希伯來話叫各各他。他們就在那裏釘他在十字架上，還有兩個人和他一同釘著，一邊一個，耶穌在中間。

兵丁既然將耶穌釘在十字架上，就拿他的衣服分為四分，每兵一分；又拿他的裏衣，這件裏衣原來沒有縫兒，是上下一片織成的。他們就彼此說：「我們不要撕開，只要拈鬮，看誰得著。」這要應驗經上的話說：他們分了我的外衣，為我的裏衣拈鬮。兵丁果然做了這事。（約十九17下～18、23～24）

唱述　〈何奇妙大慈愛〉　詩班

何奇妙大慈愛，我靈呀我靈呀，何奇妙大慈愛，我靈呀！
何奇妙大慈愛令福樂的救主，
竟背負罪痛苦為我靈，為我靈，竟背負罪痛為我靈。
當我正沈溺時，在神的義怒下，基督竟捨寶座，為我靈。
向神和聖羔羊，我要唱，偉大的創造主，千萬人齊歌頌，
我要唱，神的愛，我要唱。

反省　　講員

記念　〈痛哉！主血傾流〉《世紀頌讚》#181　會眾

## 第四站：懺悔的凶犯

那同釘的兩個犯人有一個譏誚他，說：「你不是基督嗎？可以救自己和我們吧！」那一個就應聲責備他，說：「你既是一樣受刑的，還不怕神嗎？我們是應該的，因我們所受的與我們所做的相稱，但這個人沒有作過一件不好的事。」就說：「耶穌啊，你得國降臨的時候，求你記念我！」耶穌對他說：「我實在告訴你，今日你要同我在樂園裏了。」（路二十三39～43）

反省　　　　講員

唱述　　〈各各他的愛〉　　詩班

主的愛，如舟永航行，榮光耀眼，任遨遊，
如方舟平安又穩妥，航行在人間慾海，
人生路極坎坷難行，人卻按己意偏行，
在黑暗陰影中停留，不顧主大愛激盪於心。
各各他，主大愛，因基督我得此無價寶，
我罪雖重，無法限制主大愛。
十架愛能尋回生命，破碎心也得痊癒，
主應許賜救贖喜樂，空虛心靈得滿足。
我今願傳講主大愛，因為祂為我捨命十架，
願捨棄一切的私慾，將各各他的愛，傳揚彰顯。
各各他，主大愛，因基督我得此無價寶，
我罪雖重，無法限制主大愛。
十架愛必永遠長存，奇妙作為永堅立，
我靈魂奔向永生路，罪得赦與主會面。

默想　　　　會眾

## 第五站：十架下耶穌的母親和門徒

站在耶穌十字架旁邊的，有他母親與他母親的姊妹，並革羅罷的妻子馬利亞，和抹大拉的馬利亞。耶穌見母親和他所愛的那門徒站在旁邊，就對他母親說：「母親，看，你的兒子！」又對那門徒說：「看，你的母親！」從此，那門徒就接他到自己家裏去了。（約十九 25～27 上）

反省　　　　講員

唱述　　〈十架為我榮耀〉《世紀頌歌》# 192　　會眾

祈禱　　　　主席

## 第六站：耶穌的死亡

申初的時候，耶穌大聲喊著說：「以羅伊！以羅伊！拉馬撒巴各大尼？」（翻出來就是：我的神！我的神！為甚麼離棄我？）

耶穌大聲喊著說：「父啊！我將我的靈魂交在你手裏。」說了這話，氣就斷了。百夫長看見所成的事，就歸榮耀與神，說：「這真是個義人！」（可十五34；路二十三45～46）

反省　　　　　　　　　　　　　　　　　　　　講員

唱述　　　　〈死！毒鈎在哪裏？〉　　　　　　詩班

死，毒鈎你在哪裏？你得勝權勢在哪裏？
向主稱謝！向主歌頌！祂已經勝過世界。
頭一人亞當，有生命活人，被死權勢綑鎖。
我們好像主基督君王，知死亡權勢已過。
死，毒鈎你在哪裏？你得勝權勢在哪裏？
向主稱謝！向主歌頌！祂已經勝過世界。
請聽我告訴你奧秘事：我眾都改變，
在一剎那，號筒聲一響，聖地我眾同登。

默想　　　　　　　　　　　　　　　　　　　　會眾

## 第七站：耶穌被埋葬

有一個人名叫約瑟，是個議士，為人善良公義；眾人所謀所為，他並沒有附從。他本是猶太、亞利馬太城裏素常盼望神國的人。這人去見彼拉多，求耶穌的身體，就取下來，用細麻布裹好，安放在石頭鑿成的墳墓裏；那裏頭從來沒有葬過人。（路二十三50～53）

反省　　　　　　　　　　　　　　　　　　　　講員

記念　　　　〈想到祢〉　　　　　　　　　　　獨唱

想到祢，曾為我捨身將愛降臨贖我罪，
念到祢雙手的釘痕，使我越覺心傷痛，

為我竟犧牲，我心不禁流淚。

曾想到祢，含著滿腔悲傷十架上將真愛顯，

祢決意為罪孽甘心走上這冷酷痛苦路程，為了拯救我把我污點盡除去。

*每當我想到祢，常為我默默地祝福施恩典，

我決意將身邊我的一切交託在祢恩手裏，求祢把心底所有鬱結盡除去。

**想到祢，倍感到心中的不配，其實我是那麼卑污，神仍然愛我。

我心只需要祢，求讓我將一生交託，

除掉滿心失意，面對洪濤亦未逃避。想到祢。

立願　　　　　　　　　　　　　　　　　　　　　會眾

〔會眾於獻花後安靜離開〕

## *崇拜設計理念*

這個崇拜的設計理念源自天主教的「拜苦路」。「拜苦路」是仿效早期朝聖者往耶路撒冷瞻仰耶穌當年受難地方的紀念禮。從初世紀開始，熱心的信徒已前往巴勒斯坦朝聖。到了12世紀，信徒依照在聖地所經歷的，在朝聖後於家鄉做了一些紀念耶穌苦難的亭子或紀念碑。17世紀時，方濟會士聖利安納(St. Leonard of Port Maurice)大力宣傳「拜苦路」的紀念禮。1731年，教宗革利免十二世(Clement XII)正式確定14處苦路和拜苦路的紀念儀式。這14處苦路的事蹟有些載於四福音，有些則屬口傳。

現代基督教會在受苦節崇拜中，可以運用「拜苦路」的理念，紀念主基督由最後晚餐直至復活所經歷的過程。這做法提供了一個讓會眾去記念主基督捨命施恩大愛的機會，並藉此讓會眾再次思想自己與神的關係，對基督各各他的愛作出適切的回應。

這範例所展示的崇拜只選用了苦路的其中七站，主要是由於時間，只有七站，崇拜也約需1小時45分。崇拜由引言開始，目的是簡單解釋「拜苦路」的緣由，以及崇拜結尾的獻花程序，讓會眾了解當中的構思。在一

些特別設計的崇拜中，如能先有一些介紹及解釋，會眾更能明白及投入崇拜。跟著是風琴序曲，樂曲的佈局由輕聲開始，以強烈的高潮結束，短短三數分鐘的樂曲，像是耶穌基督在苦路上的內心掙扎，向父神的呼求。樂曲奠定了整個崇拜的氣氛。

會眾跟著唱出〈我靠近十架〉，表達對十架的仰望及其大愛的憶念。祈禱以後，詩班唱出〈維亞多勒羅沙〉，樂曲建構了苦路的場景，幽怨的旋律為主的受苦加添幾分淒慘之情。每一站苦路都有一段相關的經文印在程序表上，同時禮堂正中有相關的圖片投射大銀幕上，以多媒體的表達方式，加深會眾對每站的印象。崇拜的講道稱為反省，因應崇拜的架構分為七段。

首三站的音樂部分由詩班負責，以相關的音樂讓會眾記念主基督在客西馬利園的掙扎，並唱述十字架的奇妙大愛。雖然程序表上沒有顯示，但站與站之間的每一次轉接，〈維亞多勒羅沙〉的旋律片段都會重現——有時獨唱，有時以不同的樂器彈奏。這做法的靈感是來自俄國作曲家穆索斯基（Modest Moussorgsky）的「圖畫展覽會」（Pictures at an Exhibition）這作品，表達由一站至另一站之進程。

第四站開始進入崇拜的高潮，〈各各他的愛〉是整個崇拜選用的頌歌中最強烈的一首，表達出主大愛的無邊際。第五站的〈十架為我榮耀〉讓會眾有機會唱述十架永遠是每位信徒的榮耀，主的寶血洗淨了他們的罪污。第六站的〈死！毒鈎在哪裏〉節奏輕快，像在質詢死亡的權勢在哪裏，揶揄死亡已被主的復活所戰勝。

最後耶穌被埋葬的一站採用了一首較現代的獨唱作品〈想到祢〉，讓會眾從較集體敬拜的經驗，進入較個人的空間裏。當獨唱進行期間，有三人從禮堂的後方抬一個木製十字架，擺在講臺正中的位置。當獨唱完畢後，在立願的環節中，主禮邀請每個會眾在進堂時所獲派發的花狀剪紙上，寫上希望與主一同埋葬的罪，或掉棄的老我。然後輪流步行到臺前，把花放在十字架下，表徵與主同埋葬。會眾於獻花後逐一安靜離開，崇拜也在一片安靜中結束。獻花的程序是一項禮儀行動，希望藉此讓會眾有立志的機會，並通過實際的行動，加深其立志的決心及印象。

## 音樂來源

1. 〈Out of the Depths I Cry to You〉：Max Drischner. *Augsburg Organ Library: Lent.*
2. 〈維亞多勒羅沙 Via Dolorosa〉：Billy Sprague。《四首合唱歌曲1》。台灣：榮光出版社，1993。
3. 〈遵你意行〉：Graig Courtney，Beckenhorst Press 出版。譯詞：陳康(中文版暫未出版)。
4. 〈若沒有十架〉：Joseph M. Martin，Shawnee Press出版。譯詞：陳康(中文版暫未出版)。
5. 〈何奇妙大慈愛〉：Arr. by Don Tyler。譯詞：陳康(中文版暫未出版)。
6. 〈各各他的愛〉：Greg Nelson。《超越的恩典》。台北：榮光出版社，1999。
7. 〈死！毒鈎在哪裏？〉：Lloyd Larson。《聖頌選集 3》。香港：基督教文藝出版社，1996。
8. 〈想到祢〉：凌東成。

## 範例三B

救主基督降生

適用場合：聖誕主日崇拜

類別：節期性

### 期盼救主基督降生

祈求　〈耶穌、聖潔神愛子〉　詩班

來，耶穌，聖潔神愛子，來。

聖潔神愛子，真理廣傳，慈愛彰顯。

真理廣傳，慈愛彰顯。

主，懇求祢垂憐，聽我祈禱。

來，耶穌，聖潔神愛子，來。

聖潔神愛子，帶來能力，發揚真光，

帶能力，來發揚真光。

主，懇求祢垂聽，聽我祈禱。

是我渴慕，聽我所求，哦聽我所求。

榮耀歸真神，從今到永遠。

主，懇求祢垂聽，聽我祈禱。

榮耀歸真神，榮耀歸真神到永遠。

〈以馬內利來臨〉《世紀頌讚》#119　會眾

祈禱　主席

短講　講員

### 緬懷救主基督降生

記念　〈這嬰孩是誰？〉　詩班

躺在馬槽裏的嬰孩是誰？這帶著真光嬰孩是誰？

我一路尋找這位至聖者。我跟隨天使歌聲而來，
躺在馬槽裏的嬰孩是誰？祂是愛，神所賜的大愛！
哈利路亞，哈行路，哈利路亞。齊來和天使同聲歡唱！
哈利路亞，哈行路，哈利路亞。齊來和天使同聲歡唱！
我沒有甚麼能獻給聖嬰，我聽說祂將成為君王，
那預言因祂降生而應驗，我只有這首歌獻給祂。
躺在馬槽裏的嬰孩是誰？祂是愛，神所賜的大愛！
哈利路亞，哈行路，哈利路亞。齊來和天使同聲歡唱！
哈利路亞，哈行路，哈利路亞。齊來和天使同聲歡唱！
躺在馬槽裏的嬰孩是誰？祂是愛，神所賜的大愛！

〈聖夜靜歌〉《世紀頌讚》#154　會眾

讀經　路二1～7　主席

記念　〈在卑微馬棚〉　詩班

在那卑微馬棚裏，馬利亞懷抱聖嬰，生為救主，王之王，
在聖誕的黎明中，哈利路亞歌聲揚，讚美榮耀聲不停。
救主從天上寶座來到卑微的馬柵。
悄悄然輕聲來到神聖奇妙的地方，
玫瑰般恬靜耶穌，安睡在母親懷中。
正如先知曾預言，古老應許已應證，
我們看神獨生子，躺臥卑微馬槽中。
哈利路亞歌聲揚，讚美榮耀聲不停。
救主從天上寶座來到卑微的馬柵。
玫瑰般恬靜耶穌，安睡在母親懷中。
正如先知曾預言，古老應許已應證，
我們看神獨生子，躺臥卑微馬槽中。

〈明星燦爛〉《世紀頌讚》#151　會眾

短講　講員

## 讚美救主基督降生

頌讚　〈聖誕讚美〉　詩班

大家歡喜來到馬槽前，因救主基督今降生。

萬民歡欣同慶賀佳節，讚美頌揚在聖誕節。

天使歌唱宣告好信息，牧人和博士追隨明星。

聖誕頌歌高唱聲不停，來讚美我救主聖嬰。

歡欣歌唱，榮耀歸真神，賜下獨生愛子耶穌。

天庭不再有眼淚，齊聲宣告救主的愛。

小聖嬰躺在卑微馬槽，我們恭敬朝拜基督。

同聲讚美至聖的救主，歌唱尊崇新生聖嬰；尊崇新生聖嬰。

歡欣，歡欣，歡欣，歡欣，天國君王，今日降生！

啟應經文　路二 8 ～ 20　主席

頌讚　〈聖誕詩歌匯唱〉　會眾

1.〈天使初報聖誕佳音〉《世紀頌讚》 #140

2.〈普世歡騰〉《世紀頌讚》 #139

3.〈耶穌，至高的聖名〉《世紀頌讚》 #129

4.〈齊來，信主聖徒〉《世紀頌讚》 #148

## 慶祝救主基督降生

短講　講員

回應詩　〈君尊義僕〉(第 1 、 4 節)《恩頌聖歌》 #183　會眾

奉獻　(專為信徒而設)　會眾

雙簧管獻奏　一位會眾

奉獻祈禱　牧師

唱詩　〈樂哉主臨〉《頌主新歌》 #100　眾立

祝福　牧師

阿們頌　會眾及詩班

殿樂　〈Go Tell It on the Mountain〉　默禱後散會

## 崇拜設計理念

崇拜的主題是救主基督降生，是節期性的內容，因此整個崇拜的框架建構於主降生的片段。這個崇拜範例雖然是在聖誕節主日舉行，但開始部分「期盼救主基督的降生」加強了將臨期中表達的迎接和等候的內容。福音派教會對聖誕節的紀念慶祝大都集中在12月24日晚的平安夜和25日早上的崇拜，因此對將臨期較少認識。將臨期（Advent，拉丁文 *adventus*，原意為「來臨」）也稱為「主降節」，重點在於「將要來到」，提醒信徒預備迎接救主降臨。羅馬天主教會以聖誕節前四星期為守這節期的日子，是教會年曆的開始。遵守將臨期，預備信徒迎接主降生的心，同時也增長了紀念主降生的時間。

崇拜主要分為四部分，每部分環繞基督降生這主題。崇拜由期盼和緬懷開始的兩部分，期望將時空由現在回到救主降生時。這兩部分皆配以合適的詩歌、祈禱和短講，氣氛較靜態。跟著的兩部分期望把會眾重新帶回現代。〈讚美救主基督降生〉運用了一連串會眾詩作聖誕詩歌匯唱。在聖誕節期間，會眾喜歡多唱一些熟悉的聖誕詩，匯唱能令會眾起勁地唱多首聖誕詩。這部分沒有安排講道，因為有心思的詩歌排列本身，就是一個降生故事的敍述。匯唱也令崇拜進入熱鬧的高潮。最後一部分的短講帶出信息，基督徒「慶祝救主的降生」，不是因為聖誕節是假期、狂歡的日子，更重要的是基督降生帶來了世界的盼望與救恩。信徒在世應該效法基督，謙卑服事。因此，在講道後選用了〈君尊義僕〉回應。正如主日崇拜，崇拜仍然有奉獻、祝福等程序。

崇拜的頌歌皆選自一本曲集，方便購買。但須留意，此曲集的合唱作品是為女聲合唱而撰的。指揮須加編排，才可供混聲合唱之用。

## 音樂來源

1. 〈耶穌、聖潔神愛子〉：G. F. Handel。《向主歌唱 3》。台北：榮光出版社，1996。
2. 〈這嬰孩是誰？〉：Suzanne Lord。《向主歌唱 3》。台北：榮光出版社，1996。
3. 〈在卑微馬棚〉：Stan Pethel。《向主歌唱 3》。台灣：榮光出版社，1996。
4. 〈聖誕讚美〉：Johann Michael Haydn。《向主歌唱 3》。台灣：榮光出版社，1996。
5. 〈Go, Tell It on the Mountain〉：James Mansfield. *Christmas, Christmas, Christmas: Piano Arrangements of Christmas Favorites* Vol. 3.Dayton, OH: Lorenz Publishing Company, 1995.

### 範例四A

以崇拜元素作框架的範例一

場合：主日崇拜

類別：以崇拜元素作框架

**以歌頌讚美敬拜神**

耶和華我的磐石，是應當稱頌的。（詩一四四 1）

序樂 〈Joyful, Joyful, We Adore Thee〉 鋼琴

宣召 主席／領詩

你們要讚美耶和華！在神的聖所讚美他！

在他顯能力的穹蒼讚美他！

要因他大能的作為讚美他，按著他極美的大德讚美他！

要用角聲讚美他，鼓瑟彈琴讚美他！

擊鼓跳舞讚美他！用絲弦的樂器和簫的聲音讚美他！

用大響的鈸讚美他！用高聲的鈸讚美他！

凡有氣息的都要讚美耶和華！你們要讚美耶和華！（詩一五〇篇）

歌頌　〈諸天讚美〉《世紀頌讚》#11　會眾

主席 / 領詩

你們要讚美耶和華！

我要在正直人的大會中，並公會中，一心稱謝耶和華。

耶和華的作為本為大；凡喜愛的都必考察。

他所行的是尊榮和威嚴；他的公義存到永遠。

敬畏耶和華是智慧的開端；凡遵行他命令的是聰明人。

耶和華是永遠當讚美的！（詩一一一1～3、10）

〈敬拜主〉《世紀頌讚》#49　會眾

頌讚祈禱　主席

頌讚　〈哈利路亞，阿們〉　詩班

哈利路亞，阿們

哦猶大，歡欣，尊榮頌讚，

與基路伯和撒拉弗同聲歡唱，

哈利路亞，阿們。阿們。

## 以感恩獻祭敬拜主

我們要以感謝為祭獻與神。（詩五十 14）

奉獻　會眾

鋼琴獻奏　鋼琴

奉獻詩　〈萬有屬祢〉第 2 節《世紀頌讚》#356　會眾

| | | |
|---|---|---|
| 奉獻祈禱 | | 主席 |

**以聆聽話語敬拜主**

我們要行道，不要單單聽道，自己欺哄自己。（雅一22）

| | | |
|---|---|---|
| 經文 | 林後五1～10 | 主席 |
| 講道 | 「死亡、別狂傲」 | 講員 |
| 回應詩 | 〈當點名時〉《世紀頌讚》#453 | 眾坐 |

**以彼此關懷敬拜主**

愛神的，也當愛弟兄，這是我們從神所受的命令。（約壹四21）

| | | |
|---|---|---|
| 家事分享 | | 主席 |
| 彼此代求 | | 主席 |

**以接受差遣敬拜主**

在列邦中述説祂的榮耀，在萬民中述説祂的奇事。（代上十六24）

| | | |
|---|---|---|
| 差遣 | 〈成為我異象〉《世紀頌讚》#331 | 會眾 |
| 祝福 | | 牧師 |
| 阿們頌 | | 會眾／詩班 |
| 殿樂 | 〈Guide Me, O Thou Great Jehovah〉 | 鋼琴 |

## 範例四B

以崇拜元素作框架的範例二

場合：主日崇拜

類別：以崇拜元素作框架

**悔罪**

靜默　〈確實上主在這地方〉　詩班

反省　「承認過犯」　主席／會眾

**主席：當趁耶和華可尋找的時候尋找他，相近的時候求告他。**

會眾：惡人當離棄自己的道路；不義的人當除掉自己的意念。歸向耶和華，耶和華就必憐恤他；當歸向我們的神，因為神必廣行赦免。

**主席：我向耶和華我的神祈禱認罪，說：「主啊，大而可畏的神，向愛主、守主誡命的人守約施慈愛。」**

會眾：我們犯罪作孽，行惡叛逆，偏離你的誡命典章。

**主席：沒有聽從你僕人眾先知，奉你名向我們君王、首領、列祖和國中一切百姓所說的話。**

會眾：神就是光，在他毫無黑暗，這是我們從主所聽見，又報給你們的信息。

**主席：我們若說是與神相交，卻仍在黑暗裏行，就是說謊話，不行真理了。**

會眾：我們若在光明中行，如同神在光明中，就彼此相交；他兒子耶穌的血，也洗淨我們一切的罪。

**主席：我們若說自己無罪，便是自欺，真理不在我們心裏了。**

會眾：我們若認自己的罪，神是信實的，是公義的，必要赦免我們的罪，洗淨我們一切的不義。

**主席：我們若說自己沒有犯過罪，便是以神為說謊的，他的道也不在我們心裏了。**

會眾：我將這些話寫給你們，是要叫你們不犯罪。若有人犯罪，在父那裏我們有一位中保，就是那義者耶穌基督。

**主席：他為我們的罪作了挽回祭；不是單為我們的罪，也是為普天下人的罪。**

會眾：我向你陳明我的罪，不隱瞞我的惡。我說，我要向耶和華承認我的過犯，你就赦免我的罪惡。

（賽五十五6～7；但九4～6；約壹一5～二2；詩三十二5）

祈求　〈求主為我造清潔的心〉《世紀頌讚》#555　會眾

反省　「認罪與赦罪」　主席 / 會眾

**主席：我們都如羊走迷，各人偏行己路。**

會眾：神啊，求你按你的慈愛憐恤我，按你豐盛的慈悲塗抹我的過犯！

**主席：神啊，憂傷痛悔的心，你必不輕看。**

會眾：我們若認自己的罪，神是信實的，是公義的，必要赦免我們的罪，洗淨我們一切的不義。

**主席：神啊，我向你犯罪，惟獨得罪了你。**

會眾：我是在罪孽裏生的，在我母親懷胎的時候就有了罪。

**主席：求你掩面不看我的罪，塗抹我一切的罪孽。**

會眾：神啊，求你為我造清潔的心，使我裏面重新有正直的靈。

（賽五十三6上；詩五十一1、4上～5、9～10、17下；約壹一9）

祈求　〈求主為我造清潔的心〉《世紀頌讚》#555　會眾

禱告　主席

## 讚美

〈普天下當向耶和華歡欣歌唱〉　詩班

普天下當向耶和華歡呼歌唱。普天下當歡呼歌唱。

普天下當向耶和華，歡呼歌唱。

哈利路亞。普天下當向耶和華歡呼歌唱。

〈真神之愛〉《世紀頌讚》#68　會眾

〈稱謝耶和華的救恩〉《世紀頌讚》#69　主席 / 會眾

〈我要唱耶和華的大慈愛〉《世紀頌讚》#70　會眾

## 聆聽

讀經　路五1～11　主席

講道　「呼召與回應」　牧師

| | | |
|---|---|---|
| 回應詩 | 〈奉獻身心為主〉《世紀頌讚》#358 | 眾立 |
| | **呈獻** | |
| 奉獻 | | 會眾 |
| 鋼琴獻奏 | 〈Great is Thy Faithfulness〉 | 鋼琴 |
| 奉獻詩 | 〈獻己於主〉《世紀頌讚》#354 | 會眾 |
| 奉獻祈禱 | | 主席 |
| 歡迎及家事分享 | | 牧師 |
| 祝福 | 〈求主每天引我路〉 | 牧師／詩班 |
| 阿們頌 | | 會眾 |
| 殿樂 | 〈God Himself Is With Us〉 | 鋼琴 |
| | 〔默禱散會〕 | |

## 崇拜設計理念

因著崇拜的內容，敬拜者以各樣行動表達對神的崇敬。這些行動須合乎聖經的教導，以下是對敬拜行動的一些解說：

一、安靜。「惟耶和華在他的聖殿中；全地的人都當在他面前肅敬靜默。」（哈二20）人在造物主面前，感受到神的偉大權能，反省自己的渺小，不禁肅然起敬，無言以對。敬拜者不是在神面前啞口無言，而是在神面前等候神的臨在、聖靈的降臨和話語，達致能在某程度上與神契合。[1]

二、讚美。「你們要讚美耶和華，在神的聖所讚美他，在他顯能力的穹蒼讚美他。」（詩一五０1）詩篇充滿了鼓勵我們以讚美敬拜神的説話，會眾因著神的偉大、奇妙的作為、救恩和慈愛，向祂發出讚美的聲音。讚美不單可透過音樂，也可藉禱告和誦讀經文。

三、祈禱。「若是你們中間有兩個人在地上同心合意的求甚麼事，我在天上的父必為他們成全。因為無論在那裏，有兩三個人奉我的名聚會，那裏就有我在他們中間。」（太十八19）祈禱是直接與神對話的行動。崇拜中的祈禱可以是默然無聲，也可朗聲集禱。

四、認罪。「禍哉！我滅亡了！因為我是嘴唇不潔的人，又住在嘴唇不潔的民中，又因我眼見大君王萬君之耶和華。」（賽六5）人看到神的聖潔榮美，立時反映出自己的不潔與不配，惟有在神面前認罪求赦免。

五、讀經。「以斯拉站在眾民以上，在眾民眼前展開這書。他一展開，眾民就都站起來。以斯拉稱頌耶和華至大的上帝；眾民都舉手應聲說：『阿們！阿們！』就低頭，面伏於地，敬拜耶和華。」（尼八5～6）從西乃山以色列民聚集敬拜神開始，誦讀神的話是敬拜中不可或缺的行動。以後猶太人會堂的崇拜，誦讀神的話語也是其中的重要項目。

六、講道。改革宗傳統一般以講道為崇拜的中心。在崇拜的羣體中宣講神的話語，就是讓基督從寫成的話語（the written Word）成為宣講的話語（the proclaimed Word）；把神的話解釋，讓當代人明白，使人經歷神的重新表述（re-representation）。[2]

七、呈獻。呈獻是敬拜的外在行動，表達敬拜者內心的虔誠和感恩。在舊約的崇拜中，敬拜者以獻祭的行動向神獻上祭物。在今日的崇拜中，我們呈獻讚美——嘴唇的祭（來十三15）、奉獻金錢、背誦信經——信仰的呈獻、感恩禱告。呈獻是崇拜中回應神恩典的行動。

八、禮儀。奧古斯丁說：「話語加上行動就是禮儀。」[3]「道成了肉身」

說明神的愛並非只是一套偉大的理論，而是基督親自降世的真實行動。因此在崇拜中，會眾不僅以言語，更以禮儀行動回應神。禮儀學教授韋雅各(James F. White)將教會的禮儀分為三大類：上主的(dominical)、使徒的(apostolic)和自然的(natural)。第一類包括主所設立的主餐禮和主所吩咐要施行的浸禮。第二類是使徒與早期基督徒設立的禮儀，包括堅振禮、復和、抹油、洗腳等。最後一類包括婚禮和葬禮。[4]

範例四A和四B分別展示了兩個以崇拜元素作框架的崇拜，兩者都特別適用於一般的主日崇拜。

## 音樂來源

### 四A

1. 〈Joyful, Joyful, We Adore Thee〉：Cindy Berry。*Hymns with a Classical Touch：Piano Arrangements by Cindy Berry*(Kansas City, MO: Lillenas Publishing Company, 1988)。
2. 〈哈利路亞，阿們〉：《哈利路亞 2》。台北：榮光出版社，1996。
3. 〈Amazing Grace〉：Cindy Berry。*Hymns with a Classical Touch：Piano Arrangements by Cindy Berry*(Kansas City, MO: Lillenas Publishing Company, 1988)。
4. 〈Guide Me, O Thou Great Jehovah〉：Cindy Berry。*Hymns with a Classical Touch：Piano Arrangements by Cindy Berry*(Kansas City, MO: Lillenas Publishing Company, 1988)。

### 四B

1. 〈確實上主在這地方〉：Hebert Colvin。《歡欣歌唱 3》。台灣：

榮光出版社，1991。

2. 〈普天下當向耶和華歡欣歌唱〉：G. F. Handel。《哈利路亞2》。台北：榮光出版社，1996。
3. 〈Great Is Thy Faithfulness〉：Nancy Muskrat。*Blessings Unnumbered: Hymn arrangements for the Piano*（Nashville, TN: Broadman Press, 1987）。
4. 〈求主每天引我路〉：Hal H. Hopson。《歡欣歌唱 2》。台灣：榮光出版社，1991。
5. 〈God Himself Is with Us〉：Nancy Muskrat. *Blessings Unnumbered: Hymn arrangements for the Piano.* Nashville, TN: Broadman Press, 1987.

## 範例五A
以感恩頌讚為祭

適用場合：聖樂崇拜、感恩崇拜、主日崇拜

類別：聖詩主題和內容作框架

### 讚美主權能

| | | |
|---|---|---|
| 序樂 | 〈Crown Him with Many Crowns〉 | 風琴 |
| 讚美 | 〈主手所造〉 | 詩班 |

主手所造萬象生靈，同發聲音讚美真神，阿利路亞！

溫柔明月光耀日輪，狂風，密雲，清晨、黃昏！

讚美真神！讚美真神！阿利路亞！

清清河水長流不歇，熊熊烈火供人光熱，阿利路亞！

大地高山無盡寶藏，滋生萬物花草芬芳！讚美真神！阿利路亞！

萬物讚美造物主宰，都當謙卑向主敬拜，阿利路亞！阿利路亞！

讚美聖父、聖子、聖靈！

同聲讚美三一真神！讚美真神！阿利路亞！

讚美一神萬福之源！天下生靈都當頌言！

讚美真神！阿利路亞！天上萬君讚美主名！

同心讚美父、子、聖靈！阿利路亞！

經文　　　　主席

耶和華啊，尊大、能力、榮耀、強盛、威嚴都是你的；

凡天上地下的都是你的，國度也是你的，

並且你為至高，為萬有之首。

願榮耀歸給你，直到永遠。阿們。（代上二十九11）

讚美　　〈榮耀歸於真神〉《世紀頌讚》#59　　會眾

〈快樂頌〉《世紀頌讚》#2

〈祢信實何廣大〉《世紀頌讚》#53

〈讚美全能神〉　　詩班

讚美！全能真神宇宙萬有君王。

我靈頌主，因主使我得贖，賜我健康。

聽主聲音，都來進入主聖殿，歡然向主恭敬讚揚！

讚美！如此奇妙統治世間萬有。

展開恩翼，如此溫柔，將你時常保祐。

你豈不見，有求皆蒙主恩典，按祂旨意應允所求。

讚美！扶助保護，使你作工順利。

上主美善，上主慈恩，必天天看顧你。

仔細思量，全能的主愛深長，做你朋友何等福氣。

讚美！讓我全心全意讚美歌頌！

但願天下凡有血氣同來稱揚天父。

屬祂子民重新一致說「阿們」，歡然恭敬讚揚真神。

讚美禱告　主席

讚歎　〈祢真偉大〉《世紀頌讚》#6　男聲獨唱

默想　〈這是天父世界〉　兒童詩班

這是天父世界；我們側耳要聽，
宇宙唱歌四周響應，星辰作樂同聲。
這是天父世界；我心滿有安寧；
樹木花草，蒼天碧海，萬物主手造成。
這是天父世界；小鳥讚美歌聲，
清晨明亮，好花美麗，同頌造物功深。
這是天父世界；祂愛普及萬千；
風吹之草，將祂表現，天父充滿世間。
這是天父世界；求主叫我不忘，
罪惡雖然好像得勝，天父卻仍掌管。
這是天父世界；我心不必憂傷；
上主是王；天地同唱，歌聲充滿萬方。

## 記念主恩典

經文　主席

惟有基督在我們還作罪人的時候，為我們死，神的愛就在此向我們顯明了。我們得救是本乎恩，也因著信；這並不是出於自己，乃是神所賜的；也不是出於行為，免得有人自誇。（羅五8；弗二8～9）

宣述　〈真神之愛〉《世紀頌讚》#68　會眾

〈奇異恩典〉《世紀頌讚》#299

〈歌頌主愛〉　詩班

我要頌主大慈愛，口舌永說不盡，
甘願擔當我重刑，流血贖我罪身，
將我污穢洗白淨，日與父神親近；
身靈安居主愛裏，永遠滿足我心。

主的愛滿足我心，主的愛滿足我心，

何等長闊高深，令我稱頌歡欣，主的愛滿足我心。

我要頌主大慈愛，與眾聖同歌吟，

欣感主愛激勵我，滿心火熱如焚，

甘願與我為密友，彼此靈交日親；

情意最厚恩無盡，越久主愛越深。

主的愛越久越深，主的愛越久越深，猶如大海汪洋，

我要時時歌唱，主的愛越久越深。

我要頌主大慈愛，遠超我人心願，

從主莫測之豐富，充滿無量充滿，

永遠沉潛主愛中，時時有新效驗；

愛我終必愛到底，主愛永不改變。

主的愛永不改變，主的愛永不改變，

從永遠到永遠，我要歡聲頌讚，主的愛永不改變。

〈怎能如此〉

怎能如此，像我這樣罪人，也能蒙主寶血救贖？

因我罪過使祂受苦，因我罪過，使祂受死，

奇異的愛，何能如此，我主我神，竟為我死。

我的心靈多年被罪捆綁，被罪包圍，幽暗無光，

主眼發出復活榮光，使我覺醒，光滿牢房；

鎖鏈斷落，心得釋放，我起來跟隨祢前往。

奇異的愛，何能如此，我主我神，竟為我死。

不再定罪，今我再不畏懼，耶穌與祂所有屬我，

我活在永活元首裏，穿起公義聖潔白衣，

坦然進到神寶座前，因我救主，我得榮冕。

奇異的愛，何等如此，我主我神，竟為我死。

默想　〈耶和華是我的牧者〉　中樂組

安慰　〈天父必看顧你〉《世紀頌讚》#363　會眾

信息分享　　　　　　　　　　　　　　　　　　　　　講員

## 回應主大愛

仰望　　　　　　　　〈眾生之神〉　　　　　　　　女聲獨唱

慈悲天父，眾生之神，求寬恕我愚頑，

使我歸正，意念更新，事奉與生命更純真，

更深謙恭頌讚，更深謙恭頌讚。

願我信心專一單純，如當年主門徒，

聞主恩召，立志相信，捨網從祂，默然動身，

立刻投靠耶穌，安心投靠耶穌。

求賜清新平安甘露，除鬥爭解憂愁，

除盡心上壓力焦慮，使我生命彰顯主賜平安順服美善，平安順服美善。

願祢靈風撫吹心靈，平熄心火激情，

助我平復情慾衝動，在烈火、風暴、地震中，

能聽你輕柔聲，聽祢柔和微聲。

經文　　　　　　　　　　　　　　　　　　　　　　主席

弟兄們，我以神的慈悲勸你們，將身體獻上，當作活祭；是聖潔的，是神所喜悅的，你們如此事奉，乃是理所當然的。你們務要堅固，不可搖動，常常竭力多作主工；因為知道你們的勞苦，在主裏面不是徒然的。（羅十二1；林前十五58）

互勉　　　　　　〈主啊我願作為門徒〉　　　　　　詩班

主，我願意作為門徒，在我心。

主，我願意更加恩慈，在我心。

主，我願意更加聖潔，在我心。

主，我願意更像耶穌，在我心。

主，我願意更像耶穌，在我心。

主，我願意作為門徒，在我心。

〈與主偕行〉

求主容我與祢偕行，謙讓為心，主命是聽；

主有秘訣默告扶助，使我堪耐，辛勞煩苦。

助我以愛，慈祥聲音，感化激動遲鈍之心；

有人愚昧默告扶助，引向天道，使他回步。

使我耐性與主相同，主為密友常來心中；

力作主工專誠篤信，惡敵必敗，四走逃遁。

賜我美望前路發光，愈走愈明，直到天堂；

心中平安惟主能賜，與主偕行，共度今世。

| | | |
|---|---|---|
| 立志 | 〈成為我異象〉《世紀頌讚》#331 | 會眾 |
| | 〈向高處行〉《世紀頌讚》#339 | |
| 祝福差遣 | | 牧師 |
| 殿樂 | 〈讚美一神〉 | 風琴 |

〔會眾請坐至殿樂完畢〕

## 崇拜設計理念

這個崇拜是以聖詩頌唱崇拜（或稱「聖詩節慶」、聖詩頌唱會，Hymn Festival）作崇拜的框架。

美國聖詩會（Hymn Society of America）於1922年成立，在成立後12年開始推動聖詩節慶活動。節慶的主要目的為要崇拜讚美大能的神，其功能是藉詩歌來傳遞（communicate）、促進（stimulate）和記念（commemorate）——藉聖詩的歌詞內容，傳遞和記念基督教信仰，並祈通過活動，促進信徒誦唱聖詩的興趣、提升誦唱的水平和對聖詩的認識。[5]

崇拜分三部分，各以詩歌為主要內容。音樂的特色是所有曲目都源自聖詩：會眾所唱的是簡單的聖詩；獨唱、合唱和器樂作品，皆為聖詩的變奏曲（即所有曲目都是聖詩旋律的變奏）。當會眾聽到這些變奏曲時，雖然其中有些可能只是器樂的作品，但由於曲調耳熟能詳，讓會眾聯想那首聖詩的歌詞，從而增加變奏曲在崇拜中的特定意義。所有會眾的詩歌配上不同的誦唱方式，包括純女或男聲、四部和唱、會眾齊唱、詩班四部和唱、加上附加高音(descant)、和聲變奏(reharmonization)、無伴奏誦唱等。既增加誦唱的變化，也可因應歌詞的內容，輔以適當的誦唱方式，配合歌詞所表達的內容和語調。

當中〈這是天父世界〉由兒童詩班誦唱，一方面配合詩歌的需要，以純真的童聲表達對創造主的愛慕，亦可藉此教導兒童學習唱誦傳統的聖詩，讓會眾明白詩歌可適合任何年齡的信徒誦唱。〈耶和華是我的牧者〉是一首中國調作品，由中樂隊彈奏，配合這詩歌的風格。當唱奏這兩首詩歌時，在銀幕上投影配合的畫面：例如美麗的大自然景緻、羊羣與青草地、清溪流水，以視象增加對神的創造奇工和牧者的深刻印象。

聖詩節慶可以只選用詩歌，也可加上講道的信息。不過，信息要配合節慶的內容和中心思想。聖詩節慶雖然是以詩歌為主，但歌詞承載神的道，音樂配合和豐富了歌詞，神的道得以有力地被傳遞，即使省去講道的部分，詩歌本身已是一篇豐富的信息。會眾可以藉著詩歌讚美、讚歎、宣述、默想、仰望、互勉和立志，是一個豐富的崇拜經驗。

## 音樂來源

1. 〈Crown Him with many Crowns〉：Michael Burkhardt。Morning Star Music Publisher。
2. 〈主手所造〉：Mark Hayes。Shawnee Press 出版。中文歌詞：《世紀頌讚》47首(中文版暫未出版)。
3. 〈讚美全能神〉：Mark Hayes。Beckenhorst Press 出版。中文

歌詞：《世紀頌讚》89首（中文版暫未出版）。

4. 〈這是天父世界〉：Charles Forsberg。《聖頌選集5：讚美我聖父》。香港：基督教文藝出版社，1997。
5. 〈歌頌主愛〉：《頌主新歌》179首。
6. 〈怎能如此〉：《青年聖歌 5》。
7. 〈耶和華是我的牧者〉。香港基督徒中樂團編曲。
8. 〈眾生之神〉：李景雄譯。出處不詳。
9. 〈主啊我願作為門徒〉：Michael Larkin。中文歌詞：《世紀頌讚》337首（中文版暫未出版）。
10. 〈與主偕行〉：Dale Wood。The Sacred Music Press出版。中文歌詞：《頌主新歌》485首（中文版暫未出版）。
11. 〈Old 100th〉：John Ferguson. Augsburg Organ Library November.

## 範例五B
音樂榮神

場合：聖樂主日、主日崇拜

類別：聖詩主題或內容作框架

### 獻上音樂為榮耀主名

| | | |
|---|---|---|
| 序樂 | 〈I Sing the Almighty Power of God〉 | 鋼琴 |
| 宣召 | 〈頌讚歸於神〉《世紀頌讚》#33 | 主席／會眾 |
| 頌讚 | 〈音樂榮神〉《世紀頌讚》#54 | 會眾 |

頌讚禱告　　主席

## 敬仰虔誠向祂謙卑順服

經文選讀

**領會：那倚靠耶和華，不理會狂傲和偏向虛假之輩的，這人便為有福！（詩四十 4）**

會眾：我的神啊，我樂意照祢的旨意行；你的律法在我心裏。（詩四十 8）

**領會：你本不喜愛祭物，若喜愛，我就獻上；燔祭，你也不喜悅。（詩五十一 16）**

**會眾：耶和華喜悅燔祭和平安祭，豈如喜悅人聽從他的話呢？聽命勝於獻祭，順從勝於公羊的脂油。（撒上十五 22）**

領會：世人哪，耶和華已指示你何為善。祂向你所要的是甚麼呢？（彌六8上）

**會眾：只要你行公義，好憐憫，存謙卑的心，與你的神同行。（彌六 8 下）**

領會：這樣看來，我親愛的弟兄，你們既是常順服的……就當恐懼戰兢作成你們得救的工夫。（腓二 12）

**會眾：凡事要奉我們主耶穌基督的名，常常感謝父神；又當存敬畏基督的心，彼此順服。（弗五 20～21）**

領會：因為神救眾人的恩典已經顯明出來，教訓我們除去不敬虔的心和世俗的情慾，在今世自守，公義，敬虔度日。（多二 11～12）

**會眾：主為我們捨了自己，要贖我們脫離一切罪惡，又潔淨我們，特作自己的子民，熱心為善。（多二 14）**

禱頌　〈生命在此〉《世紀頌讚》#355　會眾

祈禱　　主席

## 惟願全地同聲歌頌恩主

讀經　　講員

講道　　會眾

回應詩　〈諸天讚美〉《世紀頌讚》#11　主席

| | | |
|---|---|---|
| 立志 | 〈歌頌讚美祂〉《世紀頌讚》#20 | 會眾 |
| 差遣祈禱 | | 牧師 |
| 默禱 | | 會眾 |
| 殿樂 | 〈Let the Song Go Round the Earth〉 | 鋼琴 |

## 崇拜設計理念

這崇拜的框架來自《世紀頌讚》54首〈音樂榮神〉的第一節歌詞，框架分為三部分。現存的聖詩內容豐富，但不是每首詩歌的歌詞都可用作崇拜框架建構之用，必須細心選擇。有時，框架的內容不一定只來自某節歌詞，也可取材自同一首詩歌的不同節數。重要的是能鋪排成合理流程的崇拜。

這範例的結構簡單，各部分一目瞭然，同時彈性很大，可按需要在每一部分配上和增加合適的詩歌、頌歌、經文、祈禱和講道。整個崇拜沒有詩班的參與，詩歌完全是會眾聖詩，這展示了詩班不是崇拜所必須的，尤其是一些規模較小的教會，即使沒有詩班，仍可在崇拜中有合適和豐富的音樂。

## 音樂來源

1. 〈I Sing the Almighty Power of God〉：Mary Ellen Kerrick. *O How I Love Jesus*. Nashville TN：Boradman Press，1979.
2. 〈Let the Song Go Round the Earth〉：Mary Ellen Kerrick. *O How I Love Jesus*. Nashville TN：Boradman Press，1979.

## 範例六A

耶穌基督我心所信

適用場合：聖詩崇拜、聖樂主日崇拜

類別：混合式

序樂　〈向上帝獻歌讚〉　詩班

向上帝獻歌讚，人人和唱讓全地應聲：Alleluia.

人人和唱，全地應聲，向上主歌讚頌，向上帝唱歌；Alleluia.

世界各方萬有要唱歌讚美祂！

寰宇靠信心同獲得拯救！Alleluia.

寰宇眾生已經得拯救！Alleluia.

全地歡欣，敬拜唱讚歌！

全地歡欣敬拜唱 Alleluia！頌讚主！Alleluia.

全地應聲，歌唱頌讚：Alleluia.

**我信上帝，全能的父，創造天地的主。**

讚美　〈主手所造〉《世紀頌讚》#47　會眾

〈永生神就是靈〉《世紀頌讚》#51

讚美禱告　主席

讚美　〈頌讚父神偉大權力〉《世紀頌讚》#44　會眾

**我信我主耶穌基督，上帝獨生的子；**

**因聖靈感孕，由童貞女馬利亞所生，在本丟彼拉多手下受難，**

**被釘於十字架，受死，埋葬；**

**降在陰間；**

**第三天從死人中復活；**

**升天，坐在全能父上帝的右邊；**

**將來必從那裏降臨，審判活人死人。**

經文　主席

伯利恆、以法他啊，你在猶大諸城中為小，將來必有一位從你那裏出來，在以色列中為我作掌權的；他的根源從亙古，從太初就有。

神愛世人，甚至將他的獨生子賜給他們，叫一切信他的，不致滅亡，反得永生。（彌五 2；約三 16）

憶述　〈當世界還未曾創造〉《世紀頌讚》#125　會眾

經文　主席

他誠然擔當我們的憂患，背負我們的痛苦；我們卻以為他受責罰，被神擊打苦待了。哪知他為我們的過犯受害，為我們的罪孽壓傷。因他受的刑罰，我們得平安；因他受的鞭傷，我們得醫治。（賽五十三 4～5）

記念　〈哦！聖潔耶穌〉　詩班

哦，聖潔耶穌，祢受如此羞辱，
在審判台前，默默承受祢誤，
被敵人憎惡，更被友人辜負，受極大痛苦。
哦，神的兒子，道成肉身降世，
將生命獻上，十字架上釘死；
因為受刑罰，擊打鞭傷槍刺，我得到醫治。
哦，慈仁耶穌，惟願依祢胸懷，
常祈禱敬拜，思念祢的慈愛，
愛堅定浩瀚我本不敢期盼，更無法償還。

經文　主席

若基督沒有復活，我們所傳的便是枉然，你們所信的也是枉然；……我們若靠基督，只在今生有指望，就算比眾人更可憐。

因從死裏復活，以大能顯明是神的兒子。……耶穌被交給人，是為我們的過犯；復活，是為叫我們稱義。（林前十五 14 、 19；羅一 4 ，四 25）

唱述　〈基督今復活〉《世紀頌讚》#200　會眾
〈十架為我榮耀〉《世紀頌讚》#192

信息分享　講員

互勉　〈我知救贖主活著〉《世紀頌讚》#227　會眾

**我信聖靈；我信聖而公之教會；**

**我信聖徒相通；我信罪得赦免；**

**我信身體復活；我信永生。阿們。**

祈求　〈每當我感到聖靈〉　詩班

每次當我感到聖靈激動我心靈，我禱告。

噢每次當我感到聖靈激動我心靈，我禱告。

在聖山上主發聲。從祂口出火與煙霧。

約旦河旁，寒風徹骨，身體冰冷心卻火熱。

燦爛環繞我。問我主可都屬我？

有一列車行軌道，進出天堂來回飛馳。

每次當我感到聖靈激動我心靈，我禱告。

噢每次當我感到聖靈激動我心靈，我禱告。

光輝聖靈激勵我心靈，我禱告。

噢每次當我感到聖靈激動我心靈，我禱告。

噢，每次當我感到聖靈激動我心靈，我禱告。

經文　主席

你們就是基督的身子，並且各自作肢體。……就如身子是一個，卻有許多肢體，而且肢體雖多，仍是一個身子；基督也是這樣。

他是教會全體之首，他是元始，是從死裏首先復生的，使他可以在凡事上居首位。（林前十二27、12；西一18）

立志　〈主啊，我願作你門徒〉《世紀頌讚》#337　會眾

〈教會根基〉《世紀頌讚》#458

經文　主席

我們藉這愛子的血得蒙救贖，過犯得以赦免，乃是照他豐富的恩典。

因為知道我們的舊人和他同釘十字架，使罪身滅絕，叫我們不再作罪的奴僕。（弗一7；羅六6）

仰望　〈I Waited for the Lord〉　女聲二重唱

I waited for the Lord, He inclined unto me.
He heard my complaint, and heard my complaint;
I waited for the Lord. He inclined unto me,
and heard my complaint, and heard my complaint,
o bless'd are they that hope and trust in the Lord.

〈恩友歌〉《世紀頌讚》#377　會眾

經文　主席

但基督已經從死裏復活，成為睡了之人初熟的果子。死既是因一人而來，死人復活也是因一人而來。……我如今把一件奧祕的事告訴你們：我們不是都要睡覺，乃是都要改變。……這必朽壞的總要變成不朽壞的，這必死的總要變成不死的。（林前十五20～21、51、53）

宣告　舞蹈

經文　主席

我又看見一個新天新地；因為先前的天地已經過去了，海也不再有了。我又看見聖城新耶路撒冷由神那裏從天而降，預備好了，就如新婦妝飾整齊，等候丈夫。我聽見有大聲音從寶座出來說：「看哪，神的帳幕在人間。他要與人同住，他們要作他的子民。神要親自與他們同在，作他們的神。神要擦去他們一切的眼淚；不再有死亡，也不再有悲哀、哭號、疼痛，因為以前的事都過去了。」（啟二十一1～4）

期盼　〈Holy City〉　女聲獨唱

Last night I lay a sleeping
There came a dream so fair
I stood in old Jerusalem
Beside the temple there
I Heard the children singing
And ever as they sang

Me thought the voice of Angels
From Heav'n in answer rang
Me thought the voice of Angles
From Heav'n in answer rang
Jerusalem! Jerusalem!
Lift up your gates and sing
Hosanna in the highest!
Hosanna to your King!

And then me-thought my dream was chang'd
The streets no longer rang
Hush'd were the gland Hosannas.
The little children sang
The sun grew dark with mystery
The more was cold and chill
As the shadow of a cross arose
Upon a lonely hill
As the shadow of a cross arose
Upon a lonely hill

Jerusalem! Jerusalem!
Hark! How the Angels sing
Hosanna in the highest
Hosanna to your King

And once again the scene was chang'd
New earth there seem'd to be

I saw the Holy City
Beside the tideless sea
The light of God was on its streets
The gates were open wide
And all who would might enter
And no one was denied
No need of moon or stars by night
Or sun to shine by day
It was the new Jerusalem
That would not pass away
It was the new Jerusalem
That would not pass away

Jerusalem! Jerusalem!
Sing for the night is o'er
Hosanna in the highest
Hosanna forever more!
Hosanna in the highest
Hosanna forever more!

| | | |
|---|---|---|
| 唱詩 | 〈我們聚集生命河邊〉頌主新歌 #535 | 會眾 |
| 祝福 | | |
| 殿樂 | 〈讚頌上帝至尊〉 | 詩班 |

〔頌唱崇拜結束、彼此問安〕

## 崇拜設計理念

這是一個以主題與聖詩頌唱崇拜為框架的設計。崇拜主題是「耶穌基

督我心所信」，框架取材自〈使徒信經〉(Apostles' Creed)。甚麼是信經？楊牧谷博士這樣解釋：「信經」的英文是 creed，來自〈使徒信經〉和〈尼西亞信經〉的第一個拉丁字：*credo*(我信)。信徒背誦信經有兩重意義：首先是個人對三位一體神的認信，因此每節皆以「我信……」為開始；其次，在崇拜中眾信徒同頌信經是一種見證，表明整個信仰羣體是源於同一信仰，一起敬拜真神。這樣說來，信經大概可以定義為：以公式詞的形式，精簡而全備地把基督教信仰的規模勾畫出來，作為個人及羣體的共信。

信經是言簡意賅的信仰撮要，既概括了信仰的每一要素，也具備相當大的自由度，讓人按照實際情況來再解釋，故此是有信仰的大公性和獨特性的要素(universality and particularity)。

認信是有很深的神學意義，一方面每週一次提醒信徒所信的是甚麼，重新校正生活的方向，另一方面是與眾信徒一起認信，不只提醒我們與在場每一崇拜參與者源於一體，也告訴我們與基督整個身體是相連的，包括同一時代的海內外眾信徒，以及歷代先聖，同連於一個身體，同敬拜一位真神。[6]

歷代重要的信經有四份，〈使徒信經〉是其中最精簡的，為拉丁教會與新教教會共守。這信經是初期教會的信徒回應當時的異端，在2世紀時將使徒所傳的、即「一次交付聖徒的真道」(猶3)，歸納成八項「我信……」。因此，以後的信徒稱之為〈使徒信經〉。他們寫下信經，目的是作為後世信徒的信仰準繩。〈使徒信經〉並非要取代聖經的地位，乃是要穩固聖經的信仰，使之不會受到異端的混淆。

〈使徒信經〉可以按照三位一體的內容劃分為三段：第一段以三重關係(上帝與人、父子、主僕)宣稱聖父上帝的信仰；第二段宣告聖子耶穌基督道成肉身，完成救贖大工；第三段宣示聖靈為大公教會及信徒成聖的動力。[7]

這個崇拜範例是以上述的三段劃分法來企劃崇拜的框架。由於這是聖詩崇拜，因此選用了多首聖詩供會眾誦唱。詩歌與詩歌之間，選用了一些經文、祈禱、詩班獻唱、二重唱和獨唱。原因有：第一、合適的經文，補足和豐富精簡的信經內容。第二、貫穿整個崇拜，使流程更暢順和思路清晰。第三、讓會眾在連唱多首聖詩間有歇息的機會。第四、增加內容的變化。其中的二重唱及獨唱選用英文歌，只因內容切合，假如個別教會未能接納在崇拜中使用外語詩歌，可以改用其他樂曲。

這範例有信息分享，內容可與詩歌與靈命的關係，或信經的意義等內容有關；也可按個別情況，省去信息這環節，因為聖詩崇拜本身內容也相當豐富。在範例中的信息這環節，安排在詩歌〈十架為我榮耀〉之後，主要原因是平衡崇拜的流程，因為這大約是在整個崇拜的中間位置。分段式的信息，以切合三段的信經框架，也是可行之法。

現代崇拜著重多媒體的表達方式，因此默劇、舞蹈、影像等都是常見的。這範例中舞蹈的環節可由一人或一組擔任。舞蹈的內容是要以動作宣告基督由已死至復活。利用舞蹈，可以加深會眾的印象，因為會眾不只聽到和唱到復活的信息，更可看到復活的信息。

通常我們會以器樂的作品，例如鋼琴或風琴的樂曲，作為序樂和殿樂。不過，這範例的序樂和殿樂都用了詩班合唱的作品。再一次強調，詩班不單可以在講道這環節前，或在一個每主日崇拜既定的環節中獻唱。詩班的獻唱可以因應崇拜的內容，獻唱合宜的頌歌。同時，詩班的頌歌也不只有「代表會眾向神獻上嘴唇的祭」，也可以歌詞的內容達到「彼此教導，互相勸戒的功能」。

## 音樂來源

1. 〈向上帝獻歌讚〉：Martin Shaw, Schirmer。劉永生譯（中文版暫未出版）。

2. 〈哦！聖潔耶穌〉：Gary Matheny。《歡欣歌唱5》。台北：榮光出版社，1992。
3. 〈每當我感到聖靈〉：Matthew Kennedy。《歡欣歌唱10》。台北：榮光出版社，1986。
4. 〈I Waited for the Lord〉：Felix Mendelssohn. *Hymn of Praise：A Sacred Cantata*. New York: G. Schirmer.
5. 〈Holy City〉：Stephen Adams. *Expressive Singing: Song Anthology*. Dubnque, IA: William. C. Brown, 1983.
6. 〈讚頌上帝至尊〉：Gordon Young, Shawnee。劉永生譯（中文版暫未出版）。

## 範例六B
浸禮的反思

場合：浸禮、主日崇拜

類別：混合式

**浸禮的水**

引言

反省　〈聖靈如鴿下降〉《世紀頌讚》#511

**悔罪與赦免**

反省

認罪　〈認罪與赦免〉《世紀頌讚》#283

祈求　〈求主察看〉《世紀頌讚》#278

默想、祈禱

**同死、同埋葬、同復活**

反省　羅六 1～11
記念　〈浸禮歌〉《世紀頌讚》#512
默想、祈禱

**新創造、新生命**

反省　〈基督裏新生〉《世紀頌讚》#304
宣告　〈自耶穌在我心中〉《世紀頌讚》#301
默想、祈禱

**基督裏合一**

反省　弗四 1～6
互勉　〈相愛見證〉《世紀頌讚》#462
默想、祈禱

**委身與服事**

反省
勸勉　〈理所當然的事奉〉《世紀頌讚》#404
立志　〈彼此服事〉《世紀頌讚》#470
默想、祈禱
浸禮 / 水的默想

## 崇拜設計理念

教會的浸禮大都在主日崇拜時舉行，信徒有機會再次重溫浸禮的片段，與受浸的新葡一同歡慶人生難忘的一刻。不過，我們很多時只能藉此重溫過去難忘的經歷，卻較少重尋或反思浸禮的意義。此外，有些教會由

於會眾人數眾多，禮堂無法提供足夠的座位，以致浸禮也不在主日崇拜內舉行，結果信徒連重溫的機會也失去。逐漸地，信徒可能漸漸忘了浸禮的意義。其實我們可藉特別設計的崇拜，讓信徒在信仰班或受浸預備班課程以外，在崇拜裏重思浸禮。

這是一個聖詩頌唱崇拜和主題結合作框架的崇拜，期望讓會眾有機會再思浸禮的意義，反省自己的身分。這個崇拜主要分為六部分，各部分以相關的講道信息、詩歌、經文、啟應文和禱告配合。各部分的中心思想如下：

一、浸禮的水。(一)水是生命中不可或缺的事物；水令我們想起神的創造，從而反思我們的身分(創一1)。(二)浸禮的水，不單是視覺上的輔助物，更表徵神人立約的記號(創九11)。(三)水令我們想起主基督的事蹟：在加利利海邊講道、平靜風浪、水變酒、為門徒洗腳，主更是生命的活水(約四7～15)。(四)浸禮表徵歸入基督，正如保羅説：「都從一位聖靈受浸，成了一個身體，飲於一位聖靈」(林前十二13)。

二、悔罪與赦免。(一)外觀上，浸禮是猶太人熟識的宗教潔淨行動，對於基督徒卻有更深層的意義，它表徵人的悔罪與神的赦免(路三3)。(二)悔罪不會令信徒對罪產生免疫力，浸禮表徵信徒願意以開放的心靈，靠主的力量過得勝的生活。浸禮是接納和饒恕的肯定，信徒不是完全缺乏信心的接受浸禮，而是抱著追求更多信心的態度來接受(來十22～23；可九24)。

三．同死、同埋葬、同復活。保羅強調浸禮表徵與基督同死、同埋葬、同復活的關係(羅六3～4)。

四、新創造、新生命。(一)神的靈、神的聲音在水面上揭開了新生命、新創造(創一1～3)。浸禮表徵新的生命和新的開始，同時彰顯了神的憐憫與慈愛(多三5)。

五、基督裏合一。哥林多前書十二章13節的信息是：浸禮不是個人的，而是羣體性的。基督裏的合一帶來平等，受浸的信徒學習彼此接納，不分界限，無分貴賤。浸禮不單包含神與人之關係，也包括人與人之關係。

六、委身與服事。(一)浸禮不是單一事件，而是不斷進行的過程。每次浸禮，信徒不是旁觀者，而是參與者，以禱告去支持受浸者，同時反省、檢視、更新自己的浸禮。(二)透過浸禮，基督建立了教會。教會是神的恩賜，透過教會，信徒明白信徒與神，以及信徒與信徒間之關係。信徒在教會學習彼此接納、服事、守望、建立、體諒、愛顧、關懷的功課(林前十二章)。

崇拜的最後可以是浸禮的程序，這樣的安排，讓會眾先重溫浸禮的意義，以致對接下來的儀式更有領受。若是基於某些原因，未能在崇拜中包括浸禮，也可以有「水的默想」：在崇拜開始前，在禮堂正前方放置大盆(若人數眾多，可放置多過一盆)清水，這樣既可讓會眾在反思浸禮時看到水，也可在「水的默想」時邀請會眾列隊走到堂前，把手浸在水中，一方面觸摸水的感覺，藉著觸感加深對崇拜的印象；另一方面，在水盆前稍作停留，靜心在神面前立志祈禱。在「水的默想」後，會眾可自由離開。

# 崇拜與聖樂 資料篇

# 崇拜學書目介紹

崇拜學研究的涵蓋範疇甚廣，市面上有關崇拜學的書籍也不少，對於初步研習者來說，有時確有無處著手的感覺。本篇嘗試將一些崇拜學的重要著作分類並加以簡介，提供讀者在研究上一些實用的資料及方向。

本篇所介紹的書籍，分為五大類：一、一般類；二、聖經類；三、神學類；四、歷史類；五、實用類。有些書籍的內容由於不是單一類別，因此可能在一個以上的分類中出現。本篇收錄的書籍，除少部分外，都可以在香港浸信會神學院及香港其他某些神學院圖書館中找到。下列書籍盡量以過去15年出版的為主，選擇的原則是理論與實踐並重。由於所介紹的書籍數量不少，因此在這五個分類中，特別會均衡地選取其中 26 本不同著作，作為崇拜學入門概覽資料，以 ** 符號顯示。

## 一般類

**葛普斯 (A. P. Gibbs) 著：《敬拜》。姚光賢譯。香港：基督徒閱覽室，1991。**
討論敬拜的意義、重要性、權柄、對象、態度、障礙、地方及結果等。

**郭乃弘著：《崇拜的更新》。香港：香港基督徒學會，2000。**
探討崇拜的核心，崇拜怎樣反映神的作為，崇拜與教會在世的服事有何相關，以及怎樣建立教會成為敬拜神的羣體等課題。另附崇拜程序數例。

**《宣道會崇拜模式指引》。香港：宣道出版社，2003。**
討論崇拜的聖經基礎及歷史發展，評析現代崇拜，探討宣道會對崇拜之基本立場，選取崇拜音樂指引等。內容簡要實用。

**施達雄著：《朝見上帝》。台灣：中國主日學協會，1980。**
討論崇拜的本質、禮儀、聖經意義、姿態、禱告、音樂、浸禮、主餐禮等。內容頗全面。

**胡忠銘著：《基督教的禮拜學導論》。台灣：人光出版社，1998。**
分析崇拜程序的意義，包括話語、洗禮、聖餐、節期、場地、舞蹈等。

**唐佑之著：《心靈與誠實：聖經、神學與歷史》。香港：卓越書樓，1992。**
探討崇拜的聖經基礎，崇拜的神學信仰，及崇拜的歷史進程。

**郭立德 (T. S. Garrett) 著：《基督教的崇拜》。陳錫輝譯。香港：道聲出版社，1988。**
討論東西方儀式歷史的精神與形式，以及新教教會的禮儀。

**李熾昌等著：《基督教會崇拜的重探》。香港：香港基督徒學會，1994。**
探討天主教會、聖公會、信義宗及自由傳統教會崇拜的特點和形式。

**梅智理 (J. Moye) 著。《豐盛的敬拜》。衛國強譯。香港：浸信會出版社，1993。**
討論崇拜的神學基礎，分析六個崇拜傳統的特色，提供17個崇拜程序設計。

Allen, Ronald B. *The Wonder of Worship: A New Understanding of the Worship Experience*. Nashville, TN: Word Publishing, 2001.
從多個角度討論真正的崇拜，檢視今日崇拜的謬誤，強調崇拜帶來教會的合一而非分化。

Basden, Paul A. *Exploring the Worship Spectrum: Six Views*. Grand Rapids, MI: Zondervan, 2004.
六位崇拜學學者對現行流傳的六種不同形式崇拜的見解，分析每類崇拜的優點與弱處。

Berkley, James D. ed. *Leadership Handbook of Preaching and Worship: Practical Insight from a Cross Section of Ministry Leaders*. Grand Rapids, MI: Baker Books, 1992.
收集百多位教會牧長和神學家筆下的約200篇文章，理論與實踐兼備，以不同角度探討與崇拜有關的課題，包括講道、禱告、音樂、主餐、浸禮、婚禮、喪禮和崇拜設計。

Bradshaw, Paul, ed. *The New Westminster Dictionary of Liturgy and Worship*. 2nd ed. Louisville, KY: Westminster/ John Knox Press, 2002.
收錄崇拜和禮儀的重要術語和簡單文章，由不同學者撰寫，並附書目。400多頁的內容篇幅，是案頭上極好的參考字典。

Carson, D.A., ed. *Worship: Adoration and Action*. Eugene, OR: Wipf and Stock Publishers, 2001.
從聖經、神學、教會歷史和傳統探討崇拜。

Hayford, Jack. *Worship His Majesty: How Praising the King of Kings Will Change Your Life*. Ventura, CA: Regal Books, 2000.
討論如何透過全心專一的敬拜，改變個人的屬靈生命。

Mitman, F. Russell. *Worship in the Shape of Scripture*. Cleveland, OH: Pilgrim Press, 2001.
澄清經文在塑造和指引崇拜上的重要價值，也討論音樂、形態和空間與「道」的關係。

** Segler, Franklin M. *Understanding, Preparing for, and Practicing Christian Worship*. 2d ed. Nashville, TN: Broadman & Holman Publishers, 1996.
全書分三部分，分別討論崇拜的定義；檢視崇拜的表達形式，包括禮儀、音樂、教會年曆；講解如何編排崇拜。理論與實踐並重，相當全面。

Torrance, James B. *Worship, Community and the Triune God of Grace*. Downers Grove, IL: Intervarsity Press, 1997.
探討三一神在崇拜中的重要性，並提出如何透過這神學理念，讓我們對崇拜的觀念和實踐有更深入的了解。

Tozer, A. W. *Whatever Happened to Worship?* Ed. by Gerald B. Smith. Camp Hill, PA: Christian Publications, 1985.〔中譯本：《敬拜的真義》。吳啟煒譯。香港：宣道出版社，1994。〕
本書是作者陶恕的一系列講道稿，強調崇拜是教會生活的中心，信徒每日生活上的見證，就是敬拜的核心意義。本書發人深省。

Underhill, Evelyn. *Worship*. NewYork: The Crossroad Publishing Company, 1989.
全書分兩部分，分別詳述崇拜的本質、特性及禮儀；追溯崇拜的歷史發展。雖然本書已出版70多年，仍被認為是崇拜學的經典。

Webber, Robert E., ed., *The Complete Library of Christian Worship*. Peabody, MA: Hendrickson Publishers, 1993～1994.
全套辭典共八冊，3,300多頁，文章來自600多位作者。從聖經、歷史、音樂與藝術、教會年曆、禮儀及牧養等角度討論崇拜，課題包括60多個宗派傳統。本書是現時崇拜學涵蓋最廣的工具書。

Webber, Robert E. *Worship Is a Verb: Eight Principles for Transforming Worship*. 2nd ed. Peabody, MA: Hendrickson Publishers, 1995.

從八個崇拜的基本原則探討崇拜，強調在崇拜中會眾參與的重要性。每章附思考和研習問題，可用作崇拜學課程的教材。

** Webber, Robert E. *Worship Old and New: A Biblical, Historical, and Practical Introduction*. Revised ed. Grand Rapids, MI: Zondervan Publishing Company, 1994.〔中譯本：《崇拜：認古識今》。何李穎芬譯。香港：宣道出版社，2000。〕

討論崇拜的聖經基礎、神學理念、歷史發展和實踐，強調崇拜是以基督為中心的觀點。理論與實踐並重，內容全面，是崇拜學入門的好書。

White, James F. *Introduction to Christian Worship*. 3rd ed. Nashville, TN: Abingdon Press, 2000.

全面、深入淺出地講解崇拜的定義，以及每項內容的理念和意義，包括：時間、空間、音樂、禱告、道、聖禮、主餐等，是崇拜入門的好書。

# 聖經類

韋柏(R. E. Webber)著：《全心敬拜：崇拜的聖經基礎》。孫寶玲譯。香港：香港浸信會神學院，2002。

討論崇拜的用語，神學主題及崇拜的種種描述。每課附反思問題和小組討論資料。

Carson, D.A., ed. *Worship: Adoration and Action*. Eugene, OR: Wipf and Stock Publishers, 2001.

〔參一般類〕

Cullmann, Oscar. *Early Christian Worship*. London: SCM Press, 1959.

〔參早期教會類〕

** Hill, Andrew E. *Enter His Courts with Praise: Old Testament Worship for the New Testament Church*. Grand Rapids, MI: Baker Book House, 1996.

詳細解説舊約崇拜的不同層面和內涵，從中建構一套合乎聖經和神學原則的崇拜觀，並把這些理念引申成今日教會崇拜的睿見。

Moule, C.F.D. *Worship in the New Testament*. Richmond, VA: John Knox Press, 1967.

從新約看主餐禮、浸禮和經文的運用。

Olst, E. H. Van. *The Bible and Liturgy*. Translated by John Vriend. Grand Rapids, MI: William B. Eerdmans Publishing Company, 1991.

從聖經探究禮儀的本質，以及聖經所蘊藏的禮儀特性。

** Peterson, David. *Engaging with God: A Biblical Theology of Worship*. Downers Grove, IL: Intervarsity Press, 1992.

通過嚴謹的釋經，嘗試從新舊約不同經卷中尋找崇拜的真正意義。

# 神學類

** 張永信著：《崇拜：神學、實踐、更新》。香港：天道書樓，1991。

討論崇拜的神學、華人教會的實況、崇拜內容、講道等。

** Carson, D.A., ed. *Worship: Adoration and Action*. Eugene, OR: Wipf and Stock Publishers, 2001.
〔參一般類〕

Davies, Horton. *Worship and Theology*. Bk. 1-3. Grand rapids, MI: William B. Eerdmans Publishing Company, 1996.
深入討論由14世紀中葉至當代的各宗派傳統的崇拜、音樂、建築、年曆禮儀等，共1,600多頁。

Dawn, Marva J. *Reaching Out Without Dumbing Down: A Theology of Worship for the Turn-of-the-Century Culture*. Grand Rapids, MI: William B. Eerdmans Publishing Company, 1995.
嚴厲指出今日崇拜備受流行文化所影響和塑造，一語道破今日崇拜不少毛病及應該正視的問題。

Dyk, Leanne Van, ed. *A More Profound Alleluia: Theology and Worship in Harmony*. Grand Rapids, MI: William B. Eerdmans Publishing Company, 2005.
探討三一神、罪與恩典、基督論、教會論、末世論等神學理念，與崇拜的宣召、悔罪、宣講、信經、主餐禮的關係。

Ellis, Christopher J. *Gathering: A Theology and Spirituality of Worship in Free Church Tradition*. London: SCM Press, 2004.
〔參新教教會類〕

Lathrop, Gordon W. *Holy Things: A Liturgical Theology*. Minneapolis, MN: Fortress Press, 1993.
檢視崇拜的聖經及歷史基礎，重尋禮儀的重要性。

Salier, Don E. *Worship as Theology: Foretaste of Glory Divine*. Nashville, TN: Abingdon Press, 1994.
討論崇拜不只是神學、以神為中心的，也是人類學、體現於日常生活的課題。分析禮儀派與福音派之異同。

Seel, Thomas Allen. *A Theology of Music for Worship Derived from the Book of Revelation*. Metuchen, NJ: The Scarecrow Press, 1995.
〔參音樂類〕

## 教會年

**韋柏(R. E. Webber)著：《重尋教會的節期：教會年的節期》。孫寶玲譯。香港：香港浸信會神學院，2004。**
討論教會年曆的意義和實踐之方向。每課附反思問題及小組討論資料。

** **許隼夫著：《教會年曆與禮拜》。台南：人光出版社，1999。**
全書分三部分，分別介紹教會年曆及讀經表；多篇配合節期的講章；實際參考資料。

**唐佑之著：《儀式與真義：論教會禮儀》。香港：卓越書樓，1997。**
討論聖禮、教會年曆、公禱書、空間表徵等。

Adam, Adolf. *The Liturgical Year: Its History and Its Meaning After the Reform of the Liturgy*. Collegeville, MN: The Liturgical Press, 1992.

詳述教會年曆的由來、發展和神學理念，並各節期的歷史與意義。

Biffi, Inos. *An Introduction to the Liturgical Year*. Grand Rapids, MI: William B. Eerdmans Publishing Company, 1995.
圖文並茂，簡單介紹教會年曆的精要，適合兒童閱讀。

Hickman, Hoyt L. and Don E. Saliers. *The New Handbook of the Christian Year: Based on the Revised Common Lectionary*. Nashville, TN: Abingdon Press, 1992.
第一部分討論教會年曆的現念、由來及推行的方法。第二部分以教會年的節期作框架，附豐富的資料，包括：禱文、經文、崇拜程序等。理論與實踐並重。

** Stookey, Laurence Hull. *Calendar: Christ's Time for the Church*. Nashville, TN: Abingdon Press, 1996.
從文字記載、習慣和實踐等方面，討論教會年曆的神學意義。內容有學術深度，但清楚易明。

Talley, Thomas J. *The Origins of the Liturgical Year*. 2nd ed. Collegeville, MN: The Liturgical Press, 1986.
教會年曆的起源和早期發展。

## 主餐禮

韋柏(R. E. Webber)著：《經驗神醫治的大能：崇拜中的禮儀》。孫寶玲譯。香港：香港浸信會神學院，2004。
探討教會禮儀的源流及意義。每課附反思問題及小組討論資料。

** 唐佑之著：《紀念與見證：主餐與水禮》。香港：卓越書樓，1994。
討論主餐和水禮的聖經基礎和神學理念。

Mazza, Enrico. *The Celebration of the Eucharist: The Origin of the Rite and the Development of Its Interpretation*. Collegeville, MN: The Liturgical Press, 1999.
全面深入討論主餐禮的由來及其在歷史進程中的發展及演繹。

Schmemanh, Alexander. *The Eucharist: Sacrament of the Kingdom*. Translated by Paul Kachur. Crestwood, NY: St. Vladimir's Seminary Press, 2003.
詳述東正教對主餐禮的神學理解和演繹。

Stoffer, Dale R., ed. *The Lord's Supper: Believers Church Perspectives*. Scottdale, PA: Herald Press, 1997.
第一部分從聖經、歷史和神學角度討論主餐禮的意義。第二部分探討不同教會傳統對主餐禮的理念。

Stookey, Laurence Hull. *Eucharist: Christ's Feast with the Church*. Nashville, TN: Abingdon Press, 1993.
討論主餐禮的意義和歷史發展，探討不同教會傳統對主餐的理念之異同。

Zee, Leonard J. Vander. *Christ, Baptism and the Lord's Supper: Recovering the Sacraments for Evangelical Worship*. Downers Grove, IL: Intervarsity Press, 2004.
敍述浸禮和主餐禮的聖經背景及神學理念，並探討這兩個禮儀如何在今日教會，特別是福音派教會中更有意義地舉行。

## 浸禮

** Bridge, Donald and David Phypers. *The Water That Divides: The Baptism Debate*. Downers Grove, IL: Intervarsity Press, 1977.
根據聖經對浸禮的記載，討論不同傳統對浸禮的立場及理念。本書嘗試消弭不同見解間之張力。

Old, Hughes Oliphant. *The Shaping of the Reformed Baptismal Rite in the Sixteenth Century*. Grand rapids, MI: William B. Eerdmans Publishing Company, 1992.
討論16世紀教會對浸禮的演繹。

Riggs, John W. *Baptism in the Reformed Tradition. A Historical and Practical Theology*. Louisville, KY: Westminster /John Knox Press, 2002.
從歷史和實用神學的角度，討論新教教會的浸禮，並比較不同宗派傳統之異同。

Stookey, Laurence Hull. *Baptism: Christ's Act in the Church*. Nashville, TN: Abingdon Press, 1982.
探討歷代教會對浸禮的神學理念，特別指出教牧一般關注的實際問題。

Zee, Leonard J. Vander. *Christ, Baptism and the Lord's Supper: Recovering the Sacraments for Evangelical Worship*. Downers Grove, IL: Intervarsity Press, 2004.
〔參主餐禮類〕

# 歷史類

## 綜論

韋柏(R. E. Webber)著：《重尋珍寶：歷代教會的崇拜》。孫寶玲譯。香港：香港浸信會神學院，2002。
介紹歷代不同地域基督徒崇拜的特色。每課附反思問題及小組討論資料。

Harper, John. *The Forms and Orders of Western Liturgy from the Tenth to the Eighteenth Century: A Historical Introduction and Guide for Students and Musicians*. Oxford: Clarendon Press, 1994.
追溯西方教會於900至1700年間的禮儀發展，討論禮儀的本質、起源及形式。

Jones, Cheslyn and Geoffrey Wainwright, ed. *The Study of Liturgy*. New York: Oxford University Press, 1978.
詳述早期教會的禮儀、教會年曆、按立禮、主餐禮的設立及發展。

** Lang, Bernhard. *Sacred Games: A History of Christian Worship*. New Haven, CT: Yale University Press, 1997.
分析讚美、禱告、講道、主餐禮、呈獻、聖靈等六個課題的源流、歷史發展及意義，探討崇拜的真義。

Senn, Frank C. *Christian Liturgy: Catholic and Evangelical*. Minneapolis, MN: Fortress Press, 1997.
深入、詳盡和全面地論析西方基督教禮儀的發展，強調傳統與更新的重要性。

** White, James F. *A Brief History of Christian Worship*. Nashville, TN: Abingdon Press, 1993.

概覽新約時期至現代教會的崇拜歷史。內容雖然簡單卻全面、準確和清晰。書中的討論包括：禱告、主餐禮、宣講、音樂、建築、教會年曆與崇拜的關係。可讀性甚高。

White, James F. *Documents of Christian Worship: Descriptive and Interpretive Sources*. Louisville, KY: Westminster/ John Knox Press, 1992.
記述崇拜的第一手資料集。書中以主題作分類，包括：崇拜的教導、時間、空間、禱告、神的道、主餐禮、特別聚會等。

## 早期教會崇拜

Bradshaw, Paul. *Early Christian Worship: A Basic Introduction to Ideas and Practice*. Collegeville, MN: The Liturgical Press, 1996.
簡易直接，講解最初4世紀信徒在崇拜中的行動及箇中原因，是這課題的入門書。

Bradshaw, Paul F. *The Search for the Origins of Christian Worship: Sources and Methods for the Study of Early Liturgy*. New York: Oxford University Press, 1992.
作者在書中一章講論如何演繹早期教會禮儀的10項原則，為研究崇拜者帶來與別不同的睿見。

Cullmann, Oscar. *Early Christian Worship*. London: SCM Press, 1959.
第一部分討論早期教會崇拜的特色。第二部分討論約翰福音與崇拜有關的記載。

Ferguson, Everett, ed. *Studies in Early Christianity. Vol. 15. Worship in Early Christianity*. New York: Garland Publishing, 1993.
詳述早期教會崇拜的禮儀、主餐禮、禱告、音樂等。

Fisher, Eugene J., ed. *The Jewish Roots of Christian Liturgy*. New York: Paulist Press, 1990.
追溯基督教崇拜和禮儀的根源，討論基督教崇拜與猶太教崇拜的密切關係。

** Martin, Ralph P. *Worship in the Early Church*. 3rd ed. Grand Rapids, MI: William B. Eerdmans Publishing Company, 1074.
早期教會崇拜的描述，猶太崇拜與基督教崇拜之關係，並檢視各項崇拜的元素，包括：禱告、詩歌、信經、宣講、奉獻、浸禮、主餐禮等。本書是研究早期教會崇拜的重要著作。

Maag, Karin and John D. Witvliet, ed. *Worship in Medieval and Early Modern Europe: Change and Continuity in Religious Practice*. Notre Dame, IN: University of Notre Dame, 2004.
正如書名，本書討論中世紀時期之崇拜。12篇文章由12位神學家執筆撰寫。

## 新教教會崇拜

Carson, D.A., ed. *Worship: Adoration and Action*. Eugene, OR: Wipf and Stock Publishers, 2001.
〔參一般類〕

Daniels, Harold M. *To God Alone Be Glory: The Story and Sources of the Book of Common Worship*. Louisville, KY: Geneva Press, 2003.
第一部分敍述新教教會自1600至現今歷史的發展。第二部分提供大量與《公禱書》內容相關的資料。

Ellis, Christopher J. *Gathering: A Theology and Spirituality of Worship in Free Church Tradition*.

London: SCM Press, 2004.
以浸信會傳統作依歸，討論自由傳統教會的崇拜神學。本書是討論這課題的少有著作。

Hart D.G. and John R. Muether. *With Reverence and Awe: Returning to the Basics of Reformed Worship*. Phillipsburg, NJ: P & R Publishing, 2002.
重尋聖經及新教教會對崇拜的基礎理念，檢視現今崇拜的缺失。

Old, Hughes Oliphant. *Worship Reformed According to Scripture*. Louisville, KY: Westminster/John Knox Press, 2002.
追溯歷史發展、深入探討某些崇拜的內容、並提議一些基於新教教會傳統，而適切今日崇拜更新的原則。

** Rice, Howard L. and James C. Huffstutler. *Reformed Worship*. Louisville, KY: Geneva Press, 2001.
討論新教教會的崇拜特色、歷史發展，以及崇拜內容之意義，包括：主餐禮、浸禮、音樂、禱告、教會年曆和婚禮等。

Stevenson, Kenneth and Bryan Spinks, ed. *The Identity of Anglican Worship*. Harrisburg, PA: Morehouse Publishing, 1991.
來自不同作者的多篇文章，討論聖公會的崇拜傳統及禮儀。

White, James F. *Protestant Worship: Traditions in Transition*. Louisville, KY: Westminster/John Knox Press, 1989.
新教教會崇拜傳統的綜覽。各主流教派的全面、系統和清楚的講解。

## 現代教會崇拜

韋柏(R. E. Webber)著：《崇拜更新：揉合傳統和當代的崇拜》。孫寶玲譯。香港：香港浸信會神學院，2003。
討論崇拜的意義、秩序和風格。探討如何揉合傳統與現代的崇拜元素。每課附反思問題及小組討論資料。

韋柏(R. E. Webber)著：《讓聖靈加力：崇拜中的職事》。蔡志強譯。香港：香港浸信會神學院，2004。
討論如何處理特別的敬拜羣體，例如兒童、殘障人士等。每課附反思問題及小組討論資料。

*Authentic Worship in a Changing Culture*. Grand Rapids, MI: Christian Reformed Church Publications, 1997.
探討在持守及聚焦福音的原則下，如何加入新的敬拜形式。書中的問題解答部分，回應了不少今日崇拜所面對的疑難。

Basden, Paul. *The Worship Maze: Finding a Style to Fit Your Church*. Downers Grove, IL: Intervarsity Press, 1999.〔中譯本：保羅巴士敦著：《敬拜迷宮》。鄭非兒譯。香港：基道出版社，2001。〕
描繪五類常見的崇拜模式：禮儀、傳統、奮興、敬拜讚美及尋道者聚會，分析各模式的利弊。

Benedict, Daniel T. and Craig Kennet Miller. *Contemporary Worship for the 21st Century: Worship or Evangelism*. Nashville, TN: Discipleship Resources, 1998.
論析六類崇拜形式，並提供由傳統過度至現代崇拜的實質建議。

Best, Thomas F. and Dagmar Heller, ed. *Worship Today: Understanding Practice, Ecumeni-*

*cal Implications*. Geneva, Switzerland: WCC Publications, 2004.
30多位不同宗派傳統的教會領袖及神學家，描述個別崇拜羣體的現況。本書讓讀者對當代崇拜的發展，有一全面的了解。

Black, Kathy. *Culturally-Conscious Worship*. St. Louis, MO: Chalice Press, 2000.
探討如何在多元文化的教會處境中，編排恰當的崇拜。

Blount, Brian K. and Leonora Tubbs Tisdale, eds. *Making Room at the Table: An Invitation to Multicultural Worship*. Louisville, KY: Westminster / John Knox Press, 2001.
探討多元文化崇拜。本書共分三部分，分別討論聖經基礎，神學基礎，以及探討實際推行上所遇到的困難。

** Byars, Ronald P. *The Future of Protestant Worship: Beyond the Worship Wars*. Louisville, KY: Westminster / John Knox Press, 2002.
從禮儀、神學及歷史的角度，解構「傳統」與「當代」崇拜間之爭論。本書提議共融及注重尋道、浸禮和主餐禮的價值。

Dawn, Marva J. *Reaching Out Without Dumbing Down: A Theology of Worship for the Turn-of-the-Century Culture*. Grand Rapids, MI: William B. Eerdmans Publishing Company, 1995.
〔參神學類〕

Doran, Carol and Thomas H. Troeger. *Trouble at the Table: Gathering the Tribes for Worship*. Nashville, TN: Abingdon Press, 1992.
分析當代崇拜的一些危機，建議處理危機的方法，指出崇拜更新的必要。

Frame, John M. *Contemporary Worship Music: A Biblical Defense*. Phillipsburg, NJ: P & R Publishing Company, 1997.
從神學角度論述現代基督教音樂的價值。書中有多處直接駁斥 *Reaching Out Without Dumbing Down* 一書之內容。罕有神學家捍衛現代基督教音樂的例子。

Hughes, Kathleen, comp. *How Firm a Foundation: Voices of the Early Liturgical Movement*. Chicago, IL: Liturgy Training Publications, 1990.
70多篇來自不同禮儀運動先驅的文章，每位作者均附有簡介。

Johnson, Todd E., ed. *The Conviction of Things Not Seen: Worship and Ministry in the 21st Century*. Grand Rapids, MI: Brazo Press, 2002.
12篇不同崇拜學者的文章。對揉和崇拜、崇拜中的視覺藝術、崇拜的風格等課題有很好的討論。最後一篇特別介紹了韋伯博士。

** Towns, Elmer. *Putting an End to Worship Wars*. Nashville, TN: Broadman & Holman Publishers, 1997.
講解崇拜現今的趨勢，分析六類崇拜的模式，提供19個觀察及五項避免「崇拜戰」的建議。

Vischer, Lukas, ed. *Christian Worship in Reformed Churches Past and Present*. Grand Rapids, MI: William B. Eerdmans Publishing, 2003.
來自於2001年舉行之國際會議所發表的文章，討論不同地域新教教會崇拜的今昔，歷史分析與現代反省並重。

Weber, Robert E. *Blended Worship: Achieving Substance and Relevance in Worship*. Peabody, MA: Hendrickson Publishers, 1996.
第一部分檢視近年崇拜的趨勢和改變。第二部分討論在崇拜中如何透過不同的表達形式，包括：藝術、教會年曆、禮儀行動等，帶來崇拜的更新。

Webber, Robert E. *Signs of Wonder: The Phenomenon of Convergence in Modern Liturgical and Charismatic Churches*. Nashville, TN: Abbott Martyn, 1992.
指出崇拜的趨勢，並討論揉和崇拜的六個範疇和方向。本書是探討揉合崇拜的早期著作。

Wenz, Robert. *Room for God? A Worship Challenge for a Church-Growth and Marketing Era*. Grand Rapids, MI: Baker Books, 1994.
作者討論在一個高舉教會增長、市場導向的風氣下，如何持守以神為中心的崇拜。

Witvliet, John D. *Worship Seeking Understanding: Windows into Christian Practice*. Grand Rapids, MI: Baker Academic, 2003.
作者過去10年撰寫的15份最有份量的學術文章，從聖經、神學、歷史、音樂、牧養等不同範疇，檢視當代崇拜現況。學術與理論並重。

Wright, Tim and Jan Wright, ed. *Contemporary Worship: A Sourcebook for Spirited-Traditional, Praise and Seeker Services*. Nashville, TN: Abingdon Press, 1997.
〔參編排、帶領崇拜資料類〕

York, Terry W. *America's Worship Wars*. Peabody, MA: Hendrickson Publishers, 2003.
分析現今美國教會崇拜的爭議情況。

# 實用類

## 音樂

**羅炳良著：《聖樂綜論（二）》。香港：天道書樓，1995。**
17篇曾發表的文章，討論聖樂與崇拜、聖樂創作、聖樂教育和聖樂事奉等課題。

**韋柏（R. E. Webber）著：《讚美進入祂的院：崇拜的音樂與藝術》。孫寶玲譯。香港：香港浸信會神學院，2003。**
討論音樂和藝術與崇拜的關係，以及在崇拜中之功能。每課附反思問題及小組討論資料。

**何守誠編著：《聖詩學：啟導本》。香港：基督教文藝出版社，2002。**
討論西方聖詩之歷史發展，中國聖詩之特色，以及聖詩實際的運用方法。本書是相當全面的聖詩學中文著作。

**黃佑新著：《教會音樂與崇拜》。香港：基督教文藝出版社，1996。**
扼要地從聖經、神學及歷史的角度，討論教會音樂與崇拜。

**唐佑之著：《唱新歌：抒情神學初探》。香港：真理基金會有限公司，2004。**
追溯音樂的聖經基礎、歷史發展、功能和類別。

**《聖樂與崇拜事奉》。香港：香港華人基督教聯會，2001。**
八篇來自聖樂營所發表的專題文章，討論崇拜和音樂的課題。

**黎本正著：《脫俗尋真：聖樂與崇拜評論集》。香港：建道神學院，1998。**
本書是散文集，討論在教會崇拜中一些常見的現況、音樂的角色、音樂事奉者的態度等。

**張剛榮著：《讚美進入祂的院：教會禮拜中的音樂》。台灣：天恩出版社，1997。**
討論音樂與崇拜的關係，敍述牧師、會眾、詩班員、指揮、司琴應具的態度、職務和資格。

**唐佑之著：《榮耀三一頌：研習教會音樂》。香港：卓越書樓，1997。**

追溯音樂在聖經和歷史中的記載，探討音樂在崇拜及特殊場合中的功能。

Best, Harold M. *Music Through the Eyes of Faith*. San Francisco, CA: HarperSanFrancisco, 1993.
探索音樂與創造、音樂的意義、音樂的多元化、音樂的質素、現代基督教音樂，以及音樂與崇拜等課題。

Blackwell, Albert L. *The Sacred in Music*. Louisville, KY: Westminster / John Knox Press, 1999.
透過分析組成音樂的元素，從哲學及神學的角度，討論音樂與啟示的關係。

Corbitt, J. Nathan. *The Sound of the Harvest: Music's Mission in Church and Culture*. Grand Rapids, MI: Baker Books, 1998.
透過聖經的研究及世界各地的實例，敍述音樂在崇拜中之重要性。

Eskew, Harry and Hugh T. McElrath. *Sing with Understanding: An Introduction to Christian Hymnology*. 2nd ed. Nashville, TN: Church Street Press, 1995.
討論聖詩的特色、歷史發展及運用方法。理論與實踐並重。

Etherington, Charles L. *Protestant Worship Music: Its History and Practice*. Westport, CT: Greenwood Press, 1978.
追溯音樂在崇拜中的源流及歷史發展。

** Hustad, Donald P. *Jubilate II: Church Music in Worship and Renewal*. Hope Publishing Company, 1993.〔中譯本：《當代聖樂與崇拜》。謝林芳蘭譯。台灣：校園出版社，1998。〕
全面討論音樂在崇拜中的歷史發展，及其在實踐上的功能和運用。

Hustad, Donald P. *True Worship: Reclaiming the Wonder and Majesty*. Carol Stream, IL: Hope Publishing Company, 1998.
從聖經、歷史和神學的角度，探討音樂在崇拜中的角色。

Johansson, Calvin M. *Discipling Music Ministry: Twenty-first Century Directions*. Peabody, MA: Hendrickson Publishers, 1992.
從教會的功能、文化、歷史、人文科學、教會事工等角度，探討音樂事工的角色。

Johansson, Calvin M. *Music and Ministry: A Biblical Counterpoint*. 2nd ed. Peabody, MA: Hendrickson Publishers, 1998.
從聖經和神學的角度，討論音樂事工的真義。

Jones, Danny R. *The Volunteer/ Bivocational Music Leader: A Guide to Using the Hymnal Creatively*. Nashville, TN: Convention Press, 1995.
簡易、創意聖詩入門，包括：轉調、串連、分類等技巧。

Leaver, Robin A. and Joyce Ann Zimmerman, ed. *Liturgy and Music: Lifetime Learning*. Collegeville, MN: The Liturgical Press, 1998.
多篇不同作者的文章，探討音樂與崇拜和禮儀的關係。本書強調音樂在崇拜中之實用性功能。

** Liesch, Barry. *The New Worship: Straight Talk on Music and the Church*. Revised edition. Grand Rapids, MI: Baker Books, 2001.
討論音樂與崇拜的關係。特別探討如何在崇拜中採用不同風格的音樂，以及建立崇拜音樂的神學。理論與實踐並重。

McGann, Mary E. *Exploring Music as Worship and Theology: Research in Liturgical Practice*.

Collegeville, MN: The Liturgical Press, 2002.
本書篇幅雖然不多，卻扼要地探討音樂與神學和禮儀的關係，並為這範疇的研究提出新的路向。

Mitchell, Robert H. *I Don't Like That Music*. Carol Stream, IL: Hope Publishing Company, 1993.
討論如何面對新事物，特別針對處理新音樂所帶來的衝擊。

Rogal, Samuel J. *A General Introduction to Hymnody and Congregational Song*. Metuchen, NJ: The Scarecrow Press, 1991.
討論聖詩在不同歷史時期的發展及特色。

Seel, Thomas Allen. *A Theology of Music for Worship Derived from the Book of Revelation*. Metuchen, NJ: The Scarecrow Press, 1995.
藉著深入研究啟示錄，建構一套崇拜音樂的神學理念，並引申這理念對當代崇拜的啟發。

Sydnor, James Rawlings. *Hymns and Their Uses: A Guide to Improved Congregational Singing*. Carol Stream, IL: Agape, 1982.
討論聖詩的價值，以及如何在教會中教導及領唱聖詩。

Westermeyer, Paul. *Te Deum: The Church and Music*. Minneapolis, MN: Fortress Press, 1998.
全面深入討論及反省由舊約時期至今日教會的音樂與信徒生活。附詳盡書目。

Wren, Brian. *Praying Twice: The Music and Words of Congregational Song*. Louisville, KY: Westminster / John Knox Press, 2000.
從目的、價值、神學內涵等角度，分析會眾詩歌的重要性。本書提供評估及更新會眾詩歌的方法和路向。對重尋聖詩價值的課題很有睿見。

## 視覺藝術

Adams, Doug. *Eyes to See Wholeness: Visual Arts Informing Biblical and Theological Studies in Education and Worship Through the Church Year*. Prescott, AZ: Educational Ministries, 1995.
透過圖片和討論文章，讓讀者從視覺世界來擴闊對神學論題的了解。

** Adams, Doug and Michael E. Moynahan, ed. *Postmodern Worship and the Arts*. San Jose, CA: Resource Publications, 2002.
探討如何透過不同的藝術，包括：空間、戲劇、舞蹈、音樂等，達致後現代崇拜所期盼的全人崇拜經驗。

Begbie, Jeremy, ed. *Beholding the Glory: Incarnation Through the Arts*. Grand Rapids, MI: Baker Books, 2000.
八篇不同作者的文章，討論藝術、文學、舞蹈、圖像、雕塑及音樂的神學。本書相當全面，是藝術神學的入門著作。

** Best, Harold M. *Unceasing Worship: Biblical Perspectives on Worship and the Arts*. Downers Grove, IL: Intervarsity Press, 2003.
本書前半部分討論崇拜，後半部分討論藝術、音樂與崇拜的關係。內容引起讀者很多反省。

Blain, Susan A., ed. *Imaging the Word: An Arts and Lectionary Resource*. Three volumes. Cleveland, OH: United Church Press, 1994, 1995, 1996.

每週選用經文，附圖片或畫像，配合內容主旨。

Brown, Frank Burch. *Good Taste, Bad Taste, and Christian Taste: Aesthetics in Religious Life*. New York: Oxford University Press, 2000.
從神學和哲學角度，討論美學與信徒生活，尤其是崇拜的音樂及空間。深入而仔細，有相當多睿見。

Chinn, Nancy. *Spaces for Spirit: Adorning the Church*. Chicago, IL: Liturgy training Publications, 1989.
討論視覺藝術的功能，提供實用建議，探討如何在教會推行視覺藝術，以豐富會眾的崇拜。附大量精美圖片。

De Gruchy, John W. *Christianity, Art and Transformation: Theological Aesthetics in the Struggle for Justice*. Cambridge: Cambridge University Press, 2001.
討論美學的神學。

Dilasser, Maurice. *The Symbols of the Church*. Collegeville, MN: The Liturgical Press, 1999.
全面討論視像藝術的宗教意義。附大量精美圖畫，是這課題的精簡版字典。

Goens, Linda M. *Praising God Through the Lively Arts*. Nashville, TN: Abingdon Press, 1999.
非常實用的資料及實例，討論如何運用戲劇、舞蹈、小丑等方式，傳遞神的道。

Harms, Carol Jean. *Quick and Easy Banner Designs*. St. Louis, MO: Concordia Publishing House, 1996.
第一部分討論製作幡旗的方法。第二部分介紹超過200多幅幡旗設計的草圖。

Navone, John. *Toward a Theology of Beauty*. Collegeville, MN: The Liturgical Press, 1996.
討論創造與美、美的力量、基督徒美的經驗及美的神學。本書是這課題少見的著作之一。

Hornik, Heidi J. and Mikeal C. Parsons, ed. *Interpreting Christian Art: Reflections on Christian Art*. Macon, GA: Mercer University Press, 2003.
書中九篇文章來自一個基督教藝術研討會，討論宗教藝術如何豐富信徒的生命。

Irvine, Christopher and Anne Dawtry. *Art and Worship*. Collegeville, MN: The Liturgical Press, 2002.
探討視覺藝術與宗教的關係，以及如何在崇拜中運用視覺藝術。

Mazar, Peter. *To Crown the Year: Decorating the Church Through the Seasons*. Chicago, IL: Liturgy Training Publications, 1995.
探討如何佈置教會，以配合教會年曆節期的轉換。大量有創意的好主意。

Viladesau, Richard. *Theology and the Arts: Encountering God through Music, Art and Rhetoric*. NY: Paulist Press, 2000.
運用音樂、藝術和文學的例子，探討藝術與神學的關係。本書強調美學是啟示的一種。

Walton, Janet R. *Art and Worship: A Vital Connection*. Collegeville, MA: The Liturgical Press, 1991.
解說各樣藝術表達隱藏真理的能力。本書探討教會與藝術家如何能夠彼此開放地對話和合作，以豐富崇拜的內容。

## 戲劇

Chatham, James O. *Enacting the Word: Using Drama in Preaching*. Louisville, KY:

Westminster John Knox Press, 2002.
介紹如何在講道中加入戲劇。全書主要是七個講題的詳細劇本。

Cloninger, Curt. *Drama for Worship: Contemporary Sketches for Opening Hearts to God*. Vol. 1. Cincinnati, OH: Standard Publishing, 1999.
八個短劇，表達主題包括：恩典、寬恕、婚姻、忘記過去等。

Patitucci, Karen. *Three-Minute Dramas for Worship*. San Jose, CA: Resource Publications, 1989.
撰寫短劇的途徑和方法。另附72個短劇。

** Pederson, Steve. *Drama Ministry: Practical Help for Making Drama a Vital Part of Your Church*. Grand Rapids, MI: Zondervan, 1999.
討論戲劇的價值、如何在教會組織戲劇組，以及撰寫戲劇的方法。附影像光碟，示範排劇。

## 舞蹈

Daniels, Marilyn. *The Dance in Christianity*. New York: Paulist Press, 1981.
追溯由早期至20世紀，舞蹈在基督教教會中的源流。

** Gagne, Ronald, Thomas Kane and Robert VerEecke, ed. *Introducing Dance in Christian Worship*. Revised edition. Portland, OR: Pastoral Press, 1999.
本書共分三部分，分別追溯自猶太傳統至今日崇拜中之舞蹈，討論禮儀舞蹈的分類，探討推行在教會年曆節期崇拜中運用舞蹈。

Kovacs, Aimee Verduzco. *Dancing Into the Anointing: Touching the Heart of God Through Dance*. Shippensburg, PA: Treasure House, 1996.
敍述在聖經中有關舞蹈的記載，討論舞蹈的作用及類別，並提供如何鼓勵教會組織舞蹈事工的建議。

Silberling, Murray. *Dancing for Joy: A Biblical Approach to Praise and Worship*. Baltimore, MD: Messianic Jewish Publishers, 1995.
討論舞蹈的聖經背景、歷史發展、類別和組織舞蹈事工的方法。附錄包括舞蹈術語，以及四個舞蹈範例。

Stevenson, Ann. *Restoring the Dance: Seeking God's Order*. Shippensburg. PA; Treasure House, 1998.
討論舞蹈的聖經基礎、作用、被排斥的原因，以及恢復舞蹈的路向。

## 禱告

** Begolly, Michael J. *Leading the Assembly in Prayer: A Practical Guide for Lay and Ordained Presiders.* San Jose, CA: Resource Publications, 1997.
〔參編排、帶領崇拜資料類〕

Hoffman, Lawrence A. *The Art of Public Prayer: Not for Clergy Only*. 2d ed. Woodstock, VT: Skylight Paths Publishing, 1999.
討論公眾禱告在崇拜的重要性、它如何塑造信徒屬靈生命，以及對崇拜的理解。

Mark, Arlene M., ed. *Words for Worship*. Scottdale, PA: Herald Press, 1996.
提供300多篇禱文，配合不同教會年曆節期的需要。

Stookey, Laurence Hull. *Let the Whole Church Say Amen. A Guide for Those Who Pray in Public*. Nashville, TN: Abingdon Press, 2001.
分析禱告的本質、格式、用字、類別，以及如何撰寫禱文。理論與實踐並重。

## 建築

Chinn, Nancy. *Spaces for Spirit: Adorning the Church*. Chicago, IL: Liturgy Training Publications, 1989.
〔參視覺藝術類〕

** Giles, Richard. *Re-Pitching the Tent: Reordering the Church Building for Worship and Mission*. Revised, expanded edition. Collegeville, MN: The Liturgical Press, 2000.
追溯崇拜空間的歷史傳統至現今的發展趨勢。附大量堂會的建築及擺設的黑白及彩色圖片。提供簡明步驟和建議處理方案。

Kilde, Jeanne Halgren. *When Church Became Theatre: The Transformation of Evangelical Architecture and Worship in Nineteenth-Century America*. New York: Oxford University Press, 2002.
討論福音派教會建築物的發展及路向。本書讓讀者明白今日「超級教會」對崇拜的理念和優先次序。

Lubman, David and Ewart A. Wetherill. *Acoustics of Worship Spaces*. New York: American Institute of Physics, 1985.
討論教堂的音響效果原理及須知。附40多個實例的建築藍圖、建築物照片及音響效果簡介。

Mauck, Marchita B. *Places for Worship: A Guide to Building and Renovating*. Collegeville, MN: The Liturgical Press, 1995.
探討在教會建堂或裝修的過程中，如何組織建築委員會，以及委員會應注意之事項。

Middleton, Arthur Pierce. *New Wine in Old Skins: Liturgical Change and the Setting of Worship*. Wilton, CT: Morehouse-Barlow, 1988.
討論崇拜禮儀的發展與演變所帶來的崇拜空間及擺設之變化。

Philippart, David, ed. *Clothed in Glory: Vesting the Church*. Chicago, IL: Liturgy Training Publications, 1997.
探討崇拜司職人員的法衣、崇拜的擺設、佈置、用色、幡旗等。附有大量彩色插圖。

White, James F. *Protestant Worship and Church Architecture: Theological and Historical Considerations*. Eugene, OR: Wipf and Stock Publishers, 2003.
本書是1964年版本的再版，似乎是惟一系統及全面討論新教教會的敬拜空間之神學及歷史發展的著作。附多項圖解及詳盡書目。

## 編排、帶領崇拜資料

**吉中鳴著：《更新敬拜讚美實用手冊》，增訂版。香港：道樂仕製作有限公司，2002。**
討論敬拜讚美的理念及實際帶領技巧。

**陳天賜著：《我心、你心、敬拜心：教會敬拜的和諧與更新》。香港：更新資源有限公司，1999。**
討論如何結合傳統與現代詩歌、設計禮拜程序、適當地運用傳統與現代樂器等。

Baker, Jonny and Doug Gay, compiled. *Alternative Worship: Resources from and for the Emerging Church*. Grand Rapids, MI: Baker Books, 2003.
根據教會年曆的框架，提供多樣具創意的崇拜意念、資料、對白、指引等，附電腦光碟，內容有聲響效果、音樂及短片等輔助資料。

Begolly, Michael J. *Leading the Assembly in Prayer: A Practical Guide for Lay and Ordained Presiders.* San Jose, CA: Resource Publications, 1997.
建基於神學理念，討論主領崇拜者的角色和位份、應具備的條件及技巧。

Daniels, Harold M. *To God Alone Be Glory: The Story and Sources of the Book of Common Worship*. Louisville, KY: Geneva Press, 2003.
〔參新教教會類〕

Gaddy C. Welton and Donald W. Nixon. *Worship: A Symphony for the Senses*. Vol. 1—Resources, Vol. 2—Annotated Services, Vol. 3 — Sermons. Macon, GA: Smyth & Helwys Publishing, Inc., 1998～2002.
討論如何編排觸動心靈、理性和感觀的全人敬拜經驗。建基於教會年曆，第一冊討論在不同節期中，如何運用顏色、物料、幡旗、音樂、插花、經文和祈禱。第二冊詳列每個崇拜的程序流程和採用素材。第三冊配合第二冊所討論的各崇拜講稿全文。資料十分詳盡和有價值。

Hickman, Hoyt L. and Don E. Saliers. *The New Handbook of the Christian Year: Based on the Revised Common Lectionary*. Nashville, TN: Abingdon Press, 1992.
〔參教會年類〕

Hoffman, Lawrence A. *The Art of Public Prayer: Not for Clergy Only*. 2d ed. Woodstock, VT: Skylight Paths Publishing, 1999.
〔參禱告類〕

Price, Ian and Carolyn Kitto, ed. *Creative Worship: Services from Advent to Pentecost*. Winfield, B.C.: Wood Lake Books Inc., 1999.
特別設計編排的五個崇拜程序，包括：將臨節、聖誕節、除夕、聖週及五旬節。

Jasper, Tony and Pauline Webb. *Worship in Every Event: Worship Resources for Every Day*. New York: Oxford University Press, 1998.
配合特殊情況的崇拜程序，例如災難、種族歧視等。

Jones, Danny R. *The Volunteer/ Bivocational Music Leader: A Guide to Using the Hymnal Creatively*. Nashville, TN: Convention Press, 1995.
〔參音樂類〕

Lou, Sue. *Get ready. Get Set. Worship: A Resource for Including Children in Worship for Pastors, Educators, Parents, Sessions, and Committees*. Louisville, KY: Geneva Press, 1999.
提供各樣活動資料，包括：遊戲、勞作、經文、故事等，教導兒童正確的崇拜觀。

** Malefyt, Norma deVaal and Howard Vandewell. *Designing Worship Together: Models and Strategies for Worship Planning*. Herndon, VA: The Alban Institute, 2005.
討論如何設計、推行和評估有神學基礎的創意崇拜程序。

McKiernan-Allen, Linda, ed. *Celebrating Covenant: A Resource for Worship*. St. Louis, MO: Chalice Press, 2001.
15個不一樣的崇拜程序設計，根據15段的新舊約經文，環繞「約」的主題，資料包括經文、禱文、短講、認罪文和音樂等。

Miller, Kim. *Handbook for Multi-Sensory Worship*. Nashville, TN: Abingdon Press, 1999.
34個主題性崇拜程序。各崇拜附有經文、音樂、禱文、啟應文、話劇等輔助資料，另附光碟，供播放配合的影像。

Ray, David R. *Wonderful Worship in Smaller Churches*. Cleveland, OH: The Pilgrim Press, 2000.
專為100人以下的小型堂會，提供12個原則了解教會崇拜情況，15個實踐方法編排創意的崇拜。

Siewert, Alison, ed. *Worship Team Handbook*. Downers Grove, IL: Intervarsity Press, 1998.
探討如何組織敬拜隊，以及在崇拜中運用戲劇和錄影短片。

Steward, Sonja M. and Jerome W. Berryman. *Young Children and Worship*. Louisville, KY: Westminster/ John Knox Press, 1989.
提供實用材料，包括：故事、勞作、圖片等，教導及輔助三至七歲兒童明白及體驗崇拜。

Stookey, Laurence Hull. *Let the Whole Church Say Amen. A Guide for those Who Pray in Public*. Nashville, TN: Abingdon Press, 2001.
〔參禱告類〕

Sydnor, James Rawlings. *Hymns and Their Uses: A Guide to Improved Congregational Singing*. Carol Stream, IL: Agape, 1982.
〔參音樂類〕

Tirabassi, Maren C. and Kathy Wonson Eddy. *Gifts of Many Cultures: Worship Resources for the Global Community*. Cleveland, OH: The Pilgrim Press, 1995.
編排不同主題和節期性崇拜的資料，包括：世界各地的禱文、啟應文、連禱、詩詞、短文及插圖，內容豐富實用。

** Witvliet, John, and Emily Brink, ed. *The Worship Sourcebook*. Grand Rapids, MI: Baker Book House, 2004.
800多頁的內容，以崇拜程序和教會年曆分類，提供大量有創意的宣召、祈禱、讀經、啟應文的資料。附有影像光碟，供投影或印製程序表使用。

Webber, Robert E. *Planning Blended Worship: The Creative Mixture of Old and New*. Nashville, TN: Abingdon Press, 1998.
承接兩年前所寫有關揉合崇拜的著作〔參現代教會崇拜類〕，作者從實踐的角度，討論如何編排揉合崇拜。

Witvliet, John D., ed. *A Child Shall Lead: Children in Worship. A Sourcebook for Children Educators, Musicians, and Clergy*. Garland, TX: Choristers Guild, 1999.
討論兒童在崇拜的位份，提供教導兒童崇拜觀念之資料，以及探討如何編排兒童可以參與的崇拜。

Wright, Tim and Jan Wright, ed. *Contemporary Worship: A Sourcebook for Spirited-Traditional, Praise and Seeker Services*. Nashville, TN: Abingdon Press, 1997.
本書有四個主要部分，分析何謂當代崇拜、傳統崇拜、現代敬拜讚美及尋道者聚會。另附三個崇拜設計及資料。

# 附錄

崇拜與聖樂

# 崇拜檢討及評估表

對崇拜的意見，經常是出於個人的感覺、喜好和風格，其他則側重實際運作方面，例如崇拜的音響、燈光等。這些意見縱然是重要的問題，卻較難為我們提供較深層的建議。正如崇拜大師韋柏經常説的，崇拜的形式和風格可以商榷，但崇拜的內容卻不可改變（"form and style of worship are negotiable, but content of worship is non-negotiable"）。在此提供的崇拜檢討及評估的問題，有一半以上是有關「崇拜內容」重要卻往往受到忽略的問題。期望透過這些問題，幫助編排崇拜和帶領崇拜的人，能設計和帶領合乎聖經教導、神學理念、教會傳統、個別堂會文化，而能造就信徒靈命的崇拜。[1]

本檢討及評估表可由編排和帶領崇拜的人填寫，也可以抽樣的方式讓教會的長執及會眾填寫，以獲得較中肯的意見。讀者可因應本身教會的個別情況，參考使用。

**（一）內容、程序**

1. 崇拜是否以神為中心？

______________________________

2. 崇拜是否建基於聖經？

______________________________

3. 崇拜有否反映三一神的理念？

______________________________

4. 崇拜中有哪些元素或程序能夠讓人深深體會神的臨在？

______________________________

5. 崇拜是否能夠反映聖經在崇拜中的重要性？

______________________________

6. 崇拜是否能夠達致神人之間的對話？神的話語向人的傳遞，與人對神的回應，兩者是否恰當平衡？

______________________________

7. 崇拜是否讓會眾有足夠的空間主動參與？

______________________________

8. 崇拜能否發揮其羣體性？有何原因令這崇拜成為是集體性而非純粹個人性的活動？

9. 崇拜中集體性的程序和個人性的空間是否恰當平衡？

10.崇拜是否有一個明顯的主題？

11.崇拜中的每項程序和元素，是否與主題有關連？

12.崇拜中會眾熟悉的內容（例如詩歌），與會眾較陌生的內容，兩者是否恰當平衡？

13.崇拜中令人亢奮激動的內容，與讓人安靜反省的程序，兩者是否恰當平衡？

14.崇拜是否能夠表達「在世卻不屬世」的信息？

15.崇拜有否讓新的來賓有被歡迎和接納的感覺？有何程序或內容能達致這效果？

16.崇拜的整體流程是否順暢？

17.崇拜的速度和節奏是否適中、過快或過慢？

**（二）會眾、帶領崇拜者**

1. 會眾在崇拜開始前如何預備？

2. 會眾是否投入，積極參與每項程序？如果不是，原因何在？

3. 主領崇拜者是否稱職？是否能讓人感到有充足的準備？

4. 主領崇拜者是否能幫助會眾敬拜？如果不能，原因何在？

5. 主領崇拜者能否帶領會眾將注意力集中在神身上，而不是在他們身上？如果不能，原因何在？

**（三）場地環境、佈置**

1. 崇拜的環境、擺設、符號、佈置，能否輔助信徒投入崇拜？

2. 崇拜場地的通風、溫度、音響等設備是否令人滿意？

3. 崇拜程序表能否輔助會眾敬拜？

**（四）整體意見**

1. 請描述對這次崇拜的整體觀感：

2. 列舉一些這次崇拜值得欣賞的事項：

3. 列舉一些這次崇拜需要改善的地方：

4. 列舉一些在這次崇拜學到的事項：

5. 其他意見：

# 註　釋

## 1. 崇拜的定義與概念

[1] CRC Publications, *Authentic Worship in a Changing Culture* (Grand Rapids, MI: CRC Publications, 1997), 37.

[2] Franklin M. Segler, *Understanding, Preparing for, and Practicing Christian Worship*, 2d ed. (Nashville, TN: Broadman & Holman Publishers, 1996), 13～14.

[3] Evelyn Underhill, *Worship* (NY: Crossroad Publishing Company, 1985), 3.

[4] Donald P. Hustad, *Jubilate: Church Music in the Evangelical Tradition* (Carol Stream, IL: Hope Publishing Company, 1981), 63.

[5] Ron Owens, *Return to Worship: A God-Centered Approach* (Nashville, TN: Broadman & Holman Publishers, 1999), 4.

[6] Thomas Bolton, "The Importance of Worship in the Local Church," *Southern Seminary Magazine* (Spring 2001), 6.

[7] *The Interpreter's Dictionary of the Bible: An Illustrated Encyclopedia*, vol. 4 (Nashville, TN: Abingdon Press, 1962), 879.

[8] Sinclair B. Ferguson and David I. Wright, *New Dictionary of Theology* (Downers Grove, IL: Intervarsity Press, 1988), 732.

[9] John M. Frame, *Worship in Spirit and Truth: A Refreshing Study of the Principles and Practice of Biblical Worship* (Phillipsburg, NJ: P. & R. Publishing Company, 1996), 4.

[10] Robert L. Thomas, ed., *New American Standard Exhaustive Concordance of the Bible: Hebrew-Aramaic and Greek Dictionaries* (Nashville, TN: Holman Bible Publishers, 1981), 1604.

[11] Andrew E. Hill, *Enter His Courts with Praise: Old Testament Worship for the New Testament Church* (Grand Rapids, MI: Baker Books, 1993), 6～7.

[12] Thomas, *New American Standard*, 1569.

[13] Dan Dozier, *Come Let Us Adore Him: Dealing with the struggle Over Style of Worship* (Joplin, MS: College Press Publishing Company, 1994), 48.

[14] Hill, *Enter His Courts with Praise*, 4.

[15] Thomas, *New American Standard*, 1679.

[16] Thomas, *New American Standard*, 1663.

[17] Dozier, *Come Let Us Adore Him*, 47.

[18] Warren W. Wiersbe, *Real Worship: Playground, Battle Ground, or Holy Ground?* 2d ed. (Grand Rapids, MI: Baker Books, 2000), 20～21.

[19] Martin Luther, *Larger Catechism*, vol. III, 84.

[20] Robert E. Webber, *Worship Old and New* (Grand Rapids, MI: Zondervan Publishing House, 1982), 11～12.

[21] Robert E. Webber, *Worship is a Verb: Eight Principles for Transforming Worship* (Peabody, MA: Hendrickson Publishers, 1992).

[22] Austin C. Lovelace and William C. Rice, *Music and Worship in the Church*, rd. ed. (Nashville, TN: Abingdon Press, 1976), 22.

[23] Dozier, *Come Let Us Adore Him*, 272.

[24] Evelyn Underhill, *Worship*, rev. ed. (Guildford, UK: Inter Publishing Service Ltd., 1991), 48.

[25] James F. White, *Introduction to Christian Worship* (Nashville, TN: Abingdon, 1980), 21.

[26] Ralph P. Martin, *Worship in the Early Church* (Grand Rapids, MI: William B. Eerdmans Publishing Company, 1974), 10.

[27] Franklin M. Segler, *Christian Worship: Its Theology and Practice* (Nashville, TN: Broadman ress, 1976), 12.

[28] Segler, *Christian Worship: Its Theology and Practice*, 12.

[29] Wiersbe, *Real Worship*, 22.

[30] D. Martyn Lloyd-Jones, *Faith on Trial* (Grand

Rapids, MI: William B. Eerdmans Publishing Company, 1965), 43.

31 Welton Gaddy, *The Gift of Worship* (Nashville, TN: Broadman Press, 1992), xv.

32 Donald P. Hustad, *True Worship: Reclaiming the Wonder & Majesty* (Wheaton, IL: Harold Shaw Publichers, 1998), 273.

33 A. W. Tozer, *Man: The Dwelling Place of God* (Harrisburg, PA: Christian Publications, 1966), 57.

34 William Temple, *Reading in St. John's Gospel*, first series (London: Macmillan and Co., 1939), 68.

35 Wolfhart Pannenberg, *Systematic Theology*, vol. 3 (Grand Rapids, MI: William B. Eerdmans Publishing Company, 1993), 370.

36 Ronald Allen and Gordon Borror, *Worship: Rediscovering the Missing Jewel* (Portland, OR: Multnomah Press, 1982), 16.

37 Dozier, *Come Let Us Adore Him*, 51.

38 Hustad, *True Worship*, 273.

39 A. W. Tozer, *Whatever Happened to Worship: A Call to True Worship* (Camp Hill, PA: Christian Publications, 1985), 125.

40 Robert N. Schaper, *In His Presence* (Nashville, TN: Thomas Nelson, 1984), 16.

41 Paul Westermeyer, *The Church Musician* (San Francisco, CA: Harper, 1988), 82.

42 Rick Warren, *The Purpose Driven Life: What on Earth Am I Here for?* (Grand Rapids, MI: Zondervan, 2002), 102.

43 Warren, *The Purpose Driven Life*, 106.

44 Tom Kraeuter, *Worship is What?! Rethinking Our Ideas About Worship* (Lynnwood, WA: Emerald Books, 1996), 85.

45 Wiersbe, *Real Worship*, 28.

46 Robert Wenz, *Room for God? A Worship Challenge for a Church-Growth and Marketing Era* (Grand Rapids, MI: Baker Books, 1994), 178.

47 Wenz, *Room for God?*, 33.

48 Wenz, *Room for God?*, 53.

49 Warren, *Purpose Driven Life*, 109.

50 CRC Publication, *Authentic Worship*, 81.

51 David F. Wells, *No Place for Truth, or, Whatever Happened to Evangelical Theology?* (Grand Rapids, MI: William B. Eerdmans Publishing Company, 1993), 300 ~ 301.

52 Wiersbe, *Real Worship*, 33.

53 Wiersbe, *Real Worship*, 72.

54 Sally Morgenthaler, *Worship Evangelism: Inviting Unbelievers into the Presence of God* (Grand Rapids, MI: Zondervan Publishing House), 52.

55 CRC Publications, *Authentic Worship*, 81 ~ 82.

56 Ronald P. Byars, *The Future of Protestant Worship: Beyond the Worship Wars* (Louisville, KY: Westminster / John Knox Press, 2002), 5.

57 Bruce Leafblad, "Recovering the Priority of God: A Call to the Churches of America," *Worship Leader*, Apr.~ May, 1992, 19.

58 Marva J. Dawn, *A Royal "Waste" of Time: The Splendor of Worshiping God and Being Church for the World* (Grand Rapids, MI: William B. Eerdmans Publishing Company, 1999), 123.

59 Morgenthaler, *Worship Evangelism*, 41.

60 CRC Publications, *Authentic Worship*, 69.

61 John MacArthur Jr., *The Ultimate Priority on Worship* (Chicago, IL: Moody Press, 1983), 21.

62 Wenz, *Room for God*, 59.

63 Warren, *Purpose Driven Life*, 109.

64 Wiersbe, *Real Worship*, 69.

65 Wiersbe, *Real Worship*, 72.

66 Wiersbe, *Real Worship*, 72.

67 Wiersbe, *Real Worship*, 75.

68 Wells, *No Place for Truth*, 300.

69 Wells, *No Place for Truth*, 300.

70 Wenz, *Room for God*, 90.

71 Dietrich Bonhoeffer, *The Cost of Discipleship* (New York: Macmillan, 1959), 46.

72 Wenz, *Room for God*, 89.

73 Susan Howatch, *Ultimate Prizes* (New York: Eawcett Crest, 1989), 194.

74 Marva J. Dawn, *Reaching Out without Dumbing Down: A Theology for Worship for the Turn-of-the-Century Culture* (Grand Rapids, MI: William B. Eerdmans Publishing Company, 1995), 266.

75 Craig Douglas Erickson, *Participating in Worship: History, Theory, and Practice* (Louisville, KY: Westminster/ John Knox Press, 1989), 40.

76 Andrew E. Hill, *Enter His Courts with Praise: Old Testament Worship for the New Testament Church* (Grand Rapids, MI: Baker Books, 1993), 106~107.

77 Dietrich Bonhoeffer, *Life Together*, trans., John W. Doberstein (New York: Harper & Row, 1954), 98.

78 Owen C. Thomas and Ellen K. Wondra, *Introduction to Theology*, 3d ed. (Harrisburg, PA: Morehouse Publishing, 2002), 194.

[79] Dozier, *Come Let Us Adore Him*, 72.

[80] Robert A. Morey, *Worship: It's Not Just Sunday Morning* (Iowa Falls, IA: World Bible Publishers, Inc., 2001), 15.

[81] Tozer, *Whatever Happened to Worship*, 124.

[82] MacArthur, *The ultimate Priority*, 13.

[83] Dozier, *Come Let Us Adore Him*, 72.

## 2. 崇拜的聖經背景

[1] Alan F. Johnson and Robert E. Webber, *What Christians Believe: A Biblical and Historical Summary* (Grand Rapids, MI: Zondervan Publishing House, 1993), 17.

[2] J. I. Packer, *Concise Theology: A Guide to Historic Christian Beliefs* (Wheaton, IL: Tyndale House Publishers, Inc., 1993), 3.

[3] Bruce L. Shelley, *Theology for Ordinary People: What You Should Know to Make Sense Out of Life* (Downers Grove, IL: Intervarsity Press, 1993), 35.

[4] Hill, *Enter His Courts with Praise*, xxxi.

[5] Webber, *Worship Old and New*, 33.

[6] Hill, *Enter His Courts with Praise*, x.

[7] Hill, *Enter His Courts with Praise*, 30.

[8] Hill, *Enter His Courts with Praise*, 31.

[9] Yoshiaki Hattori, "Theology of Worship in the Old Testament," in *Worship: Adoration and Action*, ed., D.A. Carson (Eugene, OR: Wipf and Stock Publishers, 2001), 21.

[10] Thomas, *Introduction to Theology*, 292.

[11] Hill, *Enter His Courts with Praise*, 31.

[12] Hattori, *Worship: Adoration and Action*, 22.

[13] Hattori, *Worship: Adoration and Action*, 22.

[14] Hattori, *Worship: Adoration and Action*, 23.

[15] Hattori, *Worship: Adoration and Action*, 23.

[16] Hill, *Enter His Courts with Praise*, 33.

[17] Hill, *Enter His Courts with Praise*, 33.

[18] Hattori, *Worship: Adoration and Action*, 23.

[19] Hill, *Enter His Courts with Praise*, 34.

[20] Hattori, *Worship: Adoration and Action*, 24.

[21] George Arthur Buttrick, ed., *The Interpreter's Dictionary of the Bible: An Illustrated Encyclopedia* (Nashville, TN: Abingdon Press, 1962), 879.

[22] Hill, *Enter His Courts with Praise*, 35.

[23] Hill, *Enter His Courts with Praise*, 35.

[24] Segler, *Christian Worship*, 16.

[25] Hill, *Enter His Courts with Praise*, 36.

[26] Webber, *Worship Old and New*, 24 ~ 25.

[27] Hattori, *Worship: Adoration and Action*, 25.

[28] Webber, *Worship Old and New*, 30.

[29] Hattori, *Worship: Adoration and Action*, 107.

[30] Hill, *Enter His Courts with Praise*, 107.

[31] Dozier, *Come Let Us Adore Him*, 78.

[32] Hill, *Enter His Courts with Praise*, 173.

[33] Hill, *Enter His Courts with Praise*, 139.

[34] Hill, *Enter His Courts with Praise*, 147 ~ 148.

[35] Hattori, *Worship: Adoration and Action*, 36.

[36] Hattori, *Worship: Adoration and Action*, 37.

[37] Hill, *Enter His Courts with Praise*, 179.

[38] Webber, *Worship Old and New*, 26.

[39] Hill, *Enter His Courts with Praise*, 189.

[40] Hill, *Enter His Courts with Praise*, 42.

[41] Hill, *Enter His Courts with Praise*, 42.

[42] Hill, *Enter His Courts with Praise*, 43.

[43] Hattori, *Worship: Adoration and Action*, 44.

[44] Paul J. Achtemeier, ed., *The Harper Collins Bible Dictionary* (San Francisco, CA: HarperSanFrancisco, 1996), 1079.

[45] Webber, *Worship Old and New*, 27.

[46] Dozier, *Come Let Us Adore Him*, 85.

[47] Dozier, *Come Let Us Adore Him*, 82.

[48] Dozier, *Come Let Us Adore Him*, 86.

[49] Achtemeier, *The Harper Collins Bible Dictionary*, 1010.

[50] David Noel Freedman, ed., *Eerdmans Dictionary of the Bible* (Grand Rapids, MI: William B. Eerdmans Publishing Company, 2000), 1205.

[51] Webber, *Worship Old and New*, 27.

[52] Webber, *Worship Old and New*, 28.

[53] Achtemeier, *The Harper Collins Bible Dictionary*, 1162.

[54] David Noel Freedman, ed., *The Anchor Bible Dictionary*, vol. 6 (New York: Doubleday, 1992), 605.

[55] Abraham Millgram, *Jewish Worship* (Philadelphia, PA: Jewish Publication Society of America, 1971), 113.

[56] Millgram, *Jewish Worship*, 29.

[57] Dozier, *Come Let Us Adore Him*, 83.

[58] James F. White, *Christian Worship in Transition* (Nashville, TN: Abingdon, 1976), 12 ~ 13.

[59] Webber, *Worship Old and New*, 31.

[60] Webber, *Worship Old and New*, 33.

[61] James Hastings ed., *Dictionary of the Bible* (New York: Charles Scribner's Sons, 1963), 1044.

[62] Frame, *Worship in Spirit and Truth*, 25.

[63] Frame, *Worship in Spirit and Truth*, 25.

[64] David Peterson, "Worship in the New Testament," in *Worship: Adoration and Action*, ed., D.A. Carson (Eugene, OR: Wipf and Stock Publishers, 2001), 54 ~ 55.

[65] Webber, *Worship Old and New*, 34.

[66] Peterson, *Worship: Adoration and Action*, 56.

[67] Frame, *Worship in Spirit and Truth*, 26.

[68] Frame, *Worship in Spirit and Truth*, 27.

[69] Peterson, *Worship: Adoration and Action*, 63.

[70] Segler, *Christian Worship*, 25 ~ 27.

[71] Segler, *Christian Worship*, 26.

[72] Segler, *Christian Worship*, 24.

[73] Oscar Cullman, *Early Christian Worship* (London: SCM Press, Ltd., 1953), 29.

[74] Segler, *Christian Worship*, 24.

## 3. 崇拜的神學基礎

[1] Ferguson, *New Dictionary of Theology*, 680.

[2] Joseph A. Komonchak, Mary Collins and Dermot A. Lane, ed., *The New Dictionary of Theology* (New York: Gill and Macmillan, 1987), 1011.

[3] Mircea Eliade, ed., *The Encyclopedia of Religion* (New York: Macmillan Publishing Company, 1987), vol. 13, 455.

[4] Ferguson, *New Dictionary of Theology*, 680.

[5] John Macquarrie, *Principles of Christian Theology* (New York: Charles Scribner's Sons, 1966), 1.

[6] John D. Witviliet, *Worship Seeking Understanding: Windows into Christian Practice* (Grand Rapids, MI: Baker Academic, 2003), 13.

[7] F. L. Cross, ed., *The Oxford Dictionary of the Christian Church* (London: Oxford University Press, 1983), 1363.

[8] Rene Latourelle, ed., *Dictionary of Fundamental Theology* (New York: Crossroad Publishing Company, 1995), 1060.

[9] Dozier, *Come Let Us Adore Him*, 58.

[10] Underhill, *Worship*, 60.

[11] Segler, *Christian Worship*, 46 ~ 47.

[12] David Peterson, *Engaging with God: A Biblical Theology of Worship* (Downers Grove, IL: Intervarsity Press, 1992), 15.

[13] Robert E. Webber, *Ancient-Future Faith: Rethinking Evangelicalism for a Postmodern World* (Grand Rapids, MI: Baker Books, 1999), 99.

[14] Dozier, *Come Let Us Adore him*, 58.

[15] Raymond Abba, *Principles of Christian Worship* (New York: Oxford University Press, 1957), 5.

[16] Wayne Grudem, *Systematic Theology: An Introduction to Biblical Doctrine* (Grand Rapids, MI: Zondervan Publishing House, 1994), 17.

[17] Ferguson, *New Dictionary of Theology*, 732.

[18] *Westminster Shorter Catechism*.

[19] Segler, *Christian Worship*, 48.

[20] Dozier, *Come Let Us Adore Him*, 63.

[21] Rubel Shelly and Randall J. Harris, *The Second Incarnation* (West Monroe, LA: Howard Publishing Co., 1992), 121.

[22] J. I. Packer, *Concise Theology: A Guide to Historic Christian Beliefs* (Wheaton, IL: Tyndale House Publishers, Inc., 1993), 22.

[23] Millard J. Erickson, *Introducing Christian Doctrine*, 2d ed. (Grand Rapids, MI: Baker Academic, 2001), 132.

[24] Thomas, *Introduction to Theology*, 109.

[25] Grudem, *Systematic Theology*, 264.

[26] Packer, *Concise Theology*, 22.

[27] Erickson, *Introducing Christian Doctrine*, 133.

[28] Frame, *Worship in Spirit and Truth*, 5.

[29] Wiersbe, *Real Worship*, 50 ~ 51.

[30] Erickson, *Introducing Christian Doctrine*, 85.

[31] Thomas, *Introduction to Theology*, 96.

[32] Erickson, *Introducing Christian Doctrine*, 87.

[33] Thomas, *Introduction to Theology*, 97.

[34] Segler, *Christian Worship*, 49.

[35] Erickson, *Introducing Christian Doctrine*, 89.

[36] Grudem, *Systematic Theology*, 267.

[37] Erickson, *Introducing Christian Doctrine*, 87.

[38] Thomas, *Introduction to Theology*, 104.

[39] John M. Frame, *Contemporary Worship Music: A Biblical Defense* (Phillipsburg, NY: Presbyterian and Reformed Publishing Company, 1997), 13.

[40] Frame, *Contemporary Worship Music*, 14.

[41] Peterson, *Engaging with God*, 95.

[42] Peterson, *Engaging with God*, 108.

[43] Peterson, *Engaging with God*, 80.

[44] Jean-Jaques von Allmen, *Worship: Its Theology and Practice* (NY: Oxford University Press, 1965), 27.

[45] Erickson, *Introducing Christian Doctrine*, 216.

[46] Webber, *Worship Old and New*, 17.

[47] Segler, *Christian Worship*, 50.

[48] Webber, *Worship Old and New*, 17.

[49] Packer, *Concise Theology*, 132.

[50] Grudem, *Systematic Theology*, 568.
[51] Segler, *Christian Worship*, 51.
[52] Macquarrie, *Principles of Christian Theology*, 286 ~ 287.
[53] Erickson, *Introducing Christian Doctrine*, 255.
[54] Grudem, *Systematic Theology*, 580.
[55] Segler, *Christian Worship*, 51.
[56] Grudem, *Systematic Theology*, 626.
[57] Grudem, *Systematic Theology*, 626.
[58] Grudem, *Systematic Theology*, 627.
[59] Grudem, *Systematic Theology*, 627.
[60] Segler, *Christian Worship*, 51.
[61] Segler, *Christian Worship*, 33.
[62] George T. Kurian ed., *Nelson's New Christian Dictionary: An Authoritative Resource on the Christian World* (Nashville, TN: Thomas Nelson Publishers, 2001), 27.
[63] Kurian, *Nelson's New Christian Dictionary*, 631.
[64] Webber, *Worship Old and New*, 91.
[65] Grudem, *Systematic Theology*, 634.
[66] Segler, *Christian Worship*, 51.
[67] Macquarrie, *Principles of Christian Theology*, 295.
[68] Webber, *Worship Old and New*, 18.
[69] Erickson, *Introducing Christian Doctrine*, 270.
[70] Erickson, *Introducing Christian Doctrine*, 271.
[71] Erickson, *Introducing Christian Doctrine*, 279.
[72] Packer, *Concise Theology*, 144.
[73] Grudem, *Systematic Theology*, 646.
[74] Segler, *Christian Worship*, 53.
[75] Walter A. Elwell ed., *Evangelical Dictionary of Theology* (Grand Rapids, MI: Baker Book House, 1984), 1187.
[76] Macquarrie, *Principles of Christian Theology*, 403.
[77] Segler, *Christian Worship*, 54.
[78] Erickson, *Introducing Christian Doctrine*, 77.
[79] Segler, *Christian Worship*, 54
[80] Packer, *Concise Theology*, 3.
[81] Segler, *Christian Worship*, 54.
[82] Segler, *Christian Worship*, 55.
[83] Segler, *Christian Worship*, 55 ~ 56.
[84] Elwell, *Evangelical Dictionary*, 136.
[85] Segler, *Christian Worship*, 55.
[86] Shelley, *Theology for Ordinary People*, 139.
[87] Packer, *Concise Theology*, 199.
[88] Martin, *Worship in the Early Church*, 7.
[89] Segler, *Christine Worship*, 56.
[90] Packer, *Concise Theology*, 202.
[91] Segler, *Christian Worship*, 56.
[92] Thomas, *Introduction to Theology*, 259.
[93] Erickson, *Introducing Christian Doctrine*, 343.
[94] Thomas, *Introduction to Theology*, 259.
[95] Erickson, *Introducing Christian Doctrine*, 343.
[96] Segler, *Christian Worship*, 57.
[97] Grudem, *Systematic Theology*, 867.
[98] Segler, *Christian Worship*, 58.
[99] Shelley, *Theology for Ordinary People*, 143.
[100] Shelley, *Theology for Ordinary People*, 144.
[101] Erickson, *Christine Theology*, 1096.
[102] Segler, *Christian Worship*, 58.
[103] Shelley, *Theology for Ordinary People*, 145.
[104] Segler, *Christian Worship*, 59.

## 4. 崇拜發展史（一）：初期教會至15世紀的崇拜

[1] Martin, *Worship in the Early Church*, 130.
[2] Freedman, ed., *Anchor Bible Dictionary*, vol. 6, 973.
[3] Segler, *Christian Worship*, 29.
[4] Webber, *Worship Old and New*, 45.
[5] Freedman, ed., *The Anchor Bible Dictionary*, vol. 5, 381.
[6] Freedman, ed., *The Anchor Bible Dictionary*, vol. 5, 977.
[7] Freedman, ed., *The Anchor Bible Dictionary*, vol. 5, 977.
[8] Webber, *Worship Old and New*, 46.
[9] Segler, *Christian Worship*, 30.
[10] Webber, *Worship Old and New*, 46.
[11] Segler, *Christian Worship*, 30.
[12] Segler, *Christian Worship*, 30.
[13] Freedman, ed., *The Anchor Bible Dictionary*, vol. 6, 976.
[14] Kurt Niederwimmer, *The Didache: A Commentary*. trans. Linda M. Maloney (Minneapolis, MN: Fortress Press, 1998), 125.
[15] Niederwimmer, *The Didache*, 155.
[16] Freedman, ed., *The Anchor Bible Dictionary*, vol. 3, 1133.
[17] Segler, *Christian Worship*, 31.
[18] Justin Martyr, *The First and Second Apologies*, trans. Leslie William Barnard (New York: Paulist Press, 1997), 71 ~ 72.
[19] William D. Maxwell, *An Outline of Christian Worship: Its Development and Forms* (London: Oxford University Press, 1936), 12 ~ 13.
[20] Hustad, *Jubilate*, 97.
[21] James F. White, *A Brief History of Christian Wor-*

*ship* (Nashville, TN: Abingdon Press, 1993), 37.

[22] Segler, *Christian Worship*, 32.

[23] White, *A Brief History*, 41 ~ 43.

[24] Gregory Dix ed., *The Treatise on the Apostolic Tradition of St. Hippolytus of Rome* (London: The Alban Press, 1992), xi ~ xii.

[25] Maxwell, *An Outline of Christian Worship*, 17.

[26] Maxwell, *An Outline of Christian Worship*, 15.

[27] Maxwell, *An Outline of Christian Worship*, 15.

[28] Maxwell, *An Outline of Christian Worship*, 19.

[29] White, *A Brief History*, 70.

[30] Maxwell, *An Outline of Christian Worship*, 26.

[31] Hustad, *Jubilate*, 98.

[32] Maxwell, *An Outline of Christian Worshi*p, 27 ~ 28; Hustad, *Jubilate*, 98 ~ 99.

[33] Maxwell, *An Outline of Christian Worship*, 26.

[34] Hoyt L. Hickman, Dan E. Sailers, Laurence Hull Stookey, James F. White, *The New Handbook of the Christian Year* (Nashville, TN: Abingdon Press, 1992), 16 ~ 17.

[35] Adolf Adam, *The Liturgical Year; Its History and Its Meaning After the Reform of the Liturgy* (NY: Pueblo Publishing Company, 1979), 5.

[36] K. G. Davies, ed., *The New Westminster Dictionary of Liturgy and Worship* (Philadelphia, PA: The Westminster Press, 1986), 133.

[37] Robert E. Webber, ed., *The Complete Library of Christian Worship*, vol. 10 (Nashville, TN: Star Song, 1993), 80.

[38] Webber, *The Complete Library of Christian Worship*, vol. 10, 84.

[39] *The Book of Common Prayer and Administration of the Sacraments and Other Rites and Ceremonies of the Church, Together with the Psalter or Psalms of David According to the Use of the Episcopal Church* ([Greenwich, Conn.] : The Seabury Press, 1979), 15.

[40] Davies, *The New Westminster Dictionary*, 133 ~ 135.

[41] Laurence Hull Stookey, *Calendar: Christ's Time for the Church* (Nashville, TN: Abingdon Press, 1996), 39.

[42] Hickman, *The New Handbook*, 17.

[43] Stookey, *Calendar*, 40.

[44] Hickman, *The New Handbook*, 17.

[45] Hickman, *The New Handbook*, 18.

[46] Hickman, *The New Handbook*, 18.

[47] Hickman, *The New Handbook*, 18.

[48] Stookey, *Calendar*, 42.

[49] Hickman, *The New Handbook*, 18.

[50] Hickman, *The New Handbook*, 22.

[51] Hickman, *The New Handbook*, 20.

[52] Adam, *The Liturgical Year*, 59.

[53] Hickman, *The New Handbook*, 20.

[54] Stookey, *Calendar*, 55.

[55] Stookey, *Calendar*, 55.

[56] Webber, *The Complete Library*, vol. 5, 81.

[57] Webber, *The Complete Library*, vol. 5, 88.

[58] Leonel L. Mitchel, *Lent, Holy Week, Easter, and the Great Fifty Days: A Ceremonial Guide* (Cambridge: Cowley Publications, 1996), 14.

[59] Webber, *Worship Old and New: A Biblical, Historical, and Practical Introduction*, rev. ed. (Grand Rapids, MI: Zondervan Publishing House, 1994), 224.

[60] Webber, *Worship Old and New,* rev. ed., 224.

[61] Webber, *Complete Library*, vol. 5, 225.

[62] Stookey, *Calendar*, 80.

[63] Alfred Merril Smoak, Jr., "Identifying Contemporary Praise and Worship Songs for Use During the Church Year at Trinity Baptist Church, Livermore, California" (D.W. S. diss., Institute for Worship studies, 2002), 37.

[64] Webber, *Worship Old and New*, rev. ed., 224.

[65] Smoak, *Identifying Contemporary Praise*, 31.

[66] Adam, *The Liturgical Year*, 122.

[67] Webber, *The Complete Library*, vol. 5, 158 ~ 159.

[68] Davies, *The New Westminster Dictionary*, 171.

[69] Hickman, *The New Handbook*, 23.

[70] Webber, *Worship Old and New*, rev. ed., 223.

[71] Davies, *The New Westminster Dictionary*, 224.

[72] Hickman, *The New Handbook*, 23.

[73] Davies, *The New Westminster Dictionary*, 1.

[74] Webber, *Worship Old and New*, rev. ed., 223.

[75] Hickman, *The New Handbook*, 23.

[76] Stookey, *Calendar*, 122.

[77] Hickman, *The New Handbook*, 24.

[78] Segler, *Christian Worship*, 33.

[79] Hustad, *Jubilate*, 102.

[80] Maxwell, *An Outline of Christian Worship*, 34.

[81] Maxwell, *An Outline of Christian Worship*, 34.

[82] Webber, *Worship Old and New*, 63.

[83] Maxwell, *An Outline of Christian Worship*, 42.

[84] Maxwell, *An Outline of Christian Worship*, 44.

[85] Webber, *Worship Old and New*, 65.

[86] Maxwell, *An Outline of Christian Worship*, 46.
[87] Webber, *Worship Old and New*, 65.
[88] Webber, *Worship Old and New*, 45.
[89] Maxwell, *An Outline of Christian Worship*, 54.
[90] Maxwell, *An Outline of Christian Worship*, 55.
[91] Segler, *Christian Worship*, 33.
[92] Webber, *Worship Old and New*, 66.
[93] Maxwell, *An Outline of Christian Worship*, 56.
[94] Segler, *Christian Worship*, 35.
[95] Maxwell, *An Outline of Christian Worship*, 68.
[96] White, *A Brief History*, 100.

## 5. 崇拜發展史（二）：16至20世紀的崇拜

[1] Segler, *Christian Worship*, 36.
[2] Maxwell, *An Outline of Christian Worship*, 72.
[3] Lukas Vischer, ed., *Christian Worship in Reformed Churches Past and Present* (Grand Rapids, MI: William B. Eerdmans Publishing Company, 2003), 3.
[4] Webber, *Worship Old and New*, 75.
[5] Vischer, *Christian Worship*, 9.
[6] Webber, *Worship Old and New*, 75.
[7] Vischer, *Christian Worship*, 6.
[8] Vischer, *Christian Worship*, 9.
[9] Maxwell, *An Outline of Christian Worship*, 74.
[10] Vischer, *Christian Worship*, 9.
[11] Webber, *Worship Old and New*, 76.
[12] Segler, *Christian Worship*, 36.
[13] Robert E. Webber, ed., *The Complete Library of Christian Worship,* vol. 2, *Twenty Centuries of Christian Worship* (Nashville, TN: Star Song, 1994), 188.
[14] Segler, *Christian Worship*, 36.
[15] Segler, *Christian Worship*, 37.
[16] James F. White, *Protestant Worship: Traditions in Transition* (Louisville, KY: Westminster / John Knox Press, 1989), 41.
[17] White, *Protestant Worship*, 47.
[18] Webber, *Worship Old and New*, 76.
[19] Hustad, *Jubilate*, 110.
[20] Maxwell, *An Outline of Christian Worship*, 144.
[21] Webber, *Worship Old and New*, 76.
[22] Hustad, *Jubilate*, 110.
[23] White, *Protestant Worship*, 95.
[24] Webber, *The Complete Library*, vol. 2, 86.
[25] Webber, *Worship Old and New*, 77.
[26] Segler, *Christian Worship*, 37.
[27] Vischer, *Christian Worship*, 11.
[28] Segler, *Christian Worship*, 37.
[29] Vischer, *Christian Worship*, 15.
[30] Segler, *Christian Worship*, 37.
[31] Vischer, *Christian Worship*, 17.
[32] Segler, *Christian Worship*, 40.
[33] Hustad, *Jubilate*, 116.
[34] Vischer, *Christian Worship*, 19.
[35] Hustad, *Jubilate*, 116.
[36] White, *Protestant Worship*, 80 ～ 89.
[37] Webber, *Worship Old and New*, 77.
[38] White, *Protestant Worship*, 115.
[39] Hustad, *Jubilate*, 116 ～ 117.
[40] Segler, *Christian Worship*, 40.
[41] Webber, *Worship Old and New*, 79.
[42] White, *Protestant Worship*, 135.
[43] Webber, *Worship Old and New*, 80.
[44] White, *Protestant Worship*, 137.
[45] Davies, *The New Westminster Dictionary*, 454.
[46] Webber, *Worship Old and New*, 80.
[47] Webber, *The Complete Library*, vol. 2, 86.
[48] White, *Protestant Worship*, 150.
[49] White, *A Brief History*, 145.
[50] Webber, *The Complete Library*, vol. 2, 86 ～ 87.
[51] White, *Protestant Worship*, 157.
[52] White, *Protestant Worship*, 155.
[53] White, *A Brief History*, 146.
[54] White, *Protestant Worship*, 173.
[55] Segler, *Christian Worship*, 45.
[56] Webber, *The Complete Library*, vol. 2, 89.
[57] White, *Protestant Worship*, 174.
[58] White, *Protestant Worship*, 177.
[59] Webber, *The Complete Library*, vol. 2, 105.
[60] Davies, *The New Westminster Dictionary*, 430.
[61] White, *Protestant Worship*, 192.
[62] Webber, *The Complete Library*, vol. 2, 105.
[63] White, *A Brief History*, 146.
[64] White, *Protestant Worship*, 197 ～ 208.
[65] Webber, *The Complete Library*, vol. 2, 106.
[66] Webber, *The Complete Library*, vol. 2, 107.
[67] Cross, *The Oxford Dictionary,* 987.
[68] Davies, *The New Westminster Dictionary*, 308.
[69] Cross, *The Oxford Dictionary*, 988.
[70] Webber, *The Complete Library*, vol. 2, 108.
[71] Webber, *The Complete Library*, vol. 2, 116.
[72] Webber, *The Complete Library*, vol. 2, 117.
[73] Webber, *The Complete Library*, vol. 2, 117.
[74] Webber, *The Complete Library*, vol. 2, 117.

[75] Cross, *The Oxford Dictionary*, 321.
[76] Davies, *The New Westminster Dictionary*, 431.
[77] Webber, *The Complete Library*, vol. 2, 121.
[78] Kurian, *Nelson's New Christian Dictionary*, 165.
[79] Webber, *Worship Old and New*, 83.
[80] Webber, *The Complete Library*, vol. 2, 121.
[81] Kurian, *Nelson's New Christian Dictionary*, 165.
[82] Webber, *The Complete Library*, vol. 2, 122.
[83] Webber, *The Complete Library*, vol. 2, 123.
[84] Kurian, *Nelson's New Christian Dictionary*, 621.
[85] Webber, *The Complete Library*, vol. 2, 131.
[86] Frame, *Contemporary Worship Music*, 47.
[87] Webber, *The Complete Library*, vol. 2, 131.
[88] Webber, *The Complete Library*, vol. 2, 132.
[89] Paul W. Wohlgemuth, "Praise Singing," *The Hymn*, January, 1987, 20.
[90] Donald Hustad, "The Historical Roots of Music in the Pentecostal and Neo-Pentecostal Movements," *The Hymn*, January 1987, 10.
[91] Webber, *The Complete Library*, vol. 2, 132～134.
[92] Webber, *The Complete Library*, vol. 2, 134～135.
[93] 韋柏（Robert E. Webber）著：《崇拜更新：揉合傳統和當代崇拜》，孫寶玲譯（香港：浸信會神學院，2003），頁 vi。
[94] Webber, *The Complete Library*, vol. 12, 136.
[95] Webber, *The Complete Library*, vol. 12, 137～139.
[96] Robert F. Darden, "The Ways of Worship," *Baylor Magazine* (September/October 2002): 26.
[97] 韋柏：《崇拜更新》，頁 vi。
[98] G. A. Pritchard, *Willow Creek Seeker Services: Evaluating a New Way of Doing Church* (Grand Rapids, MI: Baker Books, 1996), 12。本書對柳溪教會的研究十分深入詳細，是作者博士論文的精簡版。作者為了撰寫論文，用了兩年時間不斷參加及分析柳溪教會的崇拜、聚會、活動和教牧隊伍，對於了解柳溪教會，提供寶貴資料。
[99] Michael G. Maudlin and Edward Gilbreath, "Selling Out the House of God?" *Christianity Today*, July 18, 1994, 21.
[100] Edward G. Dobson, *Starting a Seeker-Sensitive Service* (Grand Rapids, MI: Zondervan Publishing House, 1993), 14。作者以過來人的身分，坦誠分享尋道者聚會的理念及推行上所經歷的困難及要注意的事情。

## 6. 聖經中的音樂

[1] Leland Ryken, ed., *Dictionary of Biblical Imagery* (Downers Grove, IL: InterVarsity Press, 1998), 576.
[2] George Arthur Buttrick, ed., *The Interpreter's Dictionary of the Bible* (Nashville, TN: Abingdon Press, 1962), vol. 3, 457.
[3] Hustad, *Jubilate*, 85.
[4] Paul Westermeyer, *Te Deum: The Church and Music* (Minneapolis, MN: Fortress Press, 1998), 10.
[5] Westermeyer, *Te Deum: The Church and Music*, 10.
[6] Mircea Eliade, ed., *The Encyclopedia of Religion* (NY: Macmillan Publishing Company, 1987), 163.
[7] Charles L. Etherington, *Protestant Worship Music: Its History and Practice* (Westport, CT: Greenwood Press, 1978), 12.
[8] Hustad, *Jubilate*, 79.
[9] Robert E. Webber, ed., *The Complete Library of Christian Worship, vol. 4 bk. 1 , Music and the Arts in Christian Worship* (Nahsville, TN: StarSong Publishing Group, 1994), 188.
[10] Buttrick, ed., *The Interpreter's Dictionary*, vol. 3, 457.
[11] Hustad, *Jubilate*, 80.
[12] Hill, *Enter His Courts with Praise*, 19.
[13] Hustad, *Jubilate*, 82.
[14] Alfred E. Lunde, *Christian Education Thru Music* (Wheaton, IL: Evangelical Teacher Training Association, 1978), 22.
[15] Hustad, *Jubilate*, 81.
[16] Hustad, *Jubilate*, 81.
[17] Etherington, *Protestant Worship Music*, 14.
[18] Hustad, *Jubilate*, 83.
[19] Buttrick, ed., *The Interpreter's Dictionary*, vol. 3, 457 ～ 458.
[20] Hustad, *Jubilate*, 86.
[21] Etherington, *Protestant Worship Music*, 16.
[22] Etherington, *Protestant Worship Music*, 16.
[23] Dozier, *Come Let Us Adore Him*, 143.
[24] Hastings, *Dictionary of the Bible*, 814.
[25] Hustad, *Jubilate*, 83.
[26] Westermeyer, *Te Deum*, 23.
[27] David Noel Freedman, ed., *Eerdmans Dictionary of the Bible*, 1093.
[28] Hill, *Enter His Courts with Praise*, 193.
[29] Patrick D. Miller, Jr., "The Psalms As Praise and Poetry," in *The Hymn* 40:4 (October 1989), 15.
[30] Hill, *Enter His Court with Praise*, 194.
[31] Freedman, *Eerdmans Dictionary*, 1093.
[32] Hill, *Enter His Courts with Praise*, 197.

[33] Dozier, *Come Let Us Adore Him*, 142.

[34] Hustad, *Jubilate*, 83.

[35] Hill, *Enter His Courts with Praise*, 198.

[36] Paul J. Achtemeier, ed., *Harper's Bible Dictionary* (New York: Harper and Row Publishers, 1985), 668.

[37] Hustad, *Jubilate*, 84.

[38] Achtemeier, ed., *Harper's Bible Dictionary*, 671.

[39] Freedman, ed., *Eerdmans Dictionary*, 1095.

[40] Achtemeier, ed., *Harper's Bible Dictionary*, 668.

[41] Freedman, ed., *Eerdmans Dictionary*, 927.

[42] Etherington, ed., *Protestant Worship Music*, 17.

[43] Freedman, ed., *Eerdmans Dictionary*, 928.

[44] Freedman, ed., *Eerdmans Dictionary*, 928.

[45] Freedman, ed., *Eerdmans Dictionary*, 928.

[46] John Stainer, *The Music of the Bible: With Some Account of the Development of Modern Musical Instruments from Ancient Types* (London: Novello and Company Ltd., 1914; reprint, NY: Da Capo Press, 1970), 26.

[47] Stainer, *The Music of the Bible*, 38.

[48] Achtemeier, ed., *Harper's Bible Dictionary*, 670.

[49] Freedman, ed., *Eerdmans Dictionary*, 928.

[50] Stainer, *The Music of the Bible*, 49.

[51] Achtemeier, ed., *Harper's Bible Dictionary*, 669.

[52] Freedman, ed., *Eerdmans Dictionary*, 928.

[53] Freedman, ed., *Eerdmans Dictionary*, 928.

[54] Freedman, ed., *Eerdmans Dictionary*, 929.

[55] Achtemeier, ed., *Harper's Bible Dictionary*, 670.

[56] Freedman, ed., *Eerdmans Dictionary*, 929.

[57] Buttrick, ed., *The Interpreter's Dictionary*, vol. 3, 466.

[58] Segler, *Christian Worship*, 88.

[59] Westermeyer, *Te Deum*, 41 ～ 43.

[60] Buttrick, ed., *The Interpreter's Dictionary*, vol. 3, 466.

[61] Westermeyer, *Te Deum*, 42.

[62] Thomas Allen Seel, *A Theology of Music for Worship Derived from the Book of Revelation* (Metuchen, NJ: The Scarecrow Press, Inc., 1995), 21.

[63] Martin, *Worship in the Early Church*, 42 ～ 43.

[64] Martin, *Worship in the Early Church*, 45.

[65] Willi Apel, ed., *Harvard Dictionary of Music*, 2d ed. (Cambridge: The Bellnap Press of Harvard University Press, 1969), 129.

[66] Westermeyer, *Te Deum*, 45.

[67] Westermeyer, *Te Deum*, 46.

[68] Hustad, *Jubilate*, 87.

[69] Ron Jeffers, comp., *Translations and Annotations of Choral Repertoire* (Corvallis, Or: Earthsongs, 1988), 155.

[70] Martin, *Worship in the Early Church*, 43.

[71] Westermeyer, *Te Deum*, 46.

[72] Martin, *Worship in the Early Church*, 44.

[73] Westermeyer, *Te Deum*, 48.

[74] Westermeyer, *Te Deum*, 48.

[75] Martin, *Worship in the Early Church*, 45.

[76] Hustad, *Jubilate*, 88.

[77] Barry Liesch, *The New Worship: Straight Talk on Music and the Church*, ed. Ed. (Grand Rapids, MI: Baker Books, 2001), 38.

[78] Frame, *Contemporary Worship Music*, 18.

[79] Martin, *Worship in the Early Church*, 47.

[80] Liesch, *The New Worship*, 40 ～ 41.

[81] Hustad, *Jubilate*, 90.

[82] J. Nathan Corbitt, *The Sound of the Harvest: Music's Mission in Church and Culture* (Grand Rapids, MI: Baker Books, 1998), 264.

[83] Hustad, *Jubilate*, 89.

[84] Buttrick, ed., *The Interpreter's Dictionary*, vol. 3, 467.

[85] Buttrick, ed., *The Interpreter's Dictionary*, vol. 3, 467.

[86] James L. Resseguie, *Revelation Unsealed: A Narrative Critical Approach to John's Apocalypse* (Leiden: Brill, 1998), 202.

[87] Wes Howard-Brook and Anthony Gweyther, *Unveiling Empire: Reading Revelation Then and Now* (Maryknoll, NY: Orbis Books, 2000), 197.

[88] Seel, *A Theology of Music*, v.

[89] Seel, *A Theology of Music*, 466.

[90] Howard-Brook, *Unveiling Empire*, 198

[91] Leonard L. Thompson, *The Book of Revelation: Apocalypse and Empire* (New York: Oxford University Press, 1990), 53.

[92] Eugene M. Boring, *Revelation: Interpretation, a Bible Commentary for Teaching and Preaching* (Louisville, KY: John Knox Press, 1989), 192.

[93] Seel, *A Theology of Music*, 20.

[94] Robert E. Webber, ed., *The Complete Library of Christian Worship,* vol. 1, *The Biblical Foundations of Christian Worship* (Nashville, TN: Star Song, 1993), 22.

[95] Thompson, *The Book of Revelation*, 71.

## 7. 音樂的組成元素

[1] Willi Apel, *Harvard Dictionary of Music*, 2d ed. (Cambridge: The Bellnap Press of Harvard University Press, 1969), 548.

[2] Philip Babcock Gove, ed., *Webster's Third New International Dictionary of the English Language* (Springfield, MA: G & C Merriam Company, 1971), 1490.

[3] Charles R. Hoffer, *The Understanding of Music* (Belmont, CA: Wadsworth Publishing Company, Inc., 1967), 2.

[4] *Collins English Dictionary*, 4th ed. (Aylesburg, England: HarperCollins Publishers, 2000), 1025.

[5] Seel, *A Theology of Music*, 2.

[6] Robert Winter, *Music for Our Time* (Belmont, CA: Wadsworth Publishing Company, 1992), 9.

[7] *The Encyclopedia Britannica*, vol. 12 (Chicago, IL: Encyclopedia Britannica Inc., 1984), 662.

[8] *The Encyclopedia Britannica*, vol. 12, 662.

[9] Joseph Machlis, *The Enjoyment of Music: An Introduction to Perceptive Listening* 2d ed (New York: W. W. Norton, 1977), 7.

[10] Corbitt. *The Sound of the Harvest*, 33.

[11] Andrew Wilson-Dickson, *A Brief History of Christian Music: From Biblical Times to the Present* (Oxford: A Lion Book, 1992), 15.

[12] Ronald Pen, *Introduction to Music* (New York: McGraw-Hill, Inc., 1992), 4.

[13] Charles R. Hoffer, *The Understanding of Music* (Belmont, CA: Wadsworth Publishing Company, Inc., 1967), 16.

[14] Milo Wold and Edmund Cykler, *An Introduction to Music and Art in the Western World* (Dubuque, IA: Wm. C. Brown, 1967), 17.

[15] Machlis, *The Enjoyment of Music*, 10.

[16] Machlis, *The Enjoyment of Music*, 10.

[17] Stanley Sadie, *The New Grove Dictionary of Music and Musicians*. Vol. 12 (London: Macmillan Publishers Limited, 1980), 119.

[18] Winter, *Music for Our Time*, 27.

[19] Joseph Machlis, *Introduction to Contemporary Music* 2 ed. (London: J M Dent & Sons, 1985), 11 ~ 12.

[20] Winter, *Music for Our Time*, 30.

[21] Winter, *Music for Our Time*, 31.

[22] Machlis, *The Enjoyment of Music*, 11.

[23] *Harvard Dictionary of Music*, 518.

[24] *Harvard Dictionary of Music*, 13.

[25] *Harvard Dictionary of Music*, 14.

[26] Wold, *An Introduction to Music*, 18.

[27] Machlis, *Introduction to Contemporary Music*, 16.

[28] Machlis, *The Enjoyment of Music*, 15

[29] Sadie, *The New Grove*, vol. 8, 175.

[30] Machlis, *The Enjoyment of Music*, 15.

[31] Machlis, *The Enjoyment of Music*, 16.

[32] Machlis, *Introduction to Contemporary Music*, 18 ~ 19.

[33] Winter, *Music for Our Time*, 16.

[34] Machlis, *The Enjoyment of Music*, 18.

[35] Wold, *An Introduction to Music*, 17.

[36] Stainer, *The Music of the Bible*, 3.

[37] Machlis, *Introduction to Contemporary Music*, 29 ~ 30.

[38] Machlis, *The Enjoyment of Music*, 19.

[39] Winter, *Music for Our Time*, 17.

[40] Hoffer, *The Understanding of Music*, 43.

[41] Machlis, *The Enjoyment of Music*, 20.

[42] Machlis, *The Enjoyment of Music*, 24.

[43] Machlis, *The Enjoyment of Music*, 23.

[44] Wold, *An Introduction to Music*, 18.

[45] Pen, *Introduction to Music*, 51.

[46] Pen, *Introduction to Music*, 56.

[47] Machlis, *The Enjoyment of Music*, 25.

[48] Hoffer, *The Understanding of Music*, 46.

[49] Pen, *Introduction to Music*, 43.

[50] Hoffer, *The Understanding of Music*, 46.

[51] Machlis, *The Enjoyment of Music*, 28.

[52] Christopher Bonds, *The Musical Impulse* (Dubuque, IA: Kendall/ Hunt Publishing Company, 1990), 63.

[53] Douglass M. Green, *Form in Tonal Music: An Introduction to Analysis*, 2d ed. (New York: Harcourt Brace Jovanovich College Publishers, 1979), 307.

[54] Green, *Form in Tonal Music*, 48.

[55] Pen, *Introduction to Music*, 90.

[56] Machlis, *The Enjoyment of Music*, 48.

[57] Brian Wren, *Praying Twice: The Music and Words of Congregational Song* (Louisville, KY: Westminster/ John Knox Press, 2000), 65.

[58] Pen, *Introduction to Music*, 95.

[59] Robert Jourdain, *Music, the Brain, and Ecstasy: How Music Captures Our Imagination* (New York: Avon Books, 1997), 302 ~ 303.

[60] Machlis, *The Enjoyment of Music*, 49.

[61] Wren, *Praying Twice*, 56.

[62] Corbitt, *The Sound of the Harvest*, 33.

[63] Hustad, *Jubilate*, 5.

[64] Hustad, *Jubilate*, 6.

[65] Wren, *Praying Twice*, 57.

[66] Harold M. Best, *Music Through the Eyes of Faith* (NY: Harper San Francisco, 1993), 42.
[67] Wren, *Praying Twice*, 56.
[68] Best, *Music Through the Eyes*, 54.
[69] Liesch, *The New Worship*, 199.
[70] Anthony Storr, *Music and the Mind* (New York: Ballantine Books, 1993), 172.
[71] Etherington, *Protestant Worship Music*, 4.
[72] Robert H. Mitchell, *Ministry and Music* (Philadelphia, PA: The Westminster Press, 1978), 71.
[73] Etherington, *Protestant Worship Music*, 5.
[74] Hustad, *Jubilate*, 8.
[75] Wren, *Praying Twice*, 62.

## 8．崇拜音樂的神學基礎

[1] Calvin M. Johansson, *Music & Ministry: A Biblical Counterpoint* (Peabody, MA: Hendrickson Publishers, Inc., 1984), 4.
[2] Johansson, *Music & Ministry*, 4.
[3] Johansson, *Music & Ministry*, 5.
[4] Johansson, *Music & Ministry*, 5.
[5] Johansson, *Music & Ministry*, 6.
[6] Johansson, *Music & Ministry*, 7.
[7] Eric Routley, *The Church and Music* (London: Gerald Duckworth and Co. Ltd., 1967), 227.
[8] Seel, *A Theology of Music*, 3 ～ 4.
[9] James Leo Garrett, Jr., *Systematic Theology: Biblical, Historical, and Evangelical* (Grand Rapids, MI: William B. Eerdmans Publishing Company, 1990), vol. 1, 44.
[10] Walter Thomas Conner, *Revelation and God* (Nashville, TN: Broadman Press, 1936), 45.
[11] Grudem, *Systematic Theology*, 41.
[12] Robin A. Leaver and Joyce Ann Zimmerman, ed., *Liturgy and Music: Lifetime Learning* (Collegeville, MN: 198), 270.
[13] Alvin Sylvester Zerbe, *The Karl Barth Theology or the New Transcendentalism* (Cleveland, OH: Central Publishing House, 1930), 68.
[14] David B. Bass, *Music and the Church: A Theology of Church Music* (Nashville, TN: Broadman Press, 1989), 24.
[15] Thomas Poole, "Towards a Theology of Music" (D.M.A. diss., The Southern Baptist Theological Seminary, 1988), 202.
[16] Poole, "Towards a Theology of Music," 202.
[17] Poole, "Towards a Theology of Music," 204.
[18] Richard Viladesau, *Theology and the Arts: Encountering God through Music, Art and Rhetoric* (New York: Paulist Press, 2000), 36.
[19] Viladesau, *Theology and the Arts*, 46.
[20] Kathleen Hughes, *Finding Voice to Give God Praise* (Collegeville, MN: The Liturgical Press, 1998), 2.
[21] Mary E. McGann, *Exploring Music as Worship and Theology: Research in Liturgical Practice* (Collegeville, MN: Liturgical Press, 2002), 68.
[22] Viladeasu, *Theology and the Arts*, 47.
[23] Albert L. Blackwell, *The Sacred in Music* (Louisville, KY: Westminster John Knox Press, 1999), 53.
[24] Blackwell, *The Sacred in Music*, 215.
[25] McGann, *Exploring Music*, 67 ～ 68.
[26] Millard J. Erickson, *Introducing Christian Doctrine* (Grand Rapids, MI: Baker Book House, 1992), 120.
[27] Stanley J. Grenz, *Theology for the Community of God* (Nashville, TN: Broad & Holman Publishers, 1994), 129.
[28] Grudem, *Systematic Theology*, 442.
[29] Judith Rock and Norman Mealy, *Performer as Priest and Prophet: Restoring the Intuitive in Worship through Music and Dance* (San Francisco, CA: Harper & Row, 1988), 44.
[30] Rock and Mealy, *Performer as Priest and Prophet*, 272.
[31] Frank E. Gaebelein, *The Christian, the Arts, and Truth: Regaining the Vision of Greatness* (Portland, OR; Multnomah Press, 1985), 52.
[32] Johansson, *Music & Ministry*, 9.
[33] Robert Bruce McLaren "The Threat of Aestheticism," *Christianity Today* (November 1960), 16.
[34] William A. Dyrness, *Visual Faith: Art, Theology, and Worship in Dialogue* (Grand Rapids, MI: Baker Academic, 2001), 97.
[35] Dyrness, *Visual Faith*, 97.
[36] Johansson, *Music & Ministry*, 10.
[37] Johansson, *Music & Ministry*, 15 ～ 18.
[38] Seel, *A Theology of Music*, 139.
[39] Grudem, *Systematic Theology*, 309.
[40] Gaebelein, *The Christian, the Arts*, 81.
[41] Grudem, *Systematic Theology*, 634.
[42] Erickson, *Introducing Christian Doctrine*, 260.
[43] Don E. Saliers, *Worship as Theology: Foretaste of Glory Divine* (Nashville, TN: Abingdon Press, 1994), 67.

[44] McGann, *Exploring Music*, 70.

[45] Kevin W. Irwin, *Context and Text: Method in Liturgical Theology* (Collegeville, MN: The Liturgical Press, 1994), 48.

[46] Saliers, *Worship as Theology*, 67.

[47] Mary Collins, "Eucharist and Christology Revisited: The Body of Christ," *Theological Digest* 39:4 (1992), 324.

[48] Saliers, *Worship as Theology*, 136.

[49] Saliers, *Worship as Theology*, 117.

[50] Dozier, *Come Let Us Adore Him*, 160.

[51] McGann, *Exploring Music*, 71.

[52] Grudem, *Systematic Theology*, 50.

[53] Frame, *Worship in Spirit and Truth*, 90.

[54] McGann, *Exploring Music*, 74.

[55] Wren, *Praying Twice*, 95.

[56] Donald K. McKim, *Westminster Dictionary of Theological Terms* (Louisville, KY: Westminster/ John Knox Press, 1996), 127.

[57] Leaver, *Liturgy and Music*, 349.

[58] Viladesau, *Theology and the Arts*, 48.

[59] McKim, *Westminster Dictionary*, 85.

[60] Erickson, *Introducing Christian Doctrine*, 330.

[61] Daniel Hippolytus, 1.17.6 ~ 7，轉引自 J. G. Davies, *The Secular Use of Church Buildings* (London: SCM, 1968), 4.

[62] Grenz, *Theology for the Community of God*, 605.

[63] McGann, *Exploring Music*, 75.

[64] Alexander Schmemann, *Liturgy and Tradition: Theological Reflections of Alexander Schmemann*, ed., Thomas Fisch (Crestwood, NJ: St. Vladimir's Seminary Press, 1990), 55.

[65] Robert Taft, "What Does Liturgy Do? Toward a Soteriology of Liturgical Celebration: Some Theses," *Worship* 66:3 (1992), 199.

[66] Louis-Marie Chauvet, *Symbol and Sacrament: A Sacramental Reinterpretation of Christian Existence* (Collegeville, MN: The Liturgical Press, 1995), 184.

[67] McGann, *Exploring Music*, 76.

[68] Wren, *Praying Twice*, 84.

[69] Erik Routley, *Hymns Today and Tomorrow* (London: Darton, Longman & Todd, 1964), 18.

[70] Wren, *Praying Twice*, 84.

[71] Grenz, *Theology for the Community of God*, 641.

[72] Viladesau, *Theology and the Arts*, 125.

[73] McKim, *Westminster Dictionary*, 92.

[74] Erickson, *Introducing Christian Doctrine*, 361.

[75] Grudem, *Systematic Theology*, 1091.

[76] Erickson, *Introducing Christian Doctrine*, 395.

[77] Grudem, *Systematic Theology*, 447.

[78] Jean Corbon, *The Wellspring of Worship*, trans., Matthew J. O'Connell (New York: Paulist Press, 1988), 49.

[79] Larry W. Hurtado, *At the Origins of Christian Worship: The Context and Character of Earliest Christian Devotion* (Grand Rapids, MI: William B. Eerdmans Publishing Company, 1999), 115.

[80] McGann, *Exploring Music*, 77.

[81] Salier, *Worship as Theology*, 49 ~ 68.

[82] Hurtado, *At the Origins*, 116.

## 9. 音樂在崇拜中的功能和服事

[1] *Collins English Dictionary*, 620.

[2] Westermeyer, *Te Deum*, 27.

[3] Harold M. Best, *Music Through the Eyes of Faith* (San Francisco: HarperSanFrancisco, 1993), 28.

[4] Wren, *Praying Twice*, 76.

[5] Frame, *Worship in Spirit and Truth*, 111.

[6] Hustad, *Jubilate*, 14 ~ 15.

[7] Hustad, *Jubilate*, 5 ~ 6.

[8] Wold, *An Introduction to Music*, 4.

[9] Lawrence O. Richards, *The New International Encyclopedia of Bible Words* (Grand Rapids,MI: Zondervan Publishing House, 1985), 443.

[10] Marcea Eliade, ed., *The Encyclopedia of Religion* (New York: Macmillan Publishing Company, 1987), vol. 9, 538.

[11] Merrill C. Tenney, ed., *The Zondervan Pictorial Encyclopedia of the Bible*, vol. 4 (Grand Rapids, MI: Zondervan Publishing House, 1976), 237.

[12] Lucien Deiss, *Vision of Liturgy and Music for a New Century* (Collegeville, MN: The Liturgical Press, 1996), 4 ~ 7.

[13] C. Lovelace and William C. Rice, *Music and Worship in the Church*, re. ed. (Nashville, TN: Abingdon Press, 1976), 32.

[14] Dozier, *Come Let Us Adore Him*, 159.

[15] Blackwell, *The Sacred in Music*, 165.

[16] Leaver, *Liturgy and Music*, 400,

[17] Wren, *Praying Twice*, 85 ~ 87.

[18] Milburn Price, "What Every Pastor Should Know about the Hymnal: The Hymnal as a Worship Sourcebook," *Review & Expositor*, vol. 18, No. 1 (Winter 1990): 35.

[19] Leaver, *Liturgy and Music*, 265.

[20] "The Victory for Worship," *Book of Order* (Presbyterian Church, U.S.A.), W-2. 1003 ~ 1004.

[21] Harodl M. Daniels, "The Languages of Worship," *Reformed Liturgy & Music*, vol. XXX, No. 4 (1996), 203.

[22] Daniels, "The Languages of Worship," 203.

[23] Price, *Review & Expositor*, 36.

[24] Price, *Review & Expositor*, 36.

[25] Mark A. Lomax, "Preaching, Singing, and Praying: The Heart of Worship," *The Reformed Liturgy & Music*, vol. XXXI, No. 3 (1997), 215.

[26] Esther Rothenbusch, "Are We Losing the Hymns ?" *Southern Seminary Magazine* (Spring 2001), 8.

[27] Westermeyer, *Te Deum*, 27.

[28] Leaver, *Liturgy and Music*, 272 ~ 273.

[29] Deiss, *Visions of Liturgy*, 17.

[30] Bonhoeffer, *Life Together*, 81.

[31] Charles S. Pottie, *A More Profound Alleluia: Gelineau and Routley on Music in Christian Worship* (Washington, DC: The Pastoral Press, 1984), 32.

[32] David Cole, "Singing the Faith," *The Hymn*, vol. 51 No. 3 (July 2000), 24.

[33] Alice Parker, *Melodious Accord: Good Singing in Church* (Chicago, IL: Liturgy Training Publications, 1991), 115.

[34] Deiss, *Visions of Liturgy*, 17.

[35] Karl Barth, *The Word of God and Word of Man,* tr. Douglas Horton (London: Hodder & Stoughton, Ltd., 1928), 106.

[36] Deiss, *Visions of Liturgy*, 13.

[37] Kenneth R. Hull, "Text, Music, and Meaning in Congregational Song," *The Hymn*, vol. 53, No.1 (Janyary 2002): 14.

[38] Lovelace, *Music and Worship*, 19.

[39] Liesch, *The New Worship*, 39.

[40] Dawn, *A Royal Waste of Time*, 15.

[41] Harry Eskew and Hugh T. McElrath, *Sing with Understanding: An Introduction to Christian Hynmnology* (Nashville, TN: Broadman Press, 1980), 59.

[42] James D. G. Dunn, *The Epistles to the Colossians and to Philemon: A Commentary and Greek Text,* New International Greek Testament Commentary (Grand Rapids, MI: William B. Eerdmans Publishing Company, 1996), 237.

[43] Augustine, *Confession*, 9.6, 轉引自 David F. Detwiler, "Church Music and Colossian 3:16," *Bibliotheca Sacra* 158 (July ~ September 2001), 366.

[44] Nathan J. Corbitt, *The Sound of the Harvest: Music's Mission in Church and Culture* (Grand Rapids, MI: Baker Books, 1998), 216.

[45] Sydnor, *Hymns and Their Uses*, 20.

[46] Eskew, *Sing with Understanding*, 59.

[47] Eskew, *Sing with Understanding*, 18.

[48] Leaver, *Liturgy and Music*, 253 ~ 254.

[49] Hustad, *Jubilate*, 383.

[50] Mitchell, *Ministry and Music*, 91.

[51] Russell M. Yee, "Shared Meaning and Significance in Congregational Singing," *The Hymn*, vol. 48, No. 2 (April 1997), 8.

[52] Ustad, *Jubilate*, 17.

[53] Leaver, *Liturgy and Music*, 254.

[54] Hustad, *Jubilate*, 294.

[55] Viladesau, *Theology and the Arts*, 38.

[56] Carl Dahlhaus, *Esthetics of Music*, trans., William W. Austin (Cambridge: Cambridge University Press, 1982), 16.

[57] Van A. Christy, *Expressive Singing: Song Anthology* (Dubuque, IA: WM. C. Brown Company Publishers, 1983), 1.

[58] Corbitt, *The Sound of the Harvest*, 160.

[59] Paul W. Wohlgemuth, *Rethinking Church Music*, rev. ed. (Carol Stream, IL: Hope Publishing Company, 1981), 71.

[60] Sydnor, *Hymns and Their Uses*, 16.

[61] Westermeyer, *Te Deum*, 28.

[62] Corbitt, *The Sound of the Harvest*, 167.

[63] Hustad, *Jubilate*, 18.

[64] Webber, *Worship Old and New*, 176.

[65] Hustad, *Jubilate*, 20.

[66] Wren, *Praying Twice*, 72.

[67] Mitchell, *Ministry and Music*, 89.

[68] Westermeyer, *Te Deum*, 28.

[69] Jack Wheaton, *Crisis in Christian Music* (Oklahoma City, OK: Hearthstone Publishing, 2000), 39.

[70] St. Basil, "Homily on the First Psalm," *Source Readings in Music History*, selected and annotated by Liver Strunk (New York: W.W. Norton & Co., 1950), 65.

[71] Sydnor, *Hymns and Their Uses*, 21.

[72] Frame, *Worship in Spirit and Truth*, 112.

[73] Don Saliers, "Sound Spirituality: On the Formative Expressive Power of Music for Christian

Spirituality," *Christian Spirituality Bulletin*, vol. 8, No. 1(Spring/Summer, 2000), 4.

[74] Saliers, "Sound Spirituality," 4.

[75] Alexander Jones, ed., *The Jerusalem Bible* (Garden City, NY: Doubleday & Company, 1966), 1023.

[76] Viladesau, *Theology and the Arts*, 43.

[77] Frank Burch Brown, *Good Taste, Bad Taste, & Christian Taste: Aesthetics in Religious Life* (Oxford: Oxford University Press, 2000), 104.

[78] Allen, *Worship*, 101.

[79] Gaebelein, *The Christian, the Arts, and Truth*, 52.

[80] Lovelace, *Music and Worship*, 15.

[81] Blackwell, *The Sacred in Music*, 215.

[82] Deiss, *Visions of Liturgy*, 15.

[83] Viladesau, *Theology and the Arts*, 36 ~ 37.

[84] Deiss, *Visions of Liturgy*, 16.

[85] Iris Murdoch, *The Fire and the Sun: Why Plato Banished the Artists* (Oxford: Clarendon Press, 1977), 76 ~ 77.

[86] Viladesau, *Theology and the Arts*, 45.

[87] Johansson, *Music & Ministry*, 5.

## 10. 教會音樂事奉者的品格與態度

[1] Robert R. Lutz, ed., *Surviving in Ministry: Navigating the Pitfalls, Experiencing the Renewals* (New York: Paulist Press, 1983), 11.

[2] J. I. Packer, *Knowing God* (Downers Grove, IL: InterVarsity Press, 1973), 29.

[3] David Ewen, *The Complete Book of Classical Music* (Englewood Cliffs, NY: Prentice Hall, 1965), 142.

[4] Roy Noland, *The Heart of the Artist: A Character-Building Guide for You and Your Ministry Team* (Grand Rapids, MI: Zondervan Publishing House, 1999), 315.

[5] Noland, *The Heart of the Artist*, 314.

[6] David P. Gushee, ed., *Preparing for Christian Ministry: An Evangelical Approach* (Wheaton, IL: BridgePoing, 1996), 86.

[7] Bill J. Beonard, "The Spiritual Development of the Minister," *Formation for Christian Ministry* (Louisville, KY: Review and Expositor, 1988), 80 ~ 81.

[8] Daniel O. Aleshire, "Essentials of a Minister," *Formation for Christian Ministry* (Louisville, KY: Review and Expositor, 1988), 49.

[9] Tommy Yessick, *Building Blocks for Longer Life and Ministry* (Nashville, TN: Convention Press, 1997), 87.

[10] Kent Hughes, *Liberating Ministry from the Success Syndrome* (Wheaton, IL: Tyndale House Publishers, Inc., 1987), 46.

[11] Noland, *The Heart of the Artist*, 54.

[12] Warren, *The Purpose Driven Life*, 257.

[13] E. Glenn Hinson, "The Church and Its Ministry," *Formation for Christian Ministry* (Louisville, KY: Review and Expositor, 1988), 19 ~ 20.

[14] Clyde Manschreck, ed., *A History of Christianity* (Englewood Cliffs, NJ: Prentice-hall, Inc., 1964), 24.

[15] Hughes, *Liberating Ministry*, 51.

[16] Noland, *The Heart of the Artist*, 57.

[17] W. H. Griffith Thomas, *St. Paul's Epistle to the Romans: A Devotional Commentary* (Grand Rapids, MI: Wm. B. Eerdmans Publishing Company, 1953), 331.

[18] Noland, *The Heart of the Artist*, 58.

[19] James Montgomery Boice, *Romans: An Expositional Commentary* (Grand Rapids, MI: Baker Books, 1995), vol. 4, 1570.

[20] Noland, *The Heart of the Artist*, 59.

[21] Noland, *The Heart of the Artist*, 61.

[22] Graig Brian Larson, *750 Engaging Illustrations for Preachers, Teachers, & Writers* (Grand Rapids, MI: Baker Books, 2002), 129.

[23] Stuart Briscoe, *Measuring Up: The Need to succeed and the Fear of Failur*e (Sisters, OR: Multnomah Books, 1993), 121.

[24] J. Harold Greenlee, *An Exegetical Summary of James* (Dallas, TX: Summer Institute of Linguistics, Inc., 1993), 50.

[25] Peter H. Davids, *The Epistle of James: A Commentary on the Greek Text* (Grand Rapids, MI: William B. Eerdmans Publishing Company, 1982), 91.

[26] Kurt A. Richardson, *The New American Commentary: An Exegetical and Theological Exposition of Holy Scripture* (Nashville, TN: Broadman & Holman Publishers, 2002), vol. 36, 89.

[27] Noland, *The Heart of the Artist*, 155.

[28] Robert H. Mitchell, *I Don't Like That Music* (Carol Stream, IL: Hope Publishing Company, 1993), 15.

[29] Mitchell, *I Don't Like That Music*, 19 ~ 20.

[30] John C. Maxwell, *Developing the Leader Within You* (Nashville, TN: Thomas Nelson Publishers, 1993), 72.

[31] George Barna, *Leaders on Leadership: Wisdom, Advice and Encouragement on the Art of Leading God's People* (Ventura, CA: Regal Books, 1997), 199.

[32] Larry L. McSwain, "The Minister as an Agent of Change," *Formation for Christian Ministry* (Louisville, KY: Review and Expositor, 1988), 207.

[33] Liesch, *The New Worship*, 182.

[34] Robert Berglund, *A Philosophy of Church Music* (Chicago, IL: Moody Press, 1985), ix.

[35] Ulrich S. Leupold and Helmut T. Lehman, ed., *Luther's Works*, vol. 5 (Philadelphia, PA: Fortress Press, 1965), 61.

[36] Wohlgemuth, *Rethinking Church Music*, 15.

[37] Corbitt, *The Sound of the Harvest*, 252.

[38] CRC Publications, *Authentic Worship*, 26.

[39] Liesch, *The New Worship*, 230.

[40] Webber, *The Complege Library*, vol. 4, 93.

[41] Tozer, *Whatever Happened to Worship*, 12.

[42] Tozer, *Whatever Happened to Worship*, 17.

[43] Liesch, *The New Worship*, 231.

[44] Hooper, *Ministry & Musicians*, 42.

[45] Webber, *Worship Old & New*, 20.

[46] Wren, *Praying Twice*, 71.

[47] Mitchell, *I Don't Like That Music*, 42.

[48] Berglund, *A Philosophy of Church Music*, 21.

[49] Erik Routley, *Hymns and Human Life* (Grand Rapids, MI: William B. Eerdmans Publishing Company, 1953), 299.

[50] Mitchell, *I Don't Like That Music*, 43 ~ 44.

[51] Liesch, *The New Worship*, 204.

[52] Wohlgemuth, *Rethinking Church Music*, 29.

[53] Berglund, *A Philosophy of Church Music*, 21.

[54] Berglund, *A Philosophy of Church Music*, 25.

[55] Calvin N. Johansson, *Discipling Music Ministry: Twenty-First Century Direction* (Peabody, MA: Hendrickson Publisher, 1992), 57.

[56] Mitchell, *Ministry and Music*, 12.

[57] Liesch, *The New Worship*, 41.

[58] Gordon D. Fee, *God's Empowering Presence: The Holy Spirit in the Letters of Paul* (Peabody, MA: Hendrickson, 1994), 650.

[59] Berglund, *A Philosophy of Church Music*, 27.

[60] Lovelace, *Music and Worship*, 20.

[61] Corbitt, *The Sound of the Harvest*, 179.

## 崇拜設計

[1] 韋柏著：《崇拜：認古識今》（香港：宣道，2000），頁144。

[2] 貝利著：〈二十一世紀的福音：活潑的聲音〉，《山道期刊》卷五第二期（2003年1月），頁12。

[3] "Tractus on John," LXXX, 3, *Nicene and Post-Nicene Fathers First Series* (New York: Charles Scribner's Sons, 1908), VII, 344.

[4] James F. Whte, *Sacraments as God's Self Giving* (Nashville, TN: Abingdon, 1983), 72 ~ 74.

[5] Austin C. Lovelace, *The Papers of The Hymn Society of America XXXI Hymn Festivals* (Springfield, OH: The Hymn Society of America), 1.

[6] 楊牧谷著：《使徒信經新釋》（台北：校園，1988），頁2 ~ 8。

[7] 區應毓著：《使徒信經之詮釋》（Scarborough, ON：恩福協會，2002），頁16 ~ 18。

## 附　錄

[1] 附錄中的問題，取材自筆者在課堂上的資料和以下兩本著作：*The Worship Sourcebook* (Grand Rapids, MI: Baker Book House, 2004), 763 ~ 769 和 Norma deWaal Malefyt and Howard Vanderwell, *Designing Worship Together: Models and Strategies for Worship Planning* (Herndon, VA: The Alban Institute, 2005), 173 ~ 176。

緊扣時代服事教會

以文字傳揚基督真道

# 讀者意見表

衷心多謝你購買本社書籍。本社一直致力以出版事工服事教會，幫助信徒扎根於神的話語，促進靈命增長。為使我們的出版更能滿足你的需要，請填寫下列各項資料，並寄回或傳真予本社。

所購書籍：______________________

本書最吸引你的地方：
□作者 □適切性 □文筆 □設計 □實用性
□其他：______________________

購買本書地點：
□基道書樓 □基督教書店 □非基督教書店

性別：□男 □女 職業：______________________

信仰：□基督徒 □非基督徒

年齡：□ 16 歲或以下 □ 17～25 歲 □ 26～35 歲
□ 36～55 歲 □ 56 歲或以上

學歷：□中三或以下 □中五 □預科
□大學 □研究院

□我欲更多了解基道出版社的事工及考慮支持，請寄給我下列資料：
□機構簡介 □新書資料 □基道會員通訊
□《基道文字事工通訊》

姓名：______________________ 電話：______________________

地址：______________________

______________________

傳真：______________________ 電子郵件：______________________

其他意見：______________________

______________________

多謝賜教！

基道出版社

意見表可以傳真（2687-0281）或直接郵寄以下地址：
香港沙田火炭坳背灣街26號富騰工業中心1011室
基道出版社編輯部收